WOLFGANG KEMMETMÜLLER

Führungsmodelle und Betriebsgröße

Betriebswirtschaftliche Schriften

Heft 71

Führungsmodelle und Betriebsgröße

Von

Dkfm. Dr. Wolfgang Kemmetmüller

DUNCKER & HUMBLOT / BERLIN

Gedruckt 1974 bei Berliner Buchdruckerei Union GmbH., Berlin 61
Printed in Germany

ISBN 3 428 03162 8

Inhaltsverzeichnis

I. Problemstellung

Der Begriff der Wirtschaft beinhaltet die „ziel- und planmäßige Vorgangsweise bei der Beschaffung, Verteilung und dem Verbrauch der erforderlichen Mittel, der Güter“[1]. Diese ziel- und planmäßige Vorgangsweise in den Unternehmungen ist heute und in den nächsten Jahrzehnten durch drei entscheidende Merkmale gekennzeichnet[2]:

1. die Dynamik, welche einen raschen Wandel aller technischen, wirtschaftlichen, sozialen und politischen Gegebenheiten zur Folge hat,
2. das Anwachsen der durch die Technik geschaffenen Möglichkeiten einer Beeinflussung der Zukunft durch menschliche Entscheidungen und
3. die Tatsache, daß die gegenwärtige Situation und die daraus fließende Entwicklung keine Parallelen in der Geschichte aufweist, also ohne Präzedenzfälle ist.

Fassen wir die Betriebswirtschaftslehre pragmatisch auf mit der Aufgabe der Konstruktion instrumentaler Satzsysteme, die aufzeigen sollen, welche Mittel und Verfahren zur Erreichung der gesetzten Ziele geeignet sind[3], dann ergibt sich, daß „wir heute ... vor einer verwirrenden Vielfalt von Managementideologien, -konzepten und -methoden“ stehen; „kein einzelner Mensch ist mehr imstande, die laufend erscheinende Literatur auf diesem Gebiet geistig zu erfassen, auch wenn er sein ganzes Leben nur dem Lesen widmen würde“[4].

Wir haben uns zur Aufgabe gesetzt, die Führung von Unternehmungen, wie sie sich in Führungsmodellen darstellt, in ihrer Entwicklung zu skizzieren, den gegenwärtigen Stand der Forschung in den einzelnen Richtungen aufzuzeigen und damit einen Beitrag zu diesem geistigen Erfassungsprozeß zu leisten.

In einem weiteren Abschnitt werden die Unterschiede der Führung in verschiedenen Betriebsgrößen herausgearbeitet, damit in der Folge

---

1 *Krasensky*, H.: Wirtschaftskunde, Wien 1966, S. 11.

2 *Kneschaurek*, F.: Gedanken über das wirtschaftliche Weltbild der Zukunft, in: Schürer, W. und Schneider, U. (Hsg.), Entwicklungstendenzen des Management in Europa, Bern und Stuttgart 1971, S. 24.

3 *Jonasch*, F.: Theorie und Praxis der Betriebswirtschaftslehre, in: Analysen zur Unternehmenstheorie, Festgabe für Illetschko, L. L., Berlin 1972, S. 103.

4 *Ulrich*, H.: Entwicklungstendenzen der Managementlehre, in: Schürer, W. und Schneider, U. (Hsg.), Entwicklungstendenzen des Management in Europa, Bern und Stuttgart 1971, S. 101.

einzelne Führungsmodelle im Hinblick auf ihre Eignung für verschiedene Betriebsgrößen untersucht werden können.

Wie die Betriebswirtschaftslehre sich im allgemeinen auf Großbetriebe beschränkt, so sind auch die Führungsmodelle weitgehend großbetrieblich orientiert. Neben der Betriebsgröße bestehen jedoch in den Unternehmungen weitere Determinanten, die auf die Auswahl eines Führungsmodells von entscheidender Bedeutung sind. Aus dem Fehlen klein- und mittelbetrieblich orientierter Führungsmodelle ergibt sich die Notwendigkeit, diesen Betriebsgrößen adäquate Führungsmodelle zu erarbeiten, die eine wirkungsvolle Betriebsführung auch in den nächsten Jahrzehnten sicherstellen. Dabei gilt es insbesondere, für diese Betriebsgrößen ein der wirtschaftlichen Dynamik, den verkürzten Produktzyklen, dem sich ständig ändernden Sortiment etc. entsprechendes, anpassungsfähiges Modell zu entwickeln.

Führungsmodelle stellen, betriebswirtschaftlich betrachtet, auf die Ausübung ökonomischer Macht ab. Sie haben daher nur dann Bedeutung, wenn eine derartige Machtausübung möglich ist. Umfaßt das politische System das ökonomische — wie in der kommunistischen Wirtschaft — oder im anderen Extrem der freizügigen Gesellschaft, die idealtypisch ohne Machtausübung das Auslangen findet, dann verlieren derartige Führungsmodelle an Bedeutung.

II. Der Begriff Führungsmodell

Modelle stellen nach Heinen „vereinfachte Abbilder der Wirklichkeit dar“[1]. Der Terminus wird in der Betriebswirtschaftslehre vielfach als Synonym für den Terminus Theorie verwendet. „In der Nationalökonomie wie in der Betriebswirtschaftslehre scheint mit dem Vordringen des axiomatisch-deduktiven Denkens, begünstigt durch das immer reicher werdende Instrumentarium der Mathematik und Logistik, der Modellbegriff den der Theorie immer mehr zu verdrängen und die Modellkonstruktion, — die Denkfiguren —, als das anzustrebende theoretische Ergebnis angesehen zu werden, wobei der Terminus ‚Modell‘ eine unterschiedliche Deutung erfährt. Die Termini ‚Modell‘ und ‚Theorie‘ werden als Synonyma aufgefaßt; die ‚Modellbildung‘ wird dann zur ‚Theoriebildung‘ und ‚Modellanalyse‘ ist mit ‚theoretischer Analyse‘ äquivalent und umgekehrt. Die synonyme Verwendung der Prädikatoren ‚Modell‘ und ‚Theorie‘ ist nach Heinen[2] geradezu ‚charakteristisch für den wissenschaftlichen Sprachgebrauch in der Betriebswirtschaftslehre‘[3].“

Neben dem hier verwendeten Modellbegriff des vereinfachten Abbildes der Wirklichkeit werden in der Betriebswirtschaftslehre noch andere Definitionen gegeben[4].

Wir haben oben den Begriff des Modells mit dem Begriff der Theorie synonym verwendet. Theorien und damit auch Modelle „entstehen aus Hypothesenhierarchien dadurch, daß die Hypothesen derselben Schicht miteinander verschmelzen, kohärent werden und gleichartige erkenntnistheoretische Funktion übernehmen. Von einem bestimmten Zeitpunkt an kann man daher eine Hypothesenhierarchie als Theorie ansehen“[5]. Modelle stellen demnach Hypothesen dar, die zu einem be-

---

[1] *Heinen*, E.: Das Zielsystem der Unternehmung, Grundlagen der betriebswirtschaftlichen Entscheidungen, Wiesbaden 1966, S. 49; vgl. auch *Holliger*, H.: Dynamische Management-Modelle, in: Industrielle Organisation, Jg. 1971, Heft 11, S. 485.

[2] *Heinen*, E.: Einführung in die Betriebswirtschaftslehre, Wiesbaden 1968, S.16.

[3] *Fischer-Winkelmann*, W. F.: Methodologie der Betriebswirtschaftslehre, München 1971, S. 81.

[4] Vgl. *Biermann*, H.: Prognose- und Optimierungsmodelle, in: Schenk, K. E. (Hsg.), Systemanalyse in den Wirtschaft- und Sozialwissenschaften, Berlin 1971, S. 40 f.

[5] *Leinfellner*, W.: Einführung in die Erkenntnis- und Wissenschaftstheorie, Mannheim [2]1967, S. 103.

stimmten Zeitpunkt zu Theorien werden, wenn einzelne Hypothesen zu Hierarchien verschmelzen.

Führungsmodelle sind demnach allgemein Hypothesen, die zu bestimmten Zeitpunkten zu Theorien werden, die vereinfachte Abbilder der Führung von Unternehmen wiedergeben. Die Betriebsführung oder die Führung von Unternehmen ihrerseits wiederum stellt ganzheitlich[6] gesehen ein Teilganzes des Betriebes dar. Der Betrieb seinerseits wiederum ist ein Glied der „Unter- und Überganzheiten — Welt-, Volks-, Gebiets- und Verbandswirtschaft“[7]. Systemtheoretisch betrachtet stellt die Betriebsführung ein Subsystem des Systems Betriebswirtschaft dar. Dieses Subsystem oder dieses Teilganze der Betriebsführung ist gekennzeichnet durch Beziehungen zwischen den einzelnen Elementen. Der Beziehungsreichtum zwischen den einzelnen Elementen wird als Komplexität eines Systems bezeichnet[8].

Zur quantitativen Messung der Komplexität eines Systems dient der von Ashby eingeführte Terminus der Varietät als Maß der Komplexität[9]. Je nach den Beziehungen eines Systems oder einer Ganzheit zu seiner Umwelt spricht man von offenen Systemen dann, wenn Beziehungen zur Umwelt bestehen und von einem geschlossenen System dann, wenn keine Beziehungen vorliegen. Die Beziehungen des Systems zur Umwelt können sich in einem Austausch von Materie, Energie und/oder Informationen zeigen[10]. Aus dem Tatbestand, daß die Betriebsführung ein Teilganzes oder Subsystem des Ganzen oder des Systems Betrieb darstellt, ergibt sich die Offenheit dieser Ganzheit oder dieses Systems der Betriebsführung. Die Beziehungen des offenen Systems Betriebsführung mit der Umwelt manifestieren sich im Austausch von Informationen an die Betriebsführung und von der Betriebsführung aus.

Diese Ganzheit der Betriebsführung wird in zunehmendem Maße in der Literatur in Modellen, hier genannt Führungsmodellen, vereinfacht wiedergegeben. Wir wollen in unserer Arbeit exemplarisch derartige Modelle im Hinblick auf ihre Voraussetzungen und Determinanten untersuchen. Diese Führungsmodelle sind ihrerseits wiederum mehr oder weniger komplex insofern, als sie auf die Beziehungen zwischen den einzelnen Elementen der Betriebsführung mehr oder weniger eingehen. Wir wollen diese Führungsmodelle zweiteilen:

---

6 Bezüglich des Zusammenhanges Ganzheit und System vgl. u. a.: *Fuchs*, H.: Systemtheorie, in: Grochla, E. (Hsg.), Handwörterbuch der Organisation, Stuttgart 1969, Sp. 1618 f.

7 *Spann*, O.: Tote und lebendige Wissenschaft, Graz [5]1955, S. 114.

8 Vgl. *Ulrich*, H.: Die Unternehmung als produktives soziales System, Grundlagen der allgemeinen Unternehmungslehre, Bern und Stuttgart [2]1970, S. 109.

9 Vgl. *Krieg*, W.: Kybernetische Grundlagen der Unternehmensgestaltung, Dissertation der Hochschule St. Gallen, Bern und Stuttgart 1971, S. 55 ff.

10 Vgl. *Ulrich*, H.: Die Unternehmung als produktives soziales System, S. 112.

1. Führungsmodelle niedriger Ordnung
2. Führungsmodelle höherer Ordnung

Ein Führungsmodell niedriger Ordnung ist dadurch gekennzeichnet, daß es die komplexe Realität der Betriebsführung nur bedingt wiedergibt, insofern als es nur auf wenige Beziehungen zwischen den einzelnen Elementen eingeht. Ein derartiges Modell niedriger Ordnung liegt dann vor, wenn nur einzelne Führungsfunktionen im Modell enthalten sind.

Das Führungsmodell höherer Ordnung ist dann gegeben, wenn sämtliche von uns verwendeten Führungsfunktionen vom Modell wiedergegeben werden. Die komplexe Realität der Betriebsführung wird in diesem Fall durch ein komplexeres Modell vereinfacht abgebildet, das zumindestens auf die Beziehungen zwischen den Elementen abstellt, die die Führungsfunktionen enthalten.

Als Führungsfunktionen werden unterschieden:

1. die Zielfunktion,
2. die Entscheidungsfunktion,
3. die Realisationsfunktion,
4. die Kontrollfunktion und
5. die Informationsfunktion.

III. Die Betriebsführung — Ein historischer Abriß

1. Zeit der Handlungswissenschaften

Historische Abrisse zur Betriebsführung beginnen traditionell mit der sogenannten „wissenschaftlichen Betriebsführung" und damit mit dem Namen Taylors. Wir sind aber mit Krasensky der Ansicht, daß die historischen Wurzeln früher zu suchen sind[1], nämlich in der von Seyffert als „Zeit der systematischen Handlungswissenschaften (1675 bis 1804)"[2] bezeichneten Epoche.

Wir beginnen bewußt mit diesem Zeitabschnitt, da seinen Vertretern auf Grund ihrer Behandlung des Lebens der kaufmännischen Betriebe in einer geordneten und begründeten Form das Prädikat wissenschaftlich zugesprochen werden muß[3]. An Namen dieser Zeit sind insbesondere nach Seyffert zu nennen[4]:

Jacques Savary[5],
Karl Günter Ludovici[6],
Paul Jacob Marperger[7],
Johann Karl May[8] und
Johann Michael Leuchs[9].

In einer anderen Abhandlung kommt Seyffert zu dem Schluß, daß zu dieser Zeit „die betriebswirtschaftliche Literatur ihre erste Blütezeit"[10] aufweist.

---

[1] *Krasensky*, H.: Zur Lage der Betriebswirtschaftslehre in Österreich, Inaugurationsrede gehalten am 19. November 1965 an der Hochschule für Welthandel, Wien (1965), S. 7 und derselbe: Betriebspädagogik, Die erzieherische Gestaltung der zwischenmenschlichen Beziehungen im Betriebe, Wien 1952, S. 24.

[2] *Seyffert*, R.: Über Begriff, Aufgaben und Entwicklung der Betriebswirtschaftslehre, Stuttgart [4]1957, S. 34.

[3] *Seyffert*, R.: Über Begriff ..., S. 36.

[4] *Seyffert*, R.: Über Begriff ..., S. 36 ff.

[5] *Savary*, J.: Le parfait négociant, 11. Aufl., 1757, zitiert nach *Seyffert*, R.: Über Begriff ..., S. 36.

[6] *Ludovici*, K. G.: System der Kaufmannschaft, 1752/56, zitiert nach *Seyffert*, R.: Über Begriff ..., S. 37.

[7] *Marperger*, P. J.: Kaufmannsmagazin, [6]1765, zitiert nach *Seyffert*, R.: Über Begriff ..., S. 38.

[8] *May*, J. K.: Versuch einer allgemeinen Einleitung in die Handlungswissenschaft, 1763, zitiert nach *Seyffert*, R.: Über Begriff ..., S. 40.

[9] *Leuchs*, J. M.: System des Handels, 1804, zitiert nach *Seyffert*, R.: Über Begriff ..., S. 41.

[10] *Seyffert*, R.: Geschichte der Betriebswirtschaftslehre, in: Handwörterbuch der Betriebswirtschaftslehre, Erster Band, Stuttgart [3]1956, Sp. 1002.

2. Wissenschaftliche Betriebsführung

2.1. Taylor[11]

F. W. Taylor gilt heute allgemein als Schöpfer der wissenschaftlichen Betriebsführung[12]. In der angloamerikanischen Literatur wird Taylor als „father of modern scientific management"[13] bezeichnet.

Ausgangspunkt der Taylorschen Arbeiten war das „Sich-Drücken von der Arbeit", das nach seiner Ansicht zwei Ursachen entspringt: „Erstens dem angeborenen Instinkt und der Neigung der Menschen, nicht mehr zu arbeiten, als unumgänglich nötig ist; zweitens der durch den Einfluß und das Beispiel anderer und eigenes Nachdenken geschaffenen Auffassung von seiner Zweckmäßigkeit im eigenen Interesse; letzteres könnte man vielleicht das systematische ‚Sich-Drücken' nennen[14]." Darauf aufbauend entwickelte Taylor sein System, die Grundsätze einer auf wissenschaftlicher Basis aufgebauten Verwaltung, Leitung und Arbeit, das System einer bestimmten, vorgeschriebenen Leistung, das „Pensumsystem"[15]. Ziel dieses Pensumsystems sollte die Erhöhung der Leistung und damit Verminderung des Bummelns sein.

Taylor war seiner Ausbildung und seiner Neigung nach Techniker, was an seiner Auffassung hinsichtlich der Funktionen des Managers sehr deutlich zum Ausdruck kommt:

1. Scientific determination of each element of a man's job.
2. Scientific selection and training of workmen.
3. Collaboration of management and labor to accomplish work in accordance with the scientific method.
4. Equal division of responsibility between managers and workers, with managers planning and organizing the work[16].

Das Hauptarbeitsfeld Taylors ist heute dem Bereiche der Betriebs- oder Arbeitswissenschaften zuzuordnen. Seine Vorstellung von arbeitenden Menschen war eine mechanistische. Ermansky[17] weist insbesondere darauf hin, daß es fraglich ist, ob Taylor die Unterschiede und die

---

[11] Vgl. *Crousaz*, V. von, *Taylor*, F. W.: in: Handwörterbuch der Sozialwissenschaften, 10. Band, Stuttgart-Tübingen-Göttingen 1959, S. 293 f. und *Gwalter*, E.: Wissenschaftliche Betriebsführung im Dienste der wirtschaftlichen Leistungserstellung, Bern 1950, S. 30 ff.

[12] Derselbe: Wissenschaftliche Betriebsführung, in: Grochla, E. (Hsg.), Handwörterbuch der Organisation, Stuttgart 1969, Sp. 288 ff.

[13] *Murdick*, R. G.: and *Ross*, J. E.: Information Systems for Modern Management, Englewood Cliffs, New Jersey 1971, S. 35.

[14] *Taylor*, F. W.: Grundsätze wissenschaftlicher Betriebsführung, München-Berlin 1913, S. 18.

[15] *Taylor*, F.W.: Grundsätze ..., S. 32.

[16] *Murdick*, R. G. and *Ross*, J. E.: Information Systems ..., S. 35.

[17] *Ermansky*, J.: Wissenschaftliche Betriebsführung und Taylor-System, Berlin 1925, S. 137.

Grenzen zwischen Intensivierung und Rationalisierung der menschlichen Arbeit stets richtig erkannt hat.

Für die Betriebsführung sind heute noch einige Gedanken Taylors von Bedeutung. So die Verwendung von Leistungsvorgaben, die Trennung der Planung und Organisation von der Ausführung und die Auffassung von einer funktionellen Organisation des Betriebes.

Die Hauptkritik richtet sich heute gegen die stark mechanistische Auffassung Taylors. „Taylor geht davon aus, daß der Arbeiter ein reiner ‚homo oeconomicus‘ sei. Seiner Auffassung nach wird das Verhalten des Arbeiters ausschließlich durch materielle Bedürfnisse geprägt. Ein solcher Mensch wird dann eine neue Methode anwenden, wenn er überzeugt ist, daß er mit ihr mehr verdienen kann. Das einzige Ziel dieses Arbeiters ist höherer Lohn. Wenn wir Taylor aus diesem Blickwinkel betrachten, unterscheidet sich sein Materialismus nicht grundsätzlich von dem von Marx. Dies soll uns nicht erstaunen, denn beide Bewegungen, der ursprüngliche Taylorismus und der orthodoxe Marxismus, wuchsen aus ungefähr derselben Zeit und denselben Verhältnissen heraus[18].“

Martinek weist nach, daß die Grundgedanken der „wissenschaftlichen Betriebsführung“ bereits viel früher zu finden sind; beispielsweise schon im alten Ägypten[19].

2.2. Gilbreth[20]

Frank Benker Gilbreth, ein Mitarbeiter Taylors, brachte durch seine Arbeit eine Vertiefung der Erkenntnisse Taylors[21]. Auf Grund von Zeit- und Bewegungsstudien ermittelte er Arbeitselemente, die er in Umkehrung seines Namens als *Therbligs* bezeichnet.

Gilbreth unterscheidet drei Stufen der Betriebsführung[22]:

1. Die traditionelle Betriebsführung.

   Diese ist gekennzeichnet durch eine nicht bewußt gestaltete, nicht exakt wirtschaftlich kontrollierte, nach traditionellen Faustregeln vorgehende Arbeitsweise.

---

[18] *Atteslander*, P.: Konflikt und Kooperation im Industriebetrieb, Probleme der betrieblichen Sozialforschung in internationaler Sicht, Köln-Opladen 1959, S. 41.

[19] *Martinek*, H.: Wissenschaftliche Betriebsführungsmethoden, Dissertation Hochschule für Welthandel, Wien 1945, S. 6.

[20] Vgl. *Gilbreth*, F. B.: Das ABC der wissenschaftlichen Betriebsführung, übersetzt von Ross, C., Berlin 1917; derselbe: Bewegungsstudien, Berlin 1927; derselbe: Ermüdungsstudium, übersetzt von Witte, J. M., Berlin 1921.

[21] *Gwalter*, E.: Wissenschaftliche Betriebsführung, in: Handwörterbuch der Organisation, Sp. 288.

[22] *Kraus*, H.: Wissenschaftliche Betriebsführung, in: Handwörterbuch der Betriebswirtschaft, 5. Band, Stuttgart, o. J., Sp. 1103 ff.

2. Die provisorische Betriebsführung.
   Neben traditionellen werden auch moderne Arbeitsverfahren angewendet.
3. Die endgültige Betriebsführung.
   Sie beruht auf einer Erforschung der Gesetzmäßigkeiten der Arbeitsvorgänge; sie ist die eigentliche wissenschaftliche Betriebsführung.

Ebenso wie Taylors Arbeiten basieren auch die Untersuchungen Gilbreths auf Zeit- und Bewegungsstudien, die er allerdings wesentlich ausbaute und verfeinerte in Form der Mikrozeitmessung einerseits und durch Einsatz von Film und Projektionsapparaten andererseits.

In der Literatur eingegangen sind ferner die Ergebnisse seiner Forschungen aus dem Bauhandwerk über das Mauern, die Heimlesebewegung zur Förderung der Arbeiterausbildung, die Ermüdungsstudien usw.

Aus heutiger Sicht ist Gilbreth ebenso wie Taylor den Arbeits- oder Betriebswissenschaften zuzuordnen.

2.3. Gantt[23]

Ebenso wie Taylor war Gantt Mitarbeiter der Midvale Steel Werke. Er ist besonders wegen der von ihm entwickelten Gantt-Karte hier anzuführen. Er entwickelte diese als Grundlage für ein graphisches Verfahren zur Kontrolle von Betrieben im Auftrage des amerikanischen Verteidigungsministeriums.

Darüber hinaus ist sein „Pensum-Prämien-System" zu erwähnen, eine Form der Prämienentlohnung.

Der wesentliche Beitrag Gantts für die Betriebsführung liegt in der Verwendung seiner Karten begründet, die einerseits eine Planung für ihren Einsatz zur Voraussetzung machen und andererseits durch ihren Einsatz eine Kontrolle ermöglichen. Sie stellen damit eines der ersten Instrumente der Betriebsführung dar, eines Instruments, das aber nur Aussagen hinsichtlich der Maschinenauslastung und der Leistung der Arbeiter ermöglicht. Man könnte bei weiter Fassung diese Karten als Teile eines Management-Informations-Systems bezeichnen.

2.4. Bedaux[24]

Charles Bedaux ist der Begründer des nach ihm benannten Entlohnungssystems. Eines Lohnsystems, das in vielen Betrieben Eingang gefunden hat und damit internationale Bewährung fand. Bedaux grün-

[23] Vgl. *Gantt*, H.L.: Organisation der Arbeit, übersetzt von Meyenberg, Berlin 1922 und *Zerbs*, K.: Der Begriff „Management Science", Dissertation Hochschule für Welthandel, Wien 1963, S. 16 f.

[24] Vgl. *Rochau*, E.: Das Bedaux-System, praktische Anwendung und kritischer Vergleich mit dem Refa-System, Würzburg [3]1952.

dete u. a. in Deutschland eine „Gesellschaft für Wirtschaftsberatung", eine Vorläuferin der modernen Organisations- und Betriebsberatungsbüros.

Grundlage des Bedaux-Systems sind Zeit- und Arbeitsstudien mit deren Hilfe Arbeitswerte festgelegt werden, die die Basis für die Entlohnung darstellen.

Das Bedaux-System ist kein geschlossenes Betriebsführungsmodell, da es sich nur mit einem Teilbereich, der ausführenden Arbeit, beschäftigt.

2.5. Weitere Vertreter

Allgemeines Kennzeichen der hier dargestellten wissenschaftlichen Betriebsführung ist ihre technische Ausrichtung. Es waren ja Techniker, die versuchten, die Ergiebigkeit der menschlichen Arbeit zu steigern. Die hier dargestellten Autoren sind nur beispielhaft gedacht. Daneben sind an anderen Autoren dieser Richtung noch zuzuordnen:

Lillian M. Gilbreth, die Frau des oben angeführten Frank B. Gilbreth, die mit ihrem Manne arbeitete und nach dessen Tode die Arbeiten fortführte.
H. Emerson[25],
P. M. Follett[26], sowie die gesamte *Refa*-Bewegung.

3. Funktionelle Betriebsführungslehre

Henri Fayol, ein Zeitgenosse Taylors, gilt heute als Begründer einer funktionellen Betriebsführungslehre. Er wird im angloamerikanischen Sprachraum häufig als „father of classic management theory" bezeichnet[27].

Wir verdanken Fayol die erste systematische, funktionelle Darstellung der Betriebsführung. Fayol unterscheidet die Vorgänge in einem Betrieb in folgende[28]:

a) technische Vorgänge,
b) kommerzielle Vorgänge,
c) finanzwirtschaftliche Vorgänge,
d) Sicherungsmaßnahmen,
e) Vorgänge der Rechnungslegung und
f) administrative Vorgänge.

---

[25] Vgl. *Emerson*, H.: Efficiency as a Basis for Operation and Wages, New York 1911.
[26] Vgl. *Follett*, P. M.: The Essentials of Leadership in Classics in Management, New York 1960.
[27] *Murdick*, R. G., and *Ross*, J. E.: Information Systems . . ., S. 36.
[28] *Fayol*, H.: Allgemeine und industrielle Verwaltung, München-Berlin 1929, S. 6.

Die Aufgabe der Leitung, die nicht mit der Administration ident ist, besteht nach Fayol darin, „die ungestörte Tätigkeit der sechs Grundfunktionen“[29] zu sichern. Die Verwaltung läßt sich nach Fayol weiter aufgliedern in[30]:

a) Vorausplanung, (planning),
b) Organisation, (organizing),
c) Auftragserteilung, (commanding),
d) Zuordnung, (coordinating) und
e) Kontrolle, (control).

Die Gliederung der Verwaltungsfunktionen nach Fayol ist als Vorbild für die gesamten folgenden Autoren zu betrachten, da diese Funktionen im wesentlichen auch heute noch als Betriebsführungsfunktionen anerkannt werden.

Neben dieser funktionellen Betrachtung der Betriebsführung hat Fayol vierzehn Verwaltungsgrundsätze aufgestellt[31]:

1. Arbeitsteilung,
2. Autorität und Verantwortung,
3. Disziplin,
4. Einheit der Auftragserteilung,
5. Einheit der Leitung,
6. Unterordnung des individuellen Interesses unter das Gesamtinteresse,
7. Personalentlohnung,
8. Zentralisation,
9. Rangordnung,
10. Ordnung,
11. Billigkeit,
12. Stabilität der Beschäftigung von Personal,
13. Eigeninitiative und
14. Korpsgeist.

Generell kann behauptet werden, daß sich der Fayolsche Begriff der Verwaltung mit dem Terminus der Betriebsführung weitgehend deckt. Wir können daher die Verwaltungsgrundsätze auch als Grundsätze der Betriebsführung bezeichnen.

Ein weiterer wichtiger Beitrag Fayols ist heute unter dem Begriff des Fayolschen Gesetzes bekannt.

Fayol betonte die Wichtigkeit der von ihm sogenannten administrativen Befähigung, in moderner Terminologie der Befähigung zur Betriebsführung. Er wies damals schon auf die Lernbarkeit dieses Be-

---

[29] *Fayol*, H.: Allgemeine und industrielle Verwaltung, S. 8.
[30] *Fayol*, H.: Allgemeine und industrielle Verwaltung, S. 6.
[31] *Fayol*, H.: Allgemeine und industrielle Verwaltung, S. 18 ff.

reiches hin: „Ich glaube, daß die Meinung, administrative Befähigung könne nur durch Praxis erworben werden, vorherrscht. Wir werden sehen, daß diese Ansicht unbegründet ist und daß in Wirklichkeit die administrative Befähigung, ebenso wie die technische, zuerst in der Schule und darauf in der Werkstatt erworben werden soll und muß[32]."

Damit könnte man Fayol auch als Begründer der modernen Managementschulung bezeichnen.

4. Human Relations — Zeit

Während sich die Vertreter der „wissenschaftlichen Betriebsführung" ihrer Ausbildung und Neigung als Techniker entsprechend vorwiegend mit dem Arbeitsablauf, insbesondere des Produktionsbereiches, beschäftigten und sie davon ausgingen, die Arbeiter könnten nur durch Bezahlung und durch Androhung von Sanktionen zur Mehrleistung angeregt werden, stellte die Human Relations Richtung den Menschen mit seinen sozialen Bedürfnissen besonders heraus.

Die Betrachtung war nicht mehr eine technische wie im Rahmen der wissenschaftlichen Betriebsführung, sondern eine soziologische.

Ausgangspunkt dieser Richtung waren in den zwanziger Jahren in den Hawthorne Werken der Western Electric Company in Chicago durchgeführte Untersuchungen. Gegenstand dieser Untersuchungen waren die Einflüsse der äußeren Arbeitsbedingungen auf die arbeitenden Menschen. Die Untersuchungen wurden vorwiegend von Mayo und Röthlisberger durchgeführt[33].

Im Rahmen der Versuche wurden Arbeiterinnen unter geänderten äußeren Arbeitsbedingungen wie Beleuchtung, Temperatur, Freizeit, Verpflegung usw. beobachtet und eine Leistungssteigerung bei positiver Änderung der Arbeitsbedingungen festgestellt. Als man in einem Versuchsabschnitt zu den ursprünglichen Arbeitsbedingungen zurückkehrte, war dennoch ein Leistungsanstieg zu bemerken. Mayo kam daraus zu folgender Erkenntnis: In Wirklichkeit war aus sechs Einzelnen (Arbeiterinnen, der Verfasser) eine Gemeinschaft geworden, und diese Gemeinschaft bekannte sich vorbehaltslos und spontan zur Zusammenarbeit im Rahmen des Experimentes[34].

---

[32] *Fayol,* H.: Allgemeine und industrielle Verwaltung, S. 15.

[33] Vgl. *Mayo,* E.: Probleme industrieller Arbeitsbedingungen, Frankfurt/Main 1954; *Röthlisberger,* F. J. and *Dickson,* W J.: Management and the Worker, Cambridge/Mass. 1950; *Röthlisberger,* F. J.: Betriebsführung und Arbeitsmoral, Köln 1954; *Dale,* E.: Readings in Management: Landmarks and New Frontiers, New York, St. Louis, San Francisco, Toronto, London, Sydney 1965, S. 140 ff.

[34] *Mayo,* E.: Probleme industrieller Arbeitsbedingungen, S. 114 ff.

Durch diese Experimente war somit nachgewiesen, daß die Arbeitsleistung wesentlich durch soziale Faktoren wie Anerkennung in der Gruppe, persönliche Neigungen, Anerkennung durch Vorgesetzte etc. beeinflußt wird.

Die Betrachtung des Menschen ist damit eine wesentlich andere als im Rahmen der wissenschaftlichen Betriebsführung. Der Mensch tritt uns hier als soziales Wesen und nicht mehr als Produktionsfaktor entgegen. Ein Tatbestand, auf den auch die ältere deutsche Betriebswirtschaftslehre, insbesondere Nicklisch[35] besonders hingewiesen hat.

Der Terminus Human Relations entspricht nach Kolbinger dem deutschen Begriff der sozialen Betriebsführung[36].

---

[35] Vgl. *Nicklisch*, H.: Die Betriebswirtschaft, Stuttgart ^{7}1932.
[36] *Kolbinger*, J.: Human Relations, in: Grochla, E. (Hsg.), Handwörterbuch der Organisation, Stuttgart 1969, Sp. 695.

IV. Kritische Beurteilung der Betriebsführung in den betriebswirtschaftlichen Ansätzen

1. Kritische Beurteilung des systemorientierten Ansatzes der Betriebswirtschaftslehre

1.1. Der allgemeine Ansatz der Systemtheorie

Die systemorientierte Betrachtungsweise in der Betriebswirtschaftslehre, der systemorientierte oder systemtheoretische Ansatz der Betriebswirtschaftslehre basiert auf der Annahme einer Meta-Theorie in Form der Systemtheorie, die sich ganz allgemein auf Systeme anwenden läßt.

Ein System wird dabei nach van Court Hare definiert bzw. wie folgt graphisch dargestellt[1]:

„From a large set of elements, or black boxes (circles), a smaller set, indicated within the boundary, is selected because of the relevant connections, or transactions, between those so indicated. Arrows into the boundary are inputs from the system. Arrows from the boundary are outputs from the system. The dotted arrows indicate connections which may be of interest but which are not included in the present definition of the system."

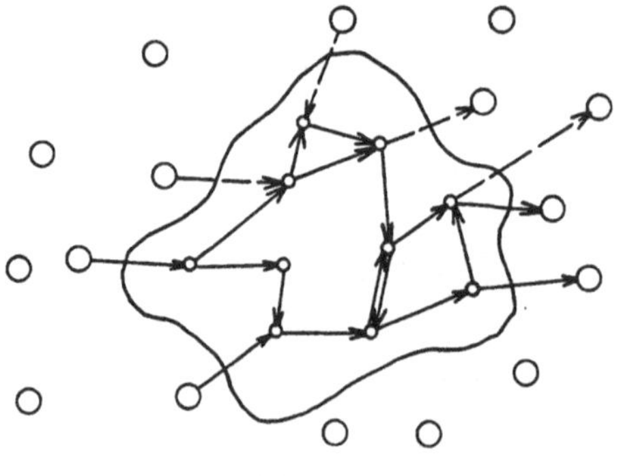

[1] *Hare*, van C.: System Analysis in: Progress in Operations Research, Volume II, edited by Hertz, D. B. and Eddison, R. T., New York, London, Sydney 1964, S. 130 und derselbe: System Analysis: A diagnostic Approach, New York, Chicago, San Francisco, Atlanta 1967, S. 13 ff.

Die Entwicklung der Systemtheorie zur Metatheorie datiert Hans Ulrich mit dem Jahre 1950, während vorher in verschiedenen Einzelwissenschaften bereits Ansätze zu finden sind[2].

Wir werden in der Folge unserer Arbeit auf einen dieser Ansätze, den ganzheitlichen, noch näher eingehen.

Die Systemtheorie verstanden als formale Wissenschaft ist in ihrer Entstehung und Entwicklung mit den Namen N. Wiener, L. von Bertalanffy, W. R. Ashby, K. E. Boulding, um nur einige Autoren zu nennen, aufs engste verbunden[3].

Ihre Anwendung findet sie heute in Biologie, Psychologie, Physik, Soziologie etc. und wie in der Folge gezeigt wird im Rahmen der Betriebswirtschaftslehre.

Das Ziel der Systemtheorie besteht darin „Gemeinsamkeiten von Systemen aufzudecken, insbesondere die Struktur, die Beziehungen und das Verhalten von Systemen darzulegen. Darüber hinaus sollen Erkenntnisse aus einem System formalanalog auf andere Systeme übertragen werden“[4].

1.2. Der systemorientierte Ansatz der Betriebswirtschaftslehre

Graphisch läßt sich nach van Court Hare das System Betriebswirtschaft in Fortführung der eingangs gezeigten Graphik wie auf Seite 26 gezeigt darstellen[5].

Grundlage für die systemorientierte Betrachtung in der Betriebswirtschaftslehre sind die Erkenntnisse der Metawissenschaft Systemtheorie, die in der Kybernetik[6] weitergeführt werden. Diese Erkenntnisse werden zunächst dazu verwendet, die Betriebswirtschaft als System zu beschreiben. So sieht Ulrich „die Unternehmung als ein reales System mit bestimmten Eigenschaften wie dynamisch, offen, komplex, zweckorientiert“[7]. Illetschkos Unternehmenstheorie basiert auf der

[2] *Ulrich*, H.: Die Unternehmung als produktives soziales System, S. 102.

[3] Vgl. *Wiener*, N.: Kybernetik, Düsseldorf, Wien ²1963. *Bertalanffy*, L. von: General System Theory, A new Approach to Unity of Science, in: Human Biology, Vol. 23, Baltimore, Maryland 1951. *Ashby*, W. R.: An Introduction to Cybernetics, London 1957. *Boulding*, K. E.: General Systems Theory, The Skeleton of Science, in: Management Systems, Schoderbeck, New York 1968.

[4] *Meffert*, H.: Systemtheorie aus betriebswirtschaftlicher Sicht, in: Schenk, K. E. (Hsg.), Systemanalyse in den Wirtschafts- und Sozialwissenschaften, Berlin 1971, S. 176.

[5] *Hare*, van C.: System Analysis, in: Progress in Operations Research, S. 130.

[6] Vgl. *Krieg*, W.: Kybernetische Grundlagen der Unternehmungsgestaltung.

[7] *Ulrich*, H.: Der systemorientierte Ansatz in der Betriebswirtschaftslehre, in: Wissenschaftsprogramm und Ausbildungsziele der Betriebswirtschaftslehre, Tagungsbericht des Verbandes der Hochschullehrer für Betriebswirtschaft e. V., Bd. I, Berlin 1971, S. 49.

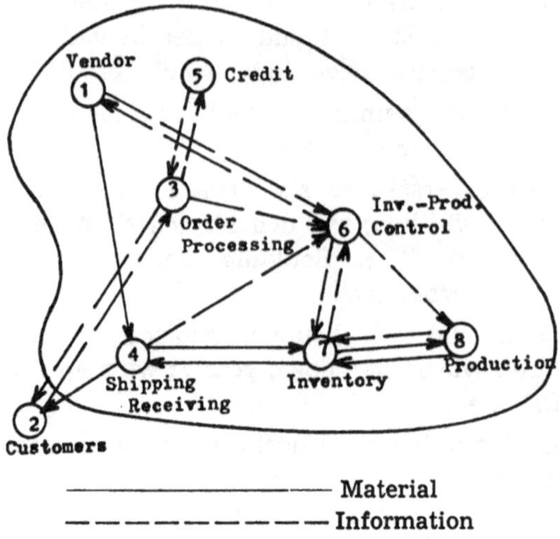

Konzeption der Kybernetik als einem Teil der Systemtheorie; er baut dabei auf der Vorstellung der Steuerung auf, „die auf Störungsgrößen reagiert und einmal ermittelte Stellgrößen kontinuierlich und dauernd herstellt, wobei die Zielsetzungen einer solchen Steuerung verschiedentlicher erwerbswirtschaftlicher, gewinnmaximierender oder beschäftigungssichernder, wohlstands- oder wohlfahrtsmehrender usw. Art sein können"[8].

Deutlich bringt Ulrich die Vorgangsweise der systemorientierten Betriebswirtschaftslehre wie folgt zum Ausdruck:

„1. Wir fassen die Unternehmung als ein offenes System auf und beschreiben sie in ihrer Verflechtung mit der Umwelt;

2. Wir gliedern die Unternehmung gedanklich auf in operationelle Vollzugs- und Versorgungsbereiche und in einen diese überlagernden Führungsbereich; durch weitere Aufgliederung erhalten wir die einzelnen Funktionsbereiche der Unternehmung, welche wir wiederum als inputverarbeitende und outputorientierte (Sub-) Systeme beschreiben.

3. Wir unterscheiden verschiedene Dimensionen der Unternehmung, um das Unternehmungsgeschehen und die entsprechenden Gestaltungs- und Lenkungsprobleme in materieller, sozialer, kommunikativer und wertmäßiger Sicht herausarbeiten zu können.

4. Wir unterscheiden zwischen repetitiven und novativen Aufgaben, um die Probleme der Innovation in der Unternehmung herausarbeiten zu können.

[8] *Illetschko,* L. L.: Unternehmenstheorie, Elemente rationaler Betriebslenkung, Wien 1964, S. 19.

5. Wir unterscheiden drei Kategorien von Gestaltungs- und Lenkungsproblemen, um typische Probleme der Unternehmungsführung herausarbeiten zu können[9]."

Diese Darstellung zeigt, daß der auf der Systemtheorie aufgebaute Ansatz Ulrichs in Punkt 2 die funktionelle Betrachtungsweise beinhaltet. Neben der in der Betriebswirtschaftslehre auf eine lange Tradition zurückblickenden funktionellen Betrachtungsweise finden wir hier aber viele andere betriebswirtschaftliche Probleme wie z. B. Probleme der Kostentheorie im Punkt 3 hier erfaßt.

Im gegenwärtigen Zeitpunkt besteht die Leistung der systemorientierten Betriebswirtschaftslehre darin, daß Beschreibungs- und Erklärungsmodelle für die Betriebswirtschaft bereits vorliegen und „daß die systemorientierte Betriebswirtschaftslehre im Begriffe steht, die erste Phase einer vorwiegend mechanistischen Übertragung einfacher System- und Regelkreisvorstellungen auf die Unternehmung zu verlassen und ihre wirkliche Aufgabe in Angriff zu nehmen, dem komplexen Charakter der Unternehmung entsprechende Gestaltungsmodelle zu entwerfen. Das Verhalten der Unternehmung wird als Komplex kontinuierlicher Lernprozesse aufgefaßt, und das System Unternehmung muß so gestaltet werden, daß diese Lernprozesse sich ungehindert abspielen können und zu einem dauernden dynamischen Gleichgewicht mit einer ebenfalls komplexen und lernenden Umwelt führen. Die Aufgabe der Betriebswirtschaftslehre besteht dann nicht mehr darin, fertige Problemlösungen anzubieten, sondern Modelle für die Gestaltung der Unternehmung und ihrer Subsysteme, welche genügend Ausgangsvarietät besitzen, um sich selbst differenzierend weiter zu entwickeln"[10].

Neben der gegenwärtigen Lage des systemorientierten Ansatzes wird hier auch die pragmatische Ausrichtung der Betriebswirtschaftslehre deutlich. An anderer Stelle derselben Abhandlung wird diese pragmatische Ausrichtung noch deutlicher:

„Nach unseren Auffassungen kann also das theoretische Ziel der Erkenntnisgewinnung nicht unabhängig vom pragmatischen Ziel der Erkenntnisverwendung bestimmt werden[11]."

Illetschko formuliert diesen Tatbestand folgend: „Für die Konkordanz mit dem Wirtschaftsalltag ist insofern gesorgt, als die Vorstellung von Steuerungsprozessen auf der rationalen Begründung von Dispositionen aufbaut[12]."

---

[9] *Ulrich,* H.: Der systemorientierte Ansatz in der Betriebswirtschaftslehre, S. 53.

[10] *Ulrich,* H.: Der systemorientierte Ansatz in der Betriebswirtschaftslehre, S. 59.

[11] *Ulrich,* H.: Der systemorientierte Ansatz in der Betriebswirtschaftslehre, S. 44.

[12] *Illetschko,* L. L.: Unternehmenstheorie, S. 20.

Hinsichtlich der Leistungsfähigkeit des systemtheoretischen Ansatzes hat Meffert kürzlich eine Untersuchung präsentiert. Ausgehend von den von Ulrich aufgestellten Thesen werden diese schrittweise genau überprüft. Meffert kommt zu folgenden Ergebnissen:

„1. Der systemtheoretische Ansatz ... will sogenannte ‚Projektions-' oder ‚Grundmodelle' der Betriebswirtschaftslehre entwickeln. Er liefert den allgemeinen Bezugsrahmen für die Explikation betriebswirtschaftlicher Systeme und erfüllt dementsprechend deskriptive Funktionen.

2. Die mit Hilfe der systemtheoretischen und kybernetischen Terminologie geschaffenen Erklärungsmodelle stellen einen ersten Schritt zur heuristischen Erfassung der Interdependenzen von Organisationsstruktur und Informationsprozessen dar. Damit sind gewisse Anhaltspunkte für die Verbesserung bestehender Organisationsstrukturen gegeben. Dies gilt insbesondere für die Erfassung und Verteilung der Informationen sowie die Kanalisierung des Informationsflusses. Infolge der allgemeingültigen Betrachtungsweise ergeben sich sichtliche Vorteile gegenüber den klassischen Organisationsanalysen.

3. Systemanalyse und kybernetische Betrachtungsweise sind vorzüglich geeignet, die Zusammenarbeit zwischen Betriebswirtschaftslehre und ihren Nachbardisziplinen (z. B. Volkswirtschaftslehre, Soziologie, Psychologie, Technik etc.) zu fördern. Das gleiche gilt für das Verständnis der Automation und der Datenverarbeitungstechnik[13]."

1.3. Die Betriebsführung im systemorientierten Ansatz der Betriebswirtschaftslehre

Der systemorientierte Ansatz der Betriebswirtschaftslehre betrachtet die Betriebsführung als Subsystem des Systems Betriebswirtschaft, das die anderen Subsysteme überlagert. Graphisch läßt sich dies folgend darstellen[14] (Graphik Seite 29).

Die „operationellen Funktionsbereiche" des Versorgungs- und Vollzugsbereiches werden, wie nachstehende Darstellung zeigt, noch weiter aufgefächert:

„Marktleistungsbezogene Funktionsbereiche:

Produktentwicklung
Produktion
Absatz

[13] *Meffert*, H.: Systemtheorie aus betriebswirtschaftlicher Sicht, S. 206.

[14] *Ulrich*, H.: Der systemorientierte Ansatz in der Betriebswirtschaftslehre, S. 50.

Betriebsmittelbezogene Funktionsbereiche:

Personalwesen
Anlagenwirtschaft
Materialwirtschaft
Informationswesen
Finanzwesen

Unternehmungsbezogener Funktionsbereich:

Gesamtführung der Unternehmung[15]"

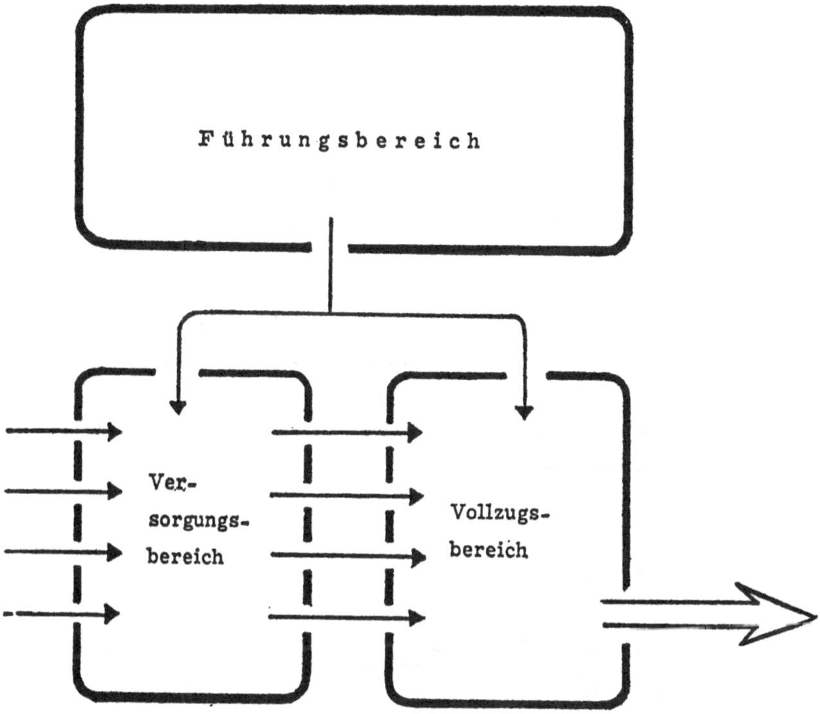

Die Betriebsführung wird im systemorientierten Ansatz funktionell verstanden.

Die Betriebsführung erfährt im systemorientierten Ansatz eine weitere Auffächerung[16]:

1. Nach dem Umfange des Wirkungsbereiches der Betriebsführung:

   a) Gesamtführung der Unternehmung:
   Diese wird als Restgröße interpretiert, die nicht als Führung eines Teilbereiches verstanden werden kann.

---

[15] *Ulrich*, H.: Die Unternehmung als produktives soziales Sytsem, S. 49.
[16] *Ulrich*, H.: Die Unternehmung als produktives soziales System, S. 320 ff.

b) Bereichsführung:
   Führung von Subsystemen.

2. Nach den Problemstufen der Betriebsführung:
   a) Bestimmung der Ziele (Zielbestimmung).
   b) Gestaltung der Subsysteme (Systemgestaltung).
   c) Bestimmung der Abwicklung der Prozesse im System (Prozeßabwicklung).
3. Nach den Dimensionen der Betriebsführung:
   a) materielle
   b) soziale
   c) kommunikative
   d) wertmäßige

Greifen wir die Gesamtführung der Unternehmung heraus, dann ergeben sich in nachstehender Darstellung die Problemstufen, Aufgabenbereiche, Dimensionen sowie Teilaufgaben[17]:

Problemstufe	Aufgabenbereich	Dimension	Teilaufgabe
Zielbestimmung	1. Bestimmung des allgemeinen Zielsystems der Unternehmung	materielle wertmäßige	Festlegung des Sortiments bzw. Leistungsprogramms
		soziale kommunikative	
	2. Koordination der Bereichsziele		
Systemgestaltung	1. Bestimmung des zur Zielerreichung notwendigen Leistungspotentials	materielle wertmäßige	Bestimung der technischen, personellen und finanziellen Kapazität
		soziale	Gestaltung der interpersonellen Beziehungen
	2. Bestimmung der grundsätzlichen Unternehmungsstruktur	kommunikative	Gestaltung der informationsmäßigen Beziehungen
		wertmäßige	Gestaltung des Wertekreislaufes

[17] *Ulrich*, H.: Die Unternehmung als produktives soziales System, S. 324 ff.

Problemstufe	Aufgabenbereich	Dimension	Teilaufgabe
Prozeßabwicklung	1. Bestimmung von allgemeinen Verhaltensnormen zur Zielerreichung	soziale wertmäßige	Aufstellen von Normen für das Verhalten der Mitarbeiter
	2. Einleitung der wichtigsten Führungsprozesse, insbesondere zur Verwirklichung von Neuerungen	wertmäßige materielle soziale kommunikative	
	3. Treffen von Einzelentscheidungen von großer Tragweite	wertmäßige	z. B. Kreditgewährung
	4. Überwachung des Unternehmungsgeschehens in den großen Linien und Wertung der erzielten Ergebnisse	wertmäßige materielle soziale kommunikative	

Wird die Gesamtführung der Betriebswirtschaft nach den Kriterien der Konkretisierung einerseits und der Geltungsdauer andererseits dargestellt, so ergibt sich nachstehende Graphik[18]:

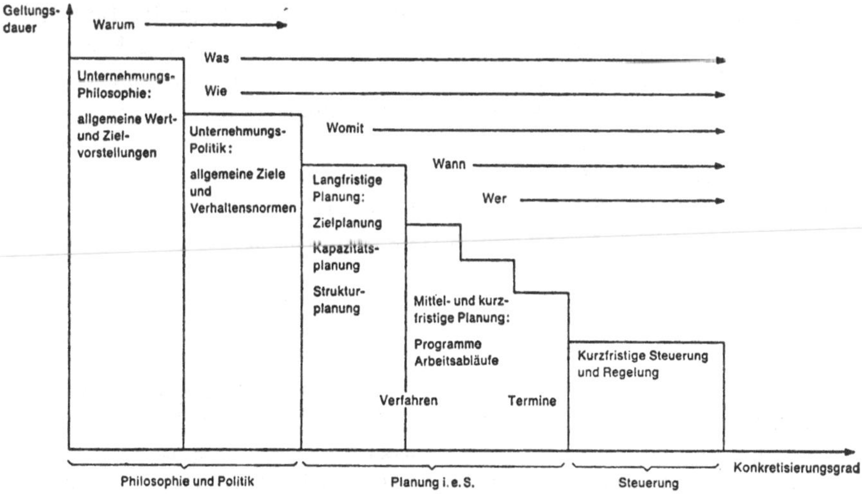

[18] *Ulrich*, H.: Die Unternehmung als produktives soziales System, S. 328.

2. Kritische Beurteilung des entscheidungsorientierten Ansatzes der Betriebswirtschaftslehre

2.1. Der allgemeine Ansatz der Entscheidungstheorie

Die Entscheidungstheorie hat die „logischen und zum Teil empirischen Analysen des rationalen Verhaltens“[19] von Individuen zum Gegenstand. Sie versteht sich somit als Wissenschaft, die ganz allgemein die menschlichen, rationalen Entscheidungen zum Gegenstand hat.

Ansätze zur Behandlung des Entscheidungsproblems finden sich in vielen Disziplinen wie in der Nationalökonomie und Betriebswirtschaftslehre.

Gegenstand der Entscheidungstheorie sind Modelle, „bei denen eine Situation, bestehend aus

1. einem Aktor und
2. der Umgebung des Aktors (soweit diese für das jeweilige Entscheidungsproblem relevant ist), durch Anwendung
3. einer rationalen Entscheidungsmaxime und
4. des Wertsystems des Aktors (das sich in einem Bewertungsmaßstab für mögliche Akte niederschlägt)

zu einer bestimmten Handlung des Aktors führt, die ihrerseits eine neue Situation erzeugt“[20].

2.2. Der entscheidungsorientierte Ansatz der Betriebswirtschaftslehre

Der entscheidungsorientierte Ansatz der Betriebswirtschaftslehre wendet das Aussagesystem der Entscheidungstheorie auf ihre spezifischen Erkenntnisprobleme an. Das Ziel der Anwendung der Entscheidungstheorie besteht darin, „die Entscheidungsträger in der Praxis zu beraten, ihnen Empfehlungen in die Hand zu geben, wie sie sich in konkreten Entscheidungssituationen verhalten sollen“. Oder anders formuliert: eine „solche Theorie hat Aussagen darüber zu machen, welche Handlungsweisen in der Unternehmung zu ergreifen sind, um bestimmte Ziele möglichst vollkommen zu erreichen“[21].

Der entscheidungsorientierte Ansatz ist, wie obige Zitate belegen, pragmatisch ausgerichtet.

Gegenstand der Forschung ist der Entscheidungsprozeß, den nachfolgende Graphik wiedergibt[22].

---

[19] *Gäfgen*, G.: Theorie der wirtschaftlichen Entscheidung, Untersuchungen zur Logik und ökonomischen Bedeutung des rationalen Handelns, Tübingen 1963, S. 1.

[20] *Gäfgen*, G.: Theorie der wirtschaftlichen Entscheidung, S. 26.

[21] *Heinen*, E.: Betriebswirtschaftslehre heute, Die Bedeutung der Entscheidungstheorie für Forschung und Praxis, Wiesbaden (1966), S. 5.

[22] *Ulrich*, H.: Die Unternehmung als produktives soziales System, S. 207.

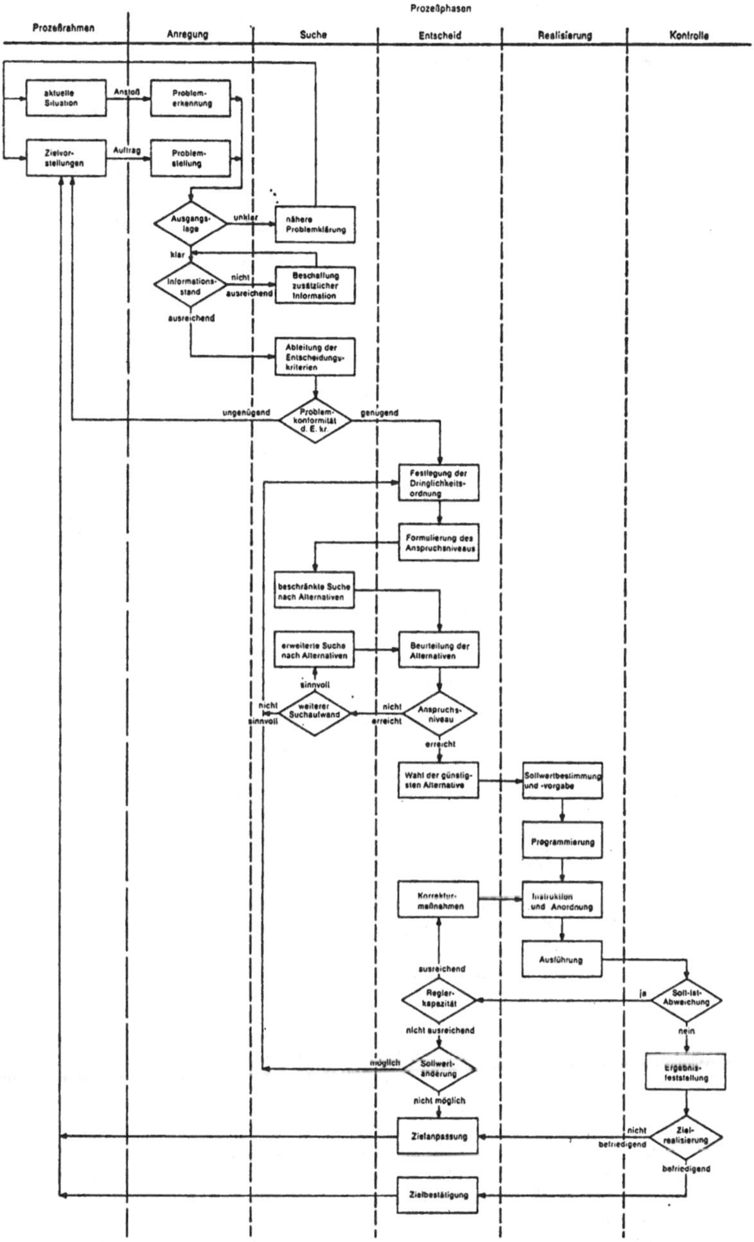
Prozeßphasen
Prozeßrahmen
Anregung
Suche
Entscheid
Realisierung
Kontrolle
aktuelle Situation
Anstoß
Problem-erkennung
Zielvor-stellungen
Auftrag
Problem-stellung
Ausgangs-lage
unklar
nähere Problemklärung
klar
Informations-stand
nicht ausreichend
Beschaffung zusätzlicher Information
ausreichend
Ableitung der Entscheidungs-kriterien
ungenügend
Problem-konformität d. E. kr.
genügend
Festlegung der Dringlichkeits-ordnung
Formulierung des Anspruchsniveaus
beschränkte Suche nach Alternativen
erweiterte Suche nach Alternativen
Beurteilung der Alternativen
sinnvoll
nicht sinnvoll
weiterer Suchaufwand
nicht erreicht
Anspruchs-niveau
erreicht
Wahl der günstig-sten Alternative
Sollwertbestimmung und -vorgabe
Programmierung
Korrektur-maßnahmen
Instruktion und Anordnung
Ausführung
ausreichend
Regler-kapazität
ja
Soll-Ist-Abweichung
nicht ausreichend
nein
möglich
Sollwert-änderung
Ergebnis-feststellung
nicht möglich
Zielanpassung
nicht befriedigend
Ziel-realisierung
befriedigend
Zielbestätigung

Der Entscheidungsprozeß wird hier also als fünfphasiger (Anregung, Suche, Entscheid, Realisierung und Kontrolle) Prozeß aufgefaßt. Heinen sieht den Prozeß dreiphasig, wie folgt[23]:

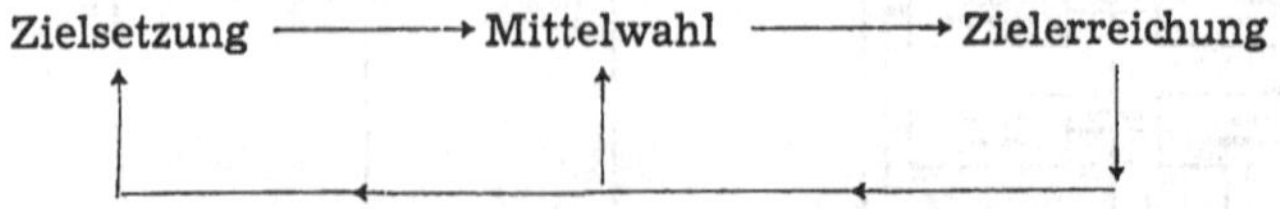

Dieser Prozeßrahmen wird einerseits durch Zielvorgaben gesteuert, andererseits durchlaufen ihn auch Zielentscheidungsprozesse. Die Zielforschung gewann daher im Rahmen des entscheidungsorientierten Ansatzes an Bedeutung[24].

Die Aufgabengebiete der entscheidungsorientierten Betriebswirtschaftslehre stellt Heinen in nachstehendem oberen Rechteck dar[25]:

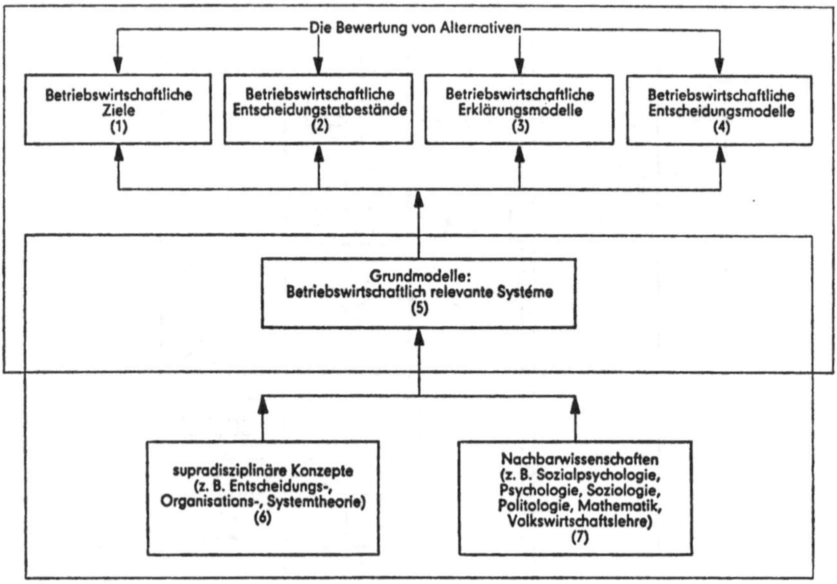

[23] *Heinen*, E.: Betriebswirtschaftslehre heute, S. 7.

[24] Vgl. dazu *Heinen*, E.: Das Zielsystem der Unternehmung. *Bidlingmaier*, J.: Unternehmerziele und Unternehmerstrategien, Wiesbaden 1964. *Schmidt-Sudhoff*, U.: Unternehmerziele und unternehmerisches Zielsystem, Wiesbaden 1967. *Witstock, J.:* Elemente eines allgemeinen Zielsystems der Unternehmung, in: ZfB, Jg. 1971, S. 833 ff. *Hauschildt, J.:* Zur Artikulation von Unternehmenszielen, in: ZfbF, Jg. 1970, S. 545 ff. *Drumm*, H. J.: Organisationsformen und Probleme der Zielbildung in mehrstufigen Vereinen, in: ZfB, Jg. 1971, S. 817 ff. *Bidlingmaier*, J.: Zur Zielbildung in Unternehmensorganisationen, in: ZfbF, Jg. 1967, S. 246 ff. *Kirsch*, W.: Die Unternehmungsziele in organisationstheoretischer Sicht, in: ZfbF, Jg. 1969, S. 665 ff.

[25] *Heinen*, E.: Der entscheidungsorientierte Ansatz der Betriebswirtschaftslehre, in: ZfB, Jg. 1971, S. 431 und derselbe: Der entscheidungsorientierte Ansatz der Betriebswirtschaftslehre, in: Wissenschaftsprogramm und Ausbil-

Der gegenwärtige Stand der entscheidungsorientierten Richtung in der Betriebswirtschaftslehre ist gekennzeichnet durch das Vorhandensein von Erklärungsmodellen sowie einer verhältnismäßig geringen Zahl von Entscheidungsmodellen. Heinen mutmaßt, daß „noch ein weiter Weg zurückzulegen sein" wird, „bis die entscheidungsorientierte Betriebswirtschaftslehre in der Lage sein wird, ihr Wissenschaftsprogramm zu erfüllen"[26].

Von Bedeutung ist, daß in jüngster Zeit neben den geschlossenen Modellen auch offene Modelle im Rahmen des entscheidungsorientierten Ansatzes behandelt werden[27]. Geschlossene Modelle berücksichtigen im Gegensatz zu den offenen die Einflüsse aus der Umwelt nicht. Sie arbeiten wie beispielsweise das Modell des homo oeconomicus mit einer gegebenen Zielvorstellung. Offene Modelle finden wir in den verhaltenswissenschaftlichen Ansätzen (z. B. Theorie des befriedigenden Anspruchsniveaus von Simon).

Eine weitere Fortführung der Entscheidungstheorie im Rahmen offener Modelle ergibt sich durch Anwendung der Informationsverarbeitungstheorie, die auf einer Analogie zwischen Mensch und Datenverarbeitungsanlage basiert[28].

Die Leistungsfähigkeit des entscheidungsorientierten Ansatzes für die Betriebswirtschaftslehre ist darin zu sehen, daß mit dieser Betrachtung die Entscheidungssituationen in den Betrieben generell charakterisiert werden, um darauf aufbauend Verhaltensnormen für das Entscheidungssubjekt abzuleiten[29]. Ähnlich sieht auch Ulrich die Bedeutung der entscheidungsorientierten Betrachtung: „Faßt man menschliches Handeln als Folge von Entscheidungen auf, so setzt hier die Entscheidungstheorie ein, welche auf formallogischer Grundlage Typen von Entscheidungssituationen charakterisiert und formale Problemlösungsmethoden abzuleiten vermag. Es dürfte klar sein, daß die Entscheidungslogik allein noch keine Betriebswirtschaftslehre zu konstituieren vermag, sondern mit empirisch gehaltvollen Aussagen über tatsächlich existierende Entscheidungssituationen verbunden werden muß[30]."

---

dungsziele der Betriebswirtschaftslehre, Tagungsbericht des Verbandes der Hochschullehrer für Betriebswirtschaft e. V., Bd. I., Berlin 1971, S. 20.

26 Derselbe: Zum Wissenschaftsprogramm der entscheidungsorientierten Betriebswirtschaftslehre, in: ZfB, Jg. 1969, S. 220.

27 *Heinen*, E.: Betriebswirtschaftslehre heute, S. 8.

28 *Kirsch*, W.: Entscheidungsprozesse, 2. Bd., Informationstheorie des Entscheidungsverhaltens, Wiesbaden 1971.
Vgl. auch *Kirsch*, W.: Entscheidungsprozesse, 1. Bd., Verhaltenswissenschaftlichen Ansätze der Entscheidungstheorie, Wiesbaden 1970. Derselbe: Entscheidungsprozesse, 3. Bd., Entscheidungen in Organisationen, Wiesbaden 1971.

29 *Meffert*, H.: Systemtheorie aus betriebswirtschaftlicher Sicht, S. 206.

30 *Ulrich*, H.: Der systemorientierte Ansatz in der Betriebswirtschaftslehre, S. 45 f.

2.3. Die Betriebsführung im entscheidungsorientierten Ansatz der Betriebswirtschaftslehre

Aus der Betrachtung der Betriebswirtschaft von der Entscheidung her ergibt sich, daß der entscheidungsorientierte Ansatz primär die Betriebsführung zum Gegenstand hat. Dies läßt sich durch folgendes Zitat belegen:

„Betriebswirtschaftliches Handeln vollzieht sich allgemein in den Phasen Planung, Realisation und Kontrolle. Die Planungsphase dient der Entscheidungsvorbereitung, umfaßt die Beschaffung und Verarbeitung aller Informationen über Mittel und Wege zur Erreichung der erstrebten Ziele. Zukunftsbezogenheit und Erwartung sind die wesentlichsten Aspekte der Planungsphase oder Entscheidungsvorbereitung. Es folgt dann die Willensdurchsetzung, die Verwirklichung des Geplanten, das Vollzugshandeln. Die Kontrolle schließlich setzt die Ergebnisse der Realisation zum Planziel in Beziehung. Hier tritt ein zirkularer Rückwirkungsprozeß in Erscheinung[31]."

Aus der Tatsache, daß der Personenkreis der dieses betriebswirtschaftliche Handeln bewirkt, in der Betriebsführung zu suchen ist, läßt sich die oben behauptete Ausrichtung des entscheidungsorientierten Ansatzes folgern.

Routineentscheidungen oder programmierte Entscheidungen, die auf Grund vorher festgelegter Regeln getroffen werden, und im unteren Bereiche der Betriebshierarchie vorzufinden sind, sind nicht Gegenstand des entscheidungsorientierten Ansatzes, da ihnen das Kriterium der „echten" Entscheidung, das Vorhandensein eines Wahlproblems, fehlt[32].

3. Kritische Beurteilung des Managementansatzes

3.1. Der allgemeine Ansatz der Managementlehre

Unter Management oder Managementlehre wollen wir nach Illetschko dasjenige Lehrstück der angloamerikanischen Literatur verstehen, das sich „eingehend den Leitungsfragen und Leitungsfunktionen"[33] zuwendet.

Die Betriebswirtschaftslehre hat sich in den letzten beiden Dezennien, wie auch aus unseren vorherigen Ausführungen zu entnehmen ist, zu einer Führungslehre entwickelt. Im Rahmen dieses Entwicklungsprozesses hat „die Betriebswirtschaftslehre Gedankengut des angelsächsischen Lehrgebäudes rezipiert"[34].

---

[31] *Heinen*, E.: Betriebswirtschaftslehre heute, S. 7.

[32] Derselbe: Das Zielsystem der Unternehmung, S. 19 f.

[33] *Illetschko*, L. L.: Management und Betriebswirtschaft, Veröffentlichungen des Institutes für Organisation und Revisionswesen, Bd. 6, Wien 1955, S. 1.

[34] *Stiefel*, T.: Die angloamerikanische Managementlehre, Entwicklungsphasen der Managementlehre und Einfluß auf die Struktur der Betriebswirtschaftslehre, in: BFuP, Jg. 1969, S. 629.

Der angloamerikanische Managementansatz, die Managementlehre, ist heute keine geschlossene Theorie wie beispielsweise die Systemtheorie oder die Entscheidungstheorie, die auf betriebswirtschaftliche Fragen angewendet wird, es handelt sich vielmehr um eine Vielzahl von Erkenntnissen aus verschiedenen Disziplinen, die im Rahmen dieses Ansatzes Behandlung finden[35]. Koontz spricht in diesem Zusammenhang von „The Management Theory Jungle“[36].

In der Folge werden wir versuchen, die Entwicklung und den gegenwärtigen Stand der angloamerikanischen Managementlehre wiederzugeben.

3.2. Die Entwicklung des Managementansatzes

Sehr instruktiv stellen Murdick und Ross die Entwicklung des Managementansatzes dar. In der nachstehend entnommenen Darstellung[37] wurden der Fortschritt des Managementansatzes auf einer Achse und die Jahrzehnte auf der anderen Achse dargestellt. Ferner wird auch der technische Fortschritt zur Darstellung gebracht und die Differenz zwi-

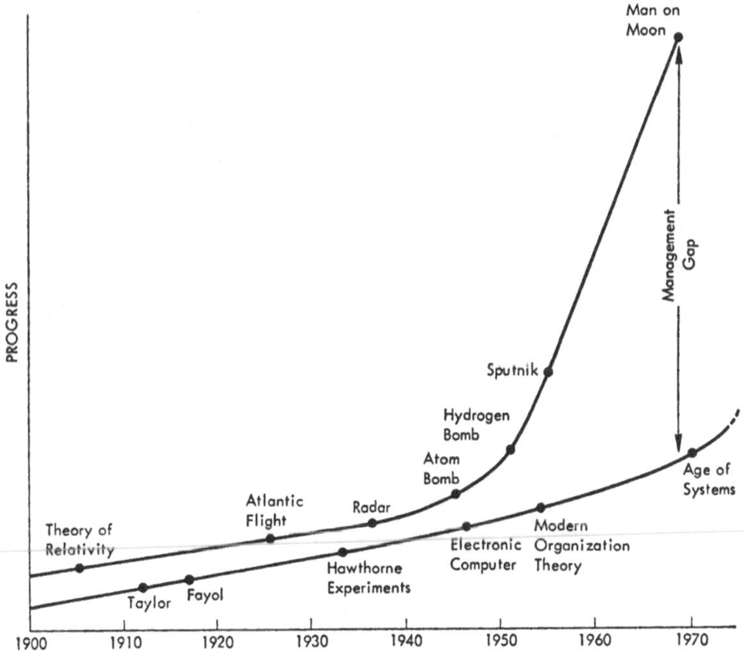

[35] Vgl. *Janowsky*, B.: Organisationslehre II (Entwicklung im englischsprachigen Raum), in: Grochla, E. (Hsg.), Handwörterbuch der Organisation, Stuttgart 1969, Sp. 1168 ff.

[36] *Koontz*, H.: The Management Theory Jungle, in: *Hutchinson, J. G.*, Readings in Management Strategy and Tactics, 1971, S. 3 ff.

[37] *Murdick*, R. G. and *Ross*, J. E.: Information Systems for Modern Management, S. 34.

schen beiden Kurven als „Management Gap" interpretiert. Diese Interpretation erscheint uns sehr problematisch; von Interesse für uns ist jedoch nur die Entwicklung des Managementansatzes.

Auf die einzelnen Entwicklungsstufen soll hier nicht eingegangen werden. Die Entwicklung endet in dieser Darstellung mit dem bereits angeführten systemorientierten Ansatz. Die Entwicklung innerhalb der systemorientierten Betrachtungsweise der Betriebswirtschaftslehre steht jedoch auch in den Vereinigten Staaten am Anfang. So sprechen Murdick und Ross davon, daß „the approach is so embryonic"[38].

3.3. Der gegenwärtige Stand des Managementansatzes

Neben der bereits bei der Entwicklung des Managementansatzes dargestellten systemorientierten Betrachtung, die in der künftigen Entwicklung die einzelnen anderen Ansätze vielleicht interpretieren wird, er-

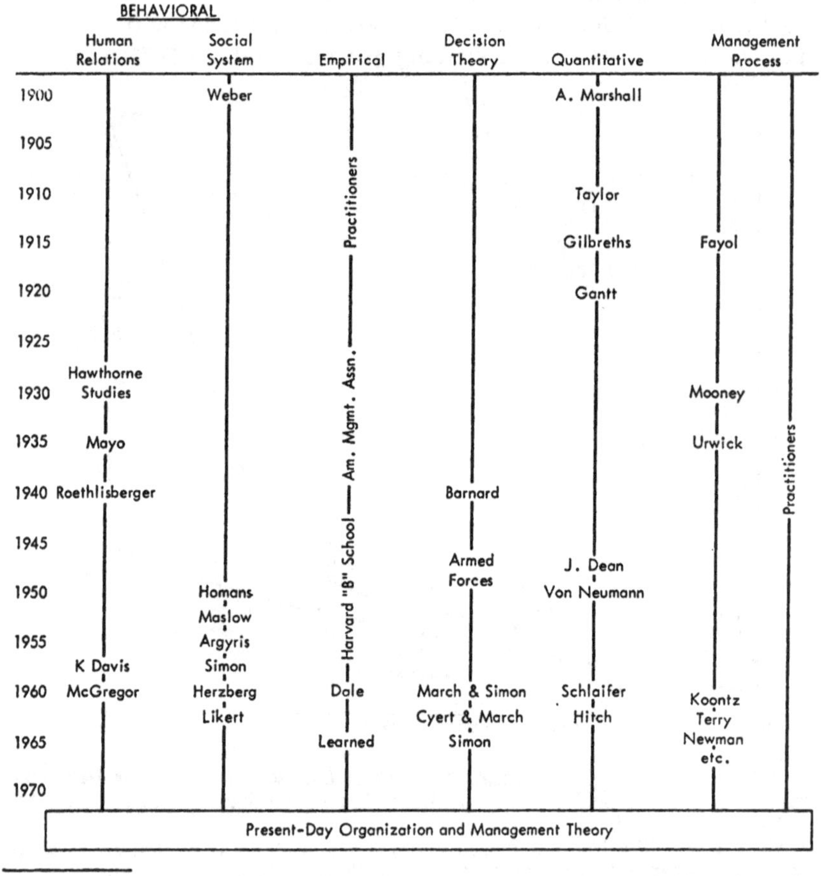

38 *Murdick*, R. G. and *Ross*, J. E.: Information Systems for Modern Management, S. 41.

gibt sich der gegenwärtige Stand der Managementlehre nach Murdick und Ross aus vorstehenden fünf Richtungen[39]:

Zu den einzelnen Richtungen[40]:

1. Behavioristische Richtung:
   a) Human Relations oder Human Behavior Richtung:
   Dieser Ansatz geht von der These aus, daß die Individuen, deren zwischenmenschliche Beziehungen und deren Führung der Inhalt des „Management" sind. Diese Grundeinstellung führte zu Modellen wie „Management by Participation". Diese Richtung tendiert zur Individual- und Sozialpsychologie. Die markantesten Vertreter der Richtung gehen aus obiger Darstellung hervor, wie beispielsweise Mc. Gregor mit seiner Theorie X und Theorie Y.
   b) Social System Richtung:
   Dieser Ansatz betrachtet die Betriebswirtschaft als System von sozialen Interaktionen. Die Ausrichtung ist soziologisch. So zählt hierher beispielsweise Maslow mit seiner Bedürfnishierarchie.
2. Empirische Richtung:
   Durch empirische Forschung wird versucht, die Betriebsführung, das Management, zu analysieren. Aus Erfolgen und Mißerfolgen in der Betriebsführung werden Erkenntnisse abgeleitet. Charakteristisch für diese Richtung sind die Arbeiten der American Management Association. Im Unterricht dominiert die Fallstudie wie in der Harvard Graduate School of Business.
3. Entscheidungstheoretische Richtung:
   Die Betriebsführung, das Management, wird von dieser Richtung als Entscheidungsprozeß gesehen. Wir verweisen diesbezüglich auf unsere vorstehenden Ausführungen zum entscheidungsorientierten Ansatz der Betriebswirtschaftslehre.
4. Quantitative oder mathematische Richtung:
   Diese Richtung trachtet die Betriebsführung mit mathematischen Symbolen, Beziehungen und meßbaren Daten zu erfassen. Hierzu zählen insbesondere die Vertreter des Operations Research mit den Verfahren der linearen und dynamischen Programmierung, der Monte Carlo Methode, der Warteschlangentheorie, der Spieltheorie usw.

---

[39] *Murdick*, R. G. and *Ross*, J. E.: Information Systems for Modern Management, S. 43.

[40] Vgl. *Murdick*, R. G. and *Ross*, J. E.: Information Systems for Modern Management, S. 43 ff. und *Koontz*, H. J.: The Management Theory Jungle, S. 5 ff. und *Ulrich*, H.: Entwicklungstendenzen der Managementlehre, in: Schürer, W. und Schneider, U. (Hsg.), Entwicklungstendenzen des Management in Europa, Bern und Stuttgart 1971, S. 102 f.

5. Funktionelle Richtung:

Im Vordergrund stehen bei dieser Richtung die Betriebsführungsfunktionen. Als Funktionen werden dabei unterschieden:

a) Planung

Ist der Gedanke, der der Tat vorangeht. Diese Funktion wird als erste oder führende dargestellt.

b) Organisation

Bedeutet die Festlegung der notwendigen Aufgaben zur Planverwirklichung.

c) Personalwesen

Beinhaltet Schulung, Auswahl, Aufnahme, Einsatz und Weiterbildung der Mitarbeiter.

d) Führung

Beinhaltet die Mitarbeiterführung.

e) Kontrolle.

4. Kritische Beurteilung des ganzheitlichen Ansatzes der Betriebswirtschaftslehre

4.1. Der allgemeine Ansatz der ganzheitlichen Lehre

Die ganzheitliche Lehre geht von dem Grundgedanken „der Dinge als Glieder einer Ganzheit, worin immer ein Einigendes, gleichsam Inniges, sowie Sinnvolles beschlossen ist“[41] aus. Ausgehend von diesem Grundgedanken wird die ganzheitliche Lehre entwickelt, die wir nur in ihren Grundzügen darstellen können.

Die beiden Grundsäulen der ganzheitlichen Lehre sind die Lehrsätze der Ausgliederung und der Rückverbindung. Die Ausgliederung beinhaltet den Lehrsatz: „Das Ganze stellt sich in den Gliedern dar.“ Dieser Lehrsatz „gibt die Urweise an, wie Ganzheit zur Erscheinung gelangt“[42]. Die zweite Grundsäule „geht von dem fertig ausgegliederten Ganzen aus, faßt aber die neue Tatsache ins Auge, daß das Ausgegliederte nicht selbständig ist, sondern in der Ganzheit verwurzelt bleibt, so daß die Ganzheit auf dem Grund jedes Gliedes bei sich selbst, als ein Unausgegliedertes verharrt“[43].

Aufbauend auf diese beiden Grundsäulen der ganzheitlichen Lehre werden einzelne Lehrsätze festgehalten[44].

---

[41] *Spann,* O.: Gesamtausgabe, Bd. 9: Kategorienlehre, Graz 1969, S. 11.
[42] *Spann,* O.: Gesamtausgabe, Bd. 9, S. 90.
[43] *Spann,* O.: Gesamtausgabe, Bd. 9, S. 90 f.
[44] *Spann,* O.: Gesamtausgabe, Bd. 9, S. 94 ff.

Diese ganzheitliche Lehre bildet die Grundlage, die in verschiedenen Disziplinen zur Anwendung gelangt, wie beispielsweise in der Volkswirtschaftslehre durch Spann[45] und Heinrich[46].

4.2. Der ganzheitliche Ansatz der Betriebswirtschaftslehre

Der ganzheitliche Ansatz der Betriebswirtschaftslehre ist in seiner Grundlegung einem Vertreter der Volkswirtschaftslehre zu verdanken. Walter Heinrich widmet in seiner Wirtschaftspolitik, 2. Band, zweite Hälfte, einen Abschnitt der Betriebswirtschaftspolitik[47].

Nach der ganzheitlichen Auffassung ist die Betriebswirtschaft eine Stufe, die sich zwischen der Stufe der Gebiets- und Verbandswirtschaften einerseits und der Stufe der Haushalte andererseits befindet. Auch im Hinblick auf die Stufe der Betriebswirtschaft gibt es übergeordnete Ganzheiten in Form von Betriebszusammenschlüssen und untergeordnete Ganzheiten in Form von Teilbetrieben und Abteilungen. Diese Art der Betrachtung ist ähnlich der im, zeitlich viel später formulierten systemorientierten Ansatz, wo von Systemen, Subsystemen, die über- und nachgelagert sind, die Rede war, nur wird hier der Begriff Ganzheit durch den des Systems ersetzt.

Ein zweites Kriterium zur Kennzeichnung der Betriebswirtschaft ist der „Betriebszweck, der in der Erreichung eines Wirtschaftszieles oder einer Gruppe von solchen besteht“[48].

Wir haben bei der Behandlung des entscheidungsorientierten Ansatzes die Bedeutung der Ziele oder des Zielsystems und dessen Erforschung herausgestellt. Es scheint, daß im ganzheitlichen Ansatz dies bereits vorweggenommen wurde. So schreibt Heinrich: „Je nach der Art der Ziele, denen die Wirtschaft dient, kann man unterscheiden: die Wirtschaft für die vitalen Ziele (Nahrung, Kleidung, Wohnung, Körperpflege und Heilwesen, äußere Geselligkeit usw.): Unterhaltswirtschaft.

Die Wirtschaft für die Ziele der geistesursprünglichen Teilinhalte der Gesellschaft, wie Religion, Philosophie, Wissenschaft, Kunst und das sie darstellende Handeln: Kulturwirtschaft.

Die Wirtschaft, welche die Mittel für die Organisationen der Gesellschaft bereitstellt: Organisationswirtschaft.

Endlich die Erziehungswirtschaft, welche Mittel für das gesamte Erziehungswesen bereitzustellen hat[49].“

---

45 *Spann,* O.: Gesamtausgabe, Band 3: Fundament der Volkswirtschaftslehre, Graz 1967.

46 *Heinrich,* W.: Wirtschaftspolitik, 1. Band, Berlin ²1964 und derselbe: Wirtschaftspolitik, 2. Band, Erste Hälfte, Berlin ²1966 und derselbe: Wirtschaftspolitik, 2. Band, Zweite Hälfte, Berlin ²1967.

47 *Heinrich,* W.: Wirtschaftspolitik, 2. Band, Zweite Hälfte, S. 101 ff.

48 *Heinrich,* W.: Wirtschaftspolitik, 2. Band, Zweite Hälfte, S. 101.

49 *Heinrich,* W.: Wirtschaftspolitik, 1. Band, S. 66.

Ein drittes Kennzeichen besteht in den Leistungen oder Funktionen aller Leistungsbereiche. Als solche unterscheidet Heinrich[50]:

1. organisierende Leistungen
2. Vorleistungen wie Erfinden und Lehren
3. Hervorbringungsleistungen
   a) Kreditwesen
   b) Handel
   c) Vorrats- und Aufbewahrungswesen
   d) Verkehrswesen
   e) Erzeugungsleistungen

Hruschka gibt folgende, darauf aufbauende Gliederung der Leistungsbereiche[51]:

1. Planung,
2. Organisation einschließlich Leitung,
3. Begleit- bzw. Hilfsleistungen der Organisation (z. B. Rechnungswesen, Statistik),
4. Betriebliche Erfindungen, Entwicklungsarbeiten, betriebliches Vorschlagswesen,
5. Personalauswahl, betriebliche Ausbildung und Weiterbildung der Mitarbeiter, Mitarbeiterbetreuung,
6. Finanzierung,
7. Absatz (einschließlich Marktforschung, Werbung u. a.),
8. Einkauf,
9. Lagerwirtschaft (Aufbewahrung, Frischhaltung u. a.),
10. Transportwesen (zwischenbetriebliches und innerbetriebliches),
11. Fertigung oder Dienstleistungserstellung auf Grundlage erheblichen Maschinen- und Geräteeinsatzes,
12. Handarbeitsmäßige Fertigung oder Dienstleistungserstellung unter Werkzeugverwendung,
13. Schadensverhütung (Risikenminderung, vorbeugende Sicherung) und Versicherung,
14. Kontrolle und wiederherstellende Koordination.

Bereits in dem von Ulrich ausgebauten systemorientierten Ansatz konnten wir die funktionelle Betrachtung für die Betriebsführung zeigen. Diese funktionelle Betrachtung wurde unter anderem von Ober-

---

[50] *Heinrich,* W.: Wirtschaftspolitik, 1. Band, S. 71 f.

[51] *Hruschka,* E.: Aufdeckung und Beseitigung betrieblicher Verlustquellen, Grundlagen zur betriebswirtschaftlichen Beratung von Klein- und Mittelbetrieben, Stuttgart 1966, S. 4.

parleiter[52], Bouffier[53], Henzel[54], Hasenack[55], Kolbinger[56], Bratschitsch[57], Vodrazka[58], Hofmann[59] und Sertl[60] hervorgehoben. Selbst im angloamerikanischen Managementansatz ist eine funktionelle Richtung nachzuweisen, wie oben gezeigt wurde.

Das vierte Kennzeichen der ganzheitlichen Betrachtungsweise in der Betriebswirtschaftslehre ergibt sich aus dem Begriff des Ranges. Wobei gilt:

„Die wichtigsten Vorrangverhältnisse zwischen den Leistungsbereichen der Wirtschaft sind . . .: Die organisierenden Leistungen haben den Vorrang vor allen übrigen. Erfinden und Lehren ist vor Hervorbringung. Innerhalb der Hervorbringung ist das Kreditwesen vor dem Handel und vor allen anderen Teilbereichen der Hervorbringung, der Handel vor der zeitgerechten Bereitstellung der Leistungen, diese vor dem Verkehr, dieser vor der Erzeugung.

Die wichtigsten Vorränge innerhalb der Leistungsbereiche sind: jener der Kapitalleistungen vor den unmittelbaren oder Gebrauchsleistungen, jener der zielnahen vor den zielfernen Leistungen; ganz allgemein: jener der führenden Leistung vor der geführten.

Im Stufenbau der Wirtschaft hat die höhere Stufe den Vorrang vor der niederen[61]."

Ansätze zu dieser Vorranglehre finden wir im systemorientierten Ansatz, wo beispielsweise das System Führungsbereich den Systemen Ver-

---

52 *Oberparleiter*, K.: Funktionen und Risiken des Warenhandels, Wien ^{2}1955 und derselbe: Der Leistungsgedanke in der Betriebswirtschaftslehre, in: Die Ganzheit in Philosophie und Wissenschaft, Festschrift Spann, O., Wien 1950.

53 *Bouffier*, W.: Betriebswirtschaftslehre als Funktionen- und Leistungslehre, in: Funktionen- und Leistungsdenken in der Betriebswirtschaft, Festschrift Oberparleiter, K., Wien 1956.

54 *Henzel*, F.: Die funktionale Betrachtungsweise im Rechnungswesen, in: Der österreichische Betriebswirt, Jg. 1956.

55 *Hasenack*, W.: Funktionenlehre, betriebswirtschaftliche, in: Handwörterbuch der Betriebswirtschaft, Bd. II., Stuttgart ^{3}1958.

56 *Kolbinger*, J.: Leistungs- und kostentheoretische Korrelationen, in Bellinger, B. (Hsg.), Gegenwartsfragen der Unternehmung, Offene Fragen der Betriebswirtschaftslehre, Festschrift Henzel, F., Wiesbaden 1961 und derselbe: Grundfragen einer ganzheitlichen Betriebswirtschaftslehre, in: Festschrift Heinrich, W., Graz 1963.

57 *Bratschitsch*, R.: Das betriebswirtschaftliche Funktionen- und Leistungsdenken im Stufenbau der Wirtschaft, Wien 1965.

58 *Vodrazka*, K.: Zum Funktionsbegriff in der Betriebswirtschaftslehre, in: Beiträge zur Begriffsbildung und Methode der Betriebswirtschaftslehre, Festschrift Bouffier, W., Wien 1965.

59 *Hofmann*, M.: Das unternehmerische Element in der Betriebswirtschaft, Berlin 1968.

60 *Sertl*, W.: Analyse des Erfolges von Handwerksbetrieben, Habilitationsschrift, Hochschule für Welthandel, Wien 1968.

61 *Heinrich*, W.: Wirtschaftspolitik, 1. Band, S. 75.

sorgungsbereich und Vollzugsbereich vorgeordnet wird. Hruschka[62] hat aufbauend auf diese Vorranglehre die vorhin dargestellten Leistungsbereiche entwickelt, wobei in seinem System die jeweils vorgeordnete Leistung den Vorrang vor der nachgeordneten hat.

Ein fünftes Kriterium findet sich im Tatbestand des „sozialen Gebildes“. Die Individuen „des Wirtschaftsgebildes Betrieb“ sind „nicht nur abstrakte Funktionäre, sondern immer auch zugleich persönlich bestimmte und in konkreten gesellschaftlichen Gruppen lebende Menschen; auch bilden sich meist im Betrieb selbst nicht nur wirtschaftlich und betriebsorganisatorisch bedingte (‚informelle‘) Gruppen“[63]. Diese Betrachtung sozialer Tatbestände finden wir in der Betriebswirtschaftslehre unter anderem bei Nicklisch[64], sowie bei den Vertretern der anthropologischen oder anthropozentrischen Betriebswirtschaftslehre[65]. Auch im angloamerikanischen Managementansatz wird insbesondere von der behavioristischen Richtung dieser Tatbestand hervorgehoben.

Ein weiteres, sechstes Kennzeichen, besteht in der Verbindung des Betriebes mit den Naturgrundlagen, die allerdings nur „in gewissen Fällen und nur für gewisse Betriebe“[66], eben im allgemeinen Produktionsbetriebe, insbesondere jene der Urproduktion, zutrifft.

Ein aus dem Betriebsziel abgeleitetes siebentes Kriterium besteht darin, daß dieses ein gültiges sein muß: „der Betrieb muß also Güter erzeugen, für die Bürfnisse vorhanden sind, er muß Dienste bereitstellen, die in Anspruch genommen werden[67].“

Der Begriff der Entsprechung stellt ein achtes Kennzeichen dar. Dieser Begriff beinhaltet „ob der Betrieb innerbetrieblich, zwischen seinen Leistungen und Leistungsbereichen, und außerbetrieblich bzw. überbetrieblich, d. h. im Verhältnis zu allen übrigen Betrieben, Wirtschaftsgebilden und Leistungsbereichen die Entsprechung zu wahren imstande ist“[68], d. h. sich auf Änderungen aus diesen Bereichen anzupassen vermag. Auf diesen Tatbestand geht insbesondere die kybernetische Literatur ein[69].

---

62 *Hruschka*, E.: Aufdeckung und Beseitigung betrieblicher Verlustquellen, S. 5 ff.

63 Heinrich, W.: Wirtschaftspolitik, 2. Band, Zweite Hälfte, S. 102.

64 *Nicklisch*, H.: Die Betriebswirtschaft, S. 193.

65 Vgl. *Hasenack*, W.: Methoden und Entwicklungsprobleme der Betriebswirtschaftslehre, in: Aktuelle Betriebswirtschaft, Festschrift Mellerowicz, K., Berlin 1952.

66 *Heinrich*, W.: Wirtschaftspolitik, 2. Band, Zweite Hälfte, S. 102.

67 *Heinrich*, W.: Wirtschaftspolitik, 2. Band, Zweite Hälfte, S. 102.

68 *Heinrich*, W.: Wirtschaftspolitik, 2. Band, Zweite Hälfte, S. 103.

69 Vgl. *Krieg*, W.: Kybernetische Grundlagen der Unternehmungsgestaltung.

4.3. Die Betriebsführung im ganzheitlichen Ansatz der Betriebswirtschaftslehre

Die Betriebsführung wird im ganzheitlichen Ansatz einmal als Ganzheit begriffen. Darüber hinaus auch funktionell dem Leistungsbereiche der planenden und organisierenden Leistungen zugeordnet. Aus dem Begriffe des Ranges ergibt sich die wesenhafte Vorrangigkeit dieses Bereiches vor allen übrigen Bereichen. Die Aufgaben der Betriebsführung werden bereichsmäßig gesehen in[70]:

1. der Zielwelt; beispielsweise durch Beeinflussung des Bedarfs durch Werbung,
2. den Naturgrundlagen; durch Entdeckung neuer Rohstoffe,
3. den Verrichtungsträgern,
4. der Wirtschaftstechnik,
5. der Wirtschaftsausbildung,
6. der Planung und der Organisation in allen Leistungsbereichen.

Im ganzheitlichen Ansatz kommt damit von allen bisher angeführten Ansätzen auf Grund der Vorranglehre die Bedeutung der Betriebsführung am stärksten zum Ausdruck. Auf Grund der bisherigen Ausführungen sind wir der Auffassung, daß die ganzheitliche Betrachtung alle dargestellten Ansätze umfaßt, sie daher das Grundkonzept für eine umfassende Betriebswirtschaftslehre darstellt[71].

5. Kritische Beurteilung des faktoriellen Ansatzes der Betriebswirtschaftslehre

5.1. Der faktorielle Ansatz im allgemeinen

Auf eine Darstellung des faktoriellen Ansatzes im allgemeinen wird verzichtet, da der faktorielle Ansatz neben der Betriebswirtschaftslehre vornehmlich von der Volkswirtschaftslehre verwendet wird und diese Lehre der Produktionsfaktoren als allgemein bekannt vorausgesetzt werden kann.

5.2. Der faktorielle Ansatz der Betriebswirtschaftslehre

Der faktorielle Ansatz wird insbesondere in der Produktionstheorie verwendet, die „von der Unterscheidung von Produktionsfaktoren und Endprodukten" ausgeht und „mit Hilfe einer Produktionsfunktion einer bestimmten Kombination von Produktionsfaktoren eine Endproduktmenge"[72] eindeutig zuordnet. Im Rahmen der Betriebswirtschaftslehre

---

70 *Heinrich*, W.: Wirtschaftspolitik, 2. Band, Zweite Hälfte, S. 193 ff.

71 Vgl. *Rieber*, A.: Vom Positivismus zum Universalismus, Untersuchungen zur Entwicklung und Kritik des Ganzheitsbegriffs von Othmar Spann, Berlin 1971.

72 *Krelle*, W.: Produktionstheorie, Tübingen 1969, S. 162.

ist Gutenberg[73] wohl der bekannteste Vertreter des faktoriellen Ansatzes. Das System Gutenbergs basiert auf im Wirtschaftssystem begründeten (systembezogenen) und vom Wirtschaftssystem unabhängigen (systemindifferenten) Tatbeständen. Zu den systemindifferenten Tatbeständen zählt die Kombination der Produktionsfaktoren, also der faktorielle Ansatz[74].

Es soll hier zur Illustration nur der Bereich der Produktion herausgegriffen werden. In diesem Bereich unterscheidet Gutenberg folgende Produktionsfaktoren:

menschliche Arbeitsleistungen;
Betriebsmittel;
Werkstoffe;
dispositiver Faktor, der sich ergibt aus:
  Geschäfts- und Betriebsleitung;
  Planung und
  Betriebsorganisation.

Auch im Absatzbereich finden wir die faktorielle Betrachtungsweise, nur wird hier von Gutenberg nicht expressis verbis von Faktoren, sondern von absatzpolitischen Instrumenten gesprochen.

Im Bereich der Finanzierung geht Gutenberg nach der Behandlung des Kapitalbedarfs und des Kapitalfonds auf die Abstimmung des Kapitalbedarfs und des Kapitalfonds ein.

Loitlsberger bringt in seinen Ausführungen sehr deutlich zum Ausdruck, daß im Rahmen des faktoriellen Ansatzes nicht nur terminologische Unterschiede wie Produktionsfaktoren, absatzpolitisches Instrumentarium, Finanzierungsmittel, Kapitalarten zu Tage treten, sondern daß auch die Meinungen hinsichtlich der Begriffsinhalte sehr stark auseinandergehen[75].

Loitlsberger stellt vier Typen von Faktorbegriffen heraus[76] und kommt bei der Untersuchung ihrer Zweckmäßigkeit zu dem Schluß, daß derjenige Typ, der die einfachste Struktur hat, am besten zum Aufbau eines wissenschaftlichen Systems geeignet ist.

---

[73] Vgl. *Gutenberg*, E.: Grundlagen der Betriebswirtschaftslehre, I. Band: Die Produktion, Berlin, Heidelberg, New York [16]1969 und derselbe: Grundlagen der Betriebswirtschaftslehre, II. Band: Der Absatz, Berlin, Heidelberg, New York [11]1968 und derselbe: Grundlagen der Betriebswirtschaftslehre, III. Band: Die Finanzen, Berlin, Heidelberg, New York 1969.

[74] *Köhler*, R.: Theoretische Systeme der Betriebswirtschaftslehre im Lichte der neueren Wissenschaftslogik, Stuttgart 1966, S. 121 ff.

[75] *Loitlsberger*, E.: Faktor oder Prozeß als Grundbegriff der Betriebswirtschaftslehre, in: Beiträge zur Begriffsbildung und Methode der Betriebswirtschaftslehre, Festschrift Bouffier, W., Wien 1965, S. 115 ff.

[76] *Loitlsberger*, E.: Faktor oder Prozeß als Grundbegriff der Betriebswirtschaftslehre, S. 120 f.

Für die Verwendung des faktoriellen Ansatzes in der Betriebswirtschaftslehre sprechen folgende Argumente[77]:

1. Gegenseitige Substitutionsmöglichkeit der Produktionsfaktoren. Die Beweise für diese These werden im allgemeinen mit Beispielen aus dem Produktionssektor geführt, wie z. B., daß „Erdbewegungen in einigen Ländern durch Tausende menschlicher Arbeiter mit Schaufeln, in anderen Ländern hingegen von einigen wenigen Arbeitern mit riesigen Maschinen ausgeführt“[78] werden.
2. Feingliedrigkeit der Analyse.

Gegen die Verwendung der faktoriellen Betrachtung sprechen folgende Punkte[79]:

1. Mangelnde Teilbarkeit der Produktionsfaktoren.
2. Das Fehlen von Informationen.
3. Vorhandensein von Beschränkungen.
4. Vorhandensein von Wertgütern neben Sachgütern[80].

Als Sachgüter werden von Loitlsberger diejenigen Faktoren oder Güter bezeichnet, „für deren Einsatz keine besonderen metaökonomischen Wertvorstellungen“[81] bestehen, wohingegen für Wertgüter sehr wohl derartige Vorstellungen bestehen. Abgesehen von dem in der Betriebswirtschaftslehre noch nicht beachteten Tatbestand, daß damit aus bestehenden Wertordnungen in verschiedenen Kulturkreisen und Gesellschaftssystemen Determinanten in die Betriebswirtschaftslehre einbezogen werden und eine wahrscheinlich sehr breite Auffächerung der Betriebswirtschaftslehre bedingen müßten, erscheint diese Abgrenzung für unsere Zwecke geeignet, als sich mit ihr die Grenzen des faktoriellen Ansatzes zeigen lassen. So zählt zu den Wertgütern sicherlich die menschliche Arbeitskraft und zwar sowohl diejenige des „dispositiven Faktors“ als auch die „menschlicher Arbeitsleistungen“ im Sinne Gutenbergs. Eine faktorielle Betrachtung der menschlichen Arbeit würde zur Voraussetzung haben, daß

„1. entweder davon ausgegangen wird, die Arbeit sei eine Ware wie jede andere auch, so daß bei ihrem Einsatz auch keine anderen Kriterien zu betrachten seien, als beim Einsatz anderer Güter (=Hypothese der Gleichartigkeit der Faktoren) oder

---

77 Vgl. *Loitlsberger*, E.: Faktor oder Prozeß als Grundbegriff der Betriebswirtschaftslehre, S. 124 ff.

78 *Loitlsberger*, E.: Faktor oder Prozeß ..., S. 125

79 Vgl. *Loitlsberger*, E.: Faktor oder Prozeß ..., S. 126 ff.

80 Vgl. *Loitlsberger*, E.: Metaökonomische Wertvorstellungen und Rechtsordnungen als Determinanten betriebswirtschaftlicher Theorie, in: Wissenschaftsprogramm und Ausbildungsziele der Betriebswirtschaftslehre, Tagungsbericht des Verbandes der Hochschullehrer für Betriebswirtschaft e. V., Band I, Berlin 1971, S. 85.

81 *Loitlsberger*, E.: Metaökonomische Wertvorstellungen und Rechtsordnungen als Determinanten betriebswirtschaftlicher Theorie, S. 85.

2. man bewußt in Kauf nimmt, daß unterschiedliche Auswirkungen im System nicht erfaßt und beschrieben werden (= Hypothese der unvollständigen Auswirkungsbeschreibung)"[82].

Die Hypothese der unvollständigen Auswirkungsbeschreibung ist für eine Betriebswirtschaftslehre nicht tragbar. Die Hypothese der Gleichartigkeit der Faktoren hat zur Folge, daß der Arbeitsvertrag als Kaufvertrag qualifiziert werden muß. Da „aber

1. der Mensch keine Sache sein kann und
2. die Arbeitskraft von ihrem Träger nicht abhebbar ist,

kann der Arbeitsvertrag kein Kaufvertrag sein. Er muß seiner Natur nach ein Gesellschaftsvertrag sein, in dem sich Personen zur Durchführung einer gemeinsamen Aufgabe verbinden, wobei die einen ihr Kapital und die anderen ihre Arbeitskraft in dieses Gesellschaftsverhältnis einbringen"[83].

Wägt man die Vor- und Nachteile des faktoriellen Ansatzes ab, so ist festzustellen, daß eine faktorielle Betriebswirtschaftslehre bisher stets von der Hypothese der Gleichartigkeit der Faktoren ausging; sie kann daher „auch zu neuen Forderungen — wie etwa der Mitbestimmung u. ä. — vielfach nur Argumente beisteuern, die nicht besonders überzeugen. Sie befindet sich hier in einer ausgesprochenen Defensivstellung und bedenkt nicht, daß mit einer geänderten Konzeption nicht nur die Rechte (wie etwa die Mitbestimmung), sondern auch Pflichten und andere Schlußfolgerungen verbunden sind, von denen z. B. nur die Frage der Tariffreiheit, die ebenfalls auf der Kaufvertragsthese beruht, erwähnt werden soll"[84].

5.3. Die Betriebsführung im faktoriellen Ansatz der Betriebswirtschaftslehre

Die Betriebsführung wird bei faktorieller Betrachtung als Produktionsfaktor verstanden. Konnte bereits vorher gezeigt werden, wo die Grenzen des faktoriellen Ansatzes liegen und welche Prämissen gesetzt werden müssen, so tritt im Rahmen der Betriebsführung als Faktor noch der Tatbestand dazu, daß die Betriebsführung nicht nur ein Wertgut im Sinne der Loitlsbergerschen Terminologie ist, sondern darüber hinaus eine „Werte setzende Institution" ist[85].

So wird insbesondere von den Großbetrieben „mit Hilfe der Werbung — darauf hingearbeitet..., den Umfang der Bedürfnisse immer mehr zu steigern"[86].

Es dürfte damit hinlänglich ausgeführt sein, daß der faktorielle Ansatz zur Erklärung der Betriebsführung wenig geeignet ist.

---

[82] *Loitlsberger*, E.: Metaökonomische..., S. 85 f.
[83] *Loitlsberger*, E.: Metaökonomische..., S. 86 f.
[84] *Loitlsberger*, E.: Metaökonomische..., S. 87 f.
[85] *Loitlsberger*, E.: Metaökonomische..., S. 94.

6. Kritische Beurteilung des spieltheoretischen Ansatzes der Betriebswirtschaftslehre

6.1. Der allgemeine Ansatz der Spieltheorie

Gegenstand der Spieltheorie sind zwei Gebiete:

1. Glücksspiele, worunter Spiele zu verstehen sind, „deren Ergebnis ausschließlich vom Zufall abhängt und nicht vom Verhalten des Spielers beeinflußt werden kann“[87].
2. Strategische Spiele, das sind „Spiele, deren Ergebnis — oft neben dem Zufall — vom Verhalten der Spieler bestimmt wird“[88].

Zur ersten Gruppe zählen beispielsweise Roulette, Baccarat und Knobeln, zur zweiten Schach, Poker und Bridge.

Lediglich die strategischen Spiele sind für die Wirtschaftswissenschaften von Interesse.

Strategische Spiele sind gekennzeichnet durch:

„1. eine Mehrheit von autonomen Entscheidungseinheiten (-trägern),
2. die Interdependenz ihrer Entscheidungen in bezug auf deren Resultate,
3. den Interessengegensatz zwischen Teilnehmern und
4. typischerweise durch die Mehrstufigkeit des kollektiven Entscheidungsprozesses[89].“

Das Ziel der Spieltheorie ist die Beschreibung des rationalen Verhaltens im Spiel, sowie des Gleichgewichts der Pläne und des Verhaltens aller Spieler[90] mittels mathematischer Kalküle.

Hinsichtlich der Teilnehmerzahl beim Spiel werden folgende Arten erfaßt[91]:

1. Zwei-Personenspiele
2. Drei-Personenspiele
3. Vier-Personenspiele
4. *n*-Personenspiele.

6.2. Der spieltheoretische Ansatz der Betriebswirtschaftslehre

Die Spieltheorie wird neben ihrer Verwendung in der Betriebswirtschaftslehre in der Soziologie, der Statistik und in den Militärwissenschaften angewandt[92].

---

[86] *Loitlsberger*, E.: Metaökonomische . . ., S. 91.
[87] *Morgenstern*, O.: Spieltheorie, in: Handwörterbuch der Sozialwissenschaften, 9. Band, Stuttgart, Tübingen, Göttingen 1956, S. 707.
[88] *Morgenstern*, O.: Spieltheorie, S. 707.
[89] *Wild*, J.: Spieltheorie und Organisation, in: ZfbF. Jg. 1967, S. 705.
[90] *Morgenstern*, O.: Spieltheorie, S. 707.
[91] Vgl. *Neumann*, von J. und *Morgenstern*, O.: Spieltheorie und wirtschaftliches Verhalten, Würzburg 1961.
[92] Vgl. *Morgenstern*, O.: Spieltheorie, S. 711 ff.

Voraussetzung für die Verwendung der Spieltheorie in der Betriebswirtschaftslehre ist das Vorliegen einer Spielsituation. Die Begriffsmerkmale derartiger Situationen lassen sich folgend darstellen[93]:

1. Die Spieler.

   Die Einteilung der Spiele nach der Spielerzahl wurde oben wiedergegeben.

2. Der Interessenskonflikt aus dem Interessengegensatz.

   Der Interessenskonflikt entsteht daraus, daß jeder Spieler „gewinnen“ möchte. Dies wird durch Zurechnung der Chancen in einer Auszahlungsmatrix dargestellt. Ist der Gewinn des einen Spielers gleich dem Verlust des anderen, spricht man von Nullsummenspielen. Ist dies nicht der Fall, von Nichtnullsummenspielen. Hinsichtlich der Auszahlungsmatrix ist festzustellen, daß diese nur im Zwei-Personenspiel für jeden der beiden Spieler aufgestellt werden kann. Für alle anderen Spiele wird die Auszahlungsfunktion „durch die Transformation von *n* Strategie Tupeln auf die Menge der Entscheidungsresultate (meist ausgedrückt durch reelle Zahlen) repräsentiert, was für das Aufsuchen eines Gleichgewichtspunktes (Sattelpunktes) für alle Spieler zu schwierigen, mathematischen Problemen führt, zumal ein allgemeiner Lösungsbeweis (Existenztheorem) für *n*-Personenspiele (hier verstanden als mehr als Zwei-Personenspiel, Anm. des Verfassers) bis heute noch nicht erbracht werden konnte“[94].

3. Züge und Strategien.

   „Jedes Spiel besteht in seiner Durchführung aus einzelnen Zügen. Die Summe der Züge beschreibt ein Spiel vollständig[95].“ Unter Strategie versteht man den Verhaltensplan des Spielers.

4. Zurechnung und Auszahlungsmatrix.

   Bereits oben wurde festgestellt, daß nur bei Zwei-Personenspielen durch Zurechnung der Gewinne und Verluste eine Auszahlungsmatrix erstellt werden kann.

Der spieltheoretische Ansatz wurde von Loitlsberger in der Betriebswirtschaftslehre zur Erklärung der Buchprüfung verwendet. Loitlsberger sieht die Vorzüge dieser Betrachtung bei diesem Problem in folgenden Tatbeständen[96]:

1. Der spieltheoretische Ansatz zeigt die Konfliktsituation besser.
2. Die Strategien des Bilanzaufstellers und des Buchprüfers treten klarer zu Tage.

---

[93] Vgl. *Loitlsberger*, E.: Die Buchprüfung als spieltheoretisches Problem, in: Der österreichische Betriebswirt, Jg. 1968, S. 138 ff.

[94] *Wild*, J.: Spieltheorie und Organisation, S. 706.

[95] *Loitlsberger*, E.: Die Buchprüfung als spieltheoretisches Problem, S. 141.

[96] *Loitlsberger*, E.: Die Buchprüfung als spieltheoretisches Problem, S. 161.

3. Die Quantifizierung der Urteilsbildung ist bei ausreichendem Informationsstand möglich.

Neben der Anwendung der Spieltheorie zur Erklärung der Buchprüfung zeigt die Literatur noch andere Probleme, wie zum Beispiel die Organisation[97], die mit Hilfe eines spieltheoretischen Ansatzes zu lösen versucht wird.

Aus den bereits angeführten Prämissen für die Anwendung des spieltheoretischen Ansatzes ergibt sich seine sehr starke Begrenzung. Der spieltheoretische Ansatz kann somit nur auf Spezialprobleme angewendet werden, die allerdings dann, wenn die Prämissen für die Anwendung gegeben sind, vielfach mit Hilfe des spieltheoretischen Ansatzes besser gelöst werden können. Im gegenwärtigen Zeitpunkt erscheint somit eine spieltheoretische Betriebswirtschaftslehre unmöglich, da mit ihr die Fülle der betriebswirtschaftlichen Fragen nicht gelöst werden kann.

6.3. Die Betriebsführung im spieltheoretischen Ansatz der Betriebswirtschaftslehre

Wenngleich einige Ansätze der Spieltheorie auf Betriebsführungsprobleme vorliegen, kann beim derzeitigen Stand nicht von einem spieltheoretischen Ansatz der Betriebsführung gesprochen werden. Wie bereits erwähnt, läßt sich die Spieltheorie praktikabel nur in Zwei-Personenspielen anwenden, weshalb von dieser Seite her bereits erhebliche Beschränkungen auftreten. Darüber hinaus sind sicher nicht alle Situationen, denen sich die Betriebsführung in einem Unternehmen gegenübersieht, durch die vorher gekennzeichneten Tatbestände über die Verwendung der Spieltheorie ausgezeichnet, d. h., es handelt sich sicher nur in einer geringen Zahl von Fällen um strategische Spiele. Hinsichtlich der zukünftigen Aussichten ist Wild beizupflichten, daß „zu besonders optimistischen Erwartungen ... keine Veranlassung gegeben ist. Die registrierten sporadischen Bemühungen haben über die Verwendung einiger abstrakter spieltheoretischer Termini — die zudem infolge ihrer mangelnden Operationalität für realwissenschaftliche Anwendungszwecke weitgehend ungeeignet erscheinen — und über die gedankliche Orientierung allgemeiner verbaler Beschreibungssysteme von Organisationen an der Grundkonzeption der Spieltheorie nicht hinausgeführt“[98].

---

[97] *Wild*, J.: Spieltheorie und Organisation, S. 704 ff.
[98] *Wild*, J.: Spieltheorie und Organisation, S. 723.

V. Führungsmodelle in systematischer Darstellung

Neben einzelnen Führungsmodellen wurden vielfach auch Versuche unternommen, die Führungsmodelle systematisch darzustellen.

1. Die Systematisierung M. Webers[1]

Aus der Untersuchung der Autorität einerseits in der Richtung wie die Führenden ihren Anspruch auf Autorität legitimieren und andererseits in der Richtung, warum sich die Geführten der Autorität des Führenden beugen, kommt Weber zu seinen Typen der legitimen Herrschaft. Er unterscheitet im Hinblick auf die Art des erhobenen Autoritätsanspruches:

1. *Legale Herrschaft:*

   Diese ergibt sich kraft einer gesetzten, legalen Ordnung, dank derer sich die Herrschaftsansprüche ableiten lassen. Das Gesetz, die Satzung, legitimiert die Führenden. Die Geführten gehorchen den Führenden auf Grund der gegebenen Satzungen.

   Dieser Führungsstil dürfte der in den Betrieben vorherrschende sein: „Vom Legitimitätsanspruch her betrachtet, scheinen Organisationen zum Typ legaler Herrschaft zu gehören, denn sie besitzen definitionsgemäß eine gesatzte Ordnung, d. h. ein Minimum an allgemeinen, gleichsam ohne Ansehen der Person formulierten Regeln, an festgelegten Rechten und Pflichten[2]."

2. *Traditionale Herrschaft:*

   Grundlage dieser Herrschaftsform ist die geltende Tradition kraft derer bestimmte Personen zur Führung berufen sind. Wir finden diese Führungsform im Wirtschaftsleben heute noch in der Land- und Forstwirtschaft, wo die Erstgeborenen dank ihrer Tradition zur Führung des Betriebes berufen sind. Beispiele sind ferner der Familienvater, der Landesvater, der Meister in kleinen Handwerksbetrieben.

---

[1] *Weber,* M.: Wirtschaft und Persönlichkeit, 2. Band, ⁴1956, S. 551 ff., vgl. *Witte,* E.: Führungsstile, in: Grochla, E. (Hsg.), Handwörterbuch der Organisation, Stuttgart 1969, Sp. 595 ff.

[2] *Mayntz,* R.: Soziologie der Organisation, Reinbeck bei Hamburg, 1963, S. 105.

3. *Charismatische Herrschaft:*

   Das Charisma, die hervorragenden Eigenschaften und Fähigkeiten prädestiniern bestimmte Personen zu Führern, denen die Geführten dank ihrer persönlichen Eigenschaften gehorchen.

2. Die Systematisierung H. Krasenskys

Krasensky unterscheidet die Führungsstile als die Verhaltensweisen der Menschen im Rahmen der Betriebsführung nach den Grundansichten über die Betriebsverfassung. Diese Grundansichten über die Betriebsverfassung ergeben sich ihrerseits wiederum aus dem jeweiligen gesellschaftlichen Hintergrund des Betriebes. Nach Krasensky sind demnach zu unterscheiden[3]:

1. autoritäre Führungsstile:
   a) patriarchalischer Stil;
   b) liberalistischer Stil;
   c) militanter Stil;
2. demokratische Führungsstile:
   a) betriebsdemokratischer Stil;
   b) der kategorische Imperativ im Betrieb;
3. bürokratische Führungsstile:
   a) privatwirtschaftlich-bürokratischer Stil;
   b) gemeinwirtschaftlich-bürokratischer Stil.

3. Die Systematisierung auf Grund empirischer Kontrollkurven

Kontrolle ist hier im angelsächsischen Sinne als Befehlsgewalt und Herrschaft zu verstehen. Kontrollkurven stellen eine Methode dar, unterschiedliche Autoritätsstrukturen auf Grund von Messungen graphisch darzustellen. Die Kontrollkurve „drückt aus, wieviel Kontrolle eine bestimmte Gruppe oder Instanz über die anderen Gruppen oder Instanzen in einer Organisation ausübt ... Bei der Kontrollkurve beschränkt man sich ... auf einfache Befragungsdaten. Man fragt die Organisationsmitglieder wieviel (z. B. sehr viel — mittel — wenig — nichts) die Ranggruppe I über das zu bestimmen hat, was Ranggruppe IV, III, II tun und was Ranggruppe I selber tut, usw. für alle Ranggruppen. Aus den addierten Angaben ergibt sich eine Kontrollmenge für jede Ranggruppe, die in einem Koordinatensystem aufgetragen wird. Aus der Verbindung der Punkte entsteht die Kontrollkurve“[4].

---

[3] *Krasensky*, H.: Die Auswirkungen der verschiedenen Führungsstile auf das soziale Betriebsklima, in: Röhrs, H. (Hsg.), Die Bildungsfrage in der modernen Arbeitswelt, Frankfurt a. M. 1967, S. 166 ff.

[4] *Mayntz*, R.: Soziologie der Organisation, S. 100.

Je nach Führungsstil ergeben sich unterschiedliche Kontrollkurven[5]:

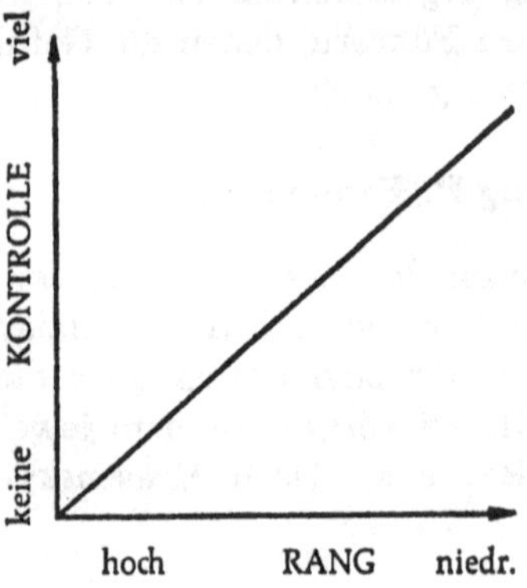

Demokratisch

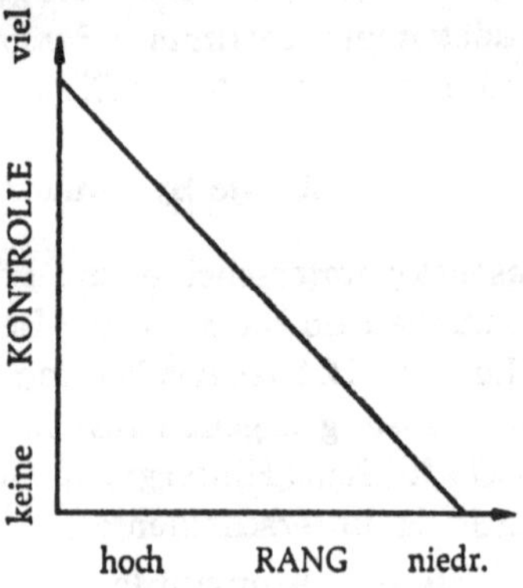

Autoritär

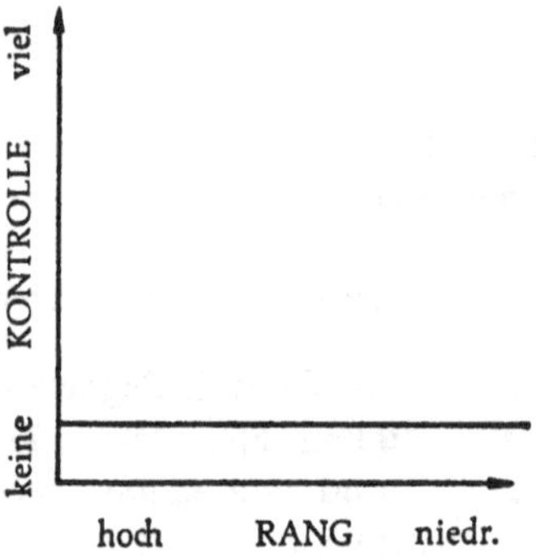

Laissez faire

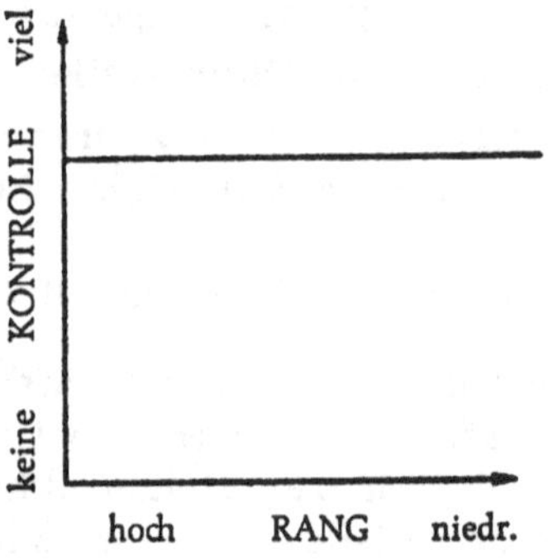

Polyarchisch

Wie obenstehende Graphiken zeigen, führen die Führungsstile zu unterschiedlichen Kontrollkurven. In diesem Sinne ist auch die Systematisierung durch Kontrollkurven als Instrument empirischer Forschung zu verstehen.

---

[5] *Mayntz*, R.: Soziologie der Organisation, S. 101, derartige Kontrollkurven finden sich nach Mayntz auch bei: *Tannenbaum*, A. S., und *Kahn*, R. L.: Organizational Control Structure, in: Human Relations X, 2, 1957.

4. Die Systematisierung aus dem Eigentumstitel

Die wohl bekannteste Systematisierung der Betriebsführung erfolgt durch das Merkmal des Eigentums an dem Betriebe. Je nachdem, ob sich Eigentum und Betriebsführung in einer Person oder in einem Personenkreis vereinigen, wird zwischen:

Eigentümer — Unternehmer und

Geschäftsführer — oder Manager — Unternehmer

unterschieden[6].

Die Betriebsführung leitet sich im ersten Falle aus dem Eigentumstitel ab. „Diejenige Unternehmensführung vermag ein Höchstmaß an Einfluß und Macht zu erreichen, die sich auf diese Ansprüche aus dem Eigentum gründet[7].“

Im Rahmen der Managerunternehmen leitet sich die Betriebsführung aus einer Funktion und nicht aus dem Eigentumstitel ab.

Galbraith hat in diesem Zusammenhang „alle diejenigen, die an der Gruppenentscheidung teilhaben, oder ... die Organisation, die sie darstellen“[8] als Technostruktur bezeichnet.

5. Die Systematisierung auf Grund der Führungsmittel

Bornemann[9] geht bei seiner Untersuchung von siebzehn Führungsmitteln aus, denen er siebzehn Motive des Folgens zuordnet (siehe Seite 56). Die ersten fünf Führungsmittel läßt er im Hinblick auf die Führungsstile außer Betrachtung, da sie seiner Meinung nach auf Grenzsituationen beschränkt sind. Die verbleibenden zwölf Führungsmittel ergeben in ihrer Reihung eine mehr oder weniger starke Zuordnung zum autoritativen oder zum kooperativen Führungsstil. Die Auswirkungen der beiden Führungsstile gehen aus nachstehender Übersicht hervor (siehe Seite 57)[10].

---

[6] *Krasensky*, H.: Elemente der wirtschaftlichen Dynamik, Wien 1955, S. 8 und *Gutenberg*, E.: Unternehmensführung, in: Grochla, E. (Hsg.), Handwörterbuch der Organisation, Sp. 1676.

[7] *Gutenberg*, E.: Unternehmensführung, Sp. 1676, vgl. *Dahrendorf*, R.: Sozialstruktur des Betriebes, Wiesbaden 1959, S. 23 f.

[8] *Galbraith*, J. K.: Die moderne Industriegesellschaft, München-Zürich 1968, S. 88.

[9] *Bornemann*, E.: Betriebspsychologie, Wiesbaden 1967, S. 98.

[10] *Bornemann*, E.: Betriebspsychologie, S. 100.

System der Führungsformen

AUTORITATIV

KOOPERATIV

Führungsmittel		Motive des Folgens
Gewalt	→	Zwang
Drohen mit Gewalt	→	Angst, Sorge
in seelischen Notstand versetzen	→	Hörigkeit
Suggestion	→	im Bann stehen
Imponieren	→	Einschüchterung oder Bewunderung
Berufung auf Amtsstellung	→	Gehorsam und Ergebung
Berufung auf Amtsaufgabe	→	Dienstauffassung, Pflicht
Versprechung von Belohnung	→	Erwerbsstreben
Versprechen von Auszeichnung	→	Geltungsstreben
persönliche Fürsorge	→	Dankbarkeit, Treue
persönliche Bitte, ins Vertrauen ziehen	→	Hilfsbereitschaft, Verantwortung
menschliches Vorbild	→	Ehrfurcht
Idealisierung der Aufgabe	→	Begeisterung
Offenlegung der Motive	→	Vertrauen
Vertrauen in den anderen setzen	→	sich des Vertrauens würdig erweisen
sachliche Orientierung und Begründung	→	Einsicht, Mitverantwortung
gemeinsame Beratung	→	eigener Entschluß, eigene Mitverantwortung

Sozialpsychische Auswirkung verschiedener Führungssysteme

			autoritativ	kooperativ
I.	1.	Form des Kontaktes	Abstand, Höherstellung	Nähe, Gleichstellung
II.	2.	persönliches Auftreten des Führenden	Betonen der Autorität, Repräsentation	Schlichtheit, scheut Zeremonien und Förmlichkeiten
	3.	Einstellung zum Untergebenen	liebt: fügsame, willige Menschen schätzt: Gehorsam, Disziplin	liebt: geprägte Persönlichkeiten, schätzt: freie, geistig selbständige Menschen
III.	4.	Gefühlsreaktion des Geführten	fühlt sich oft nicht voll verstanden und geachtet, je nach Niveau: eingeengt und unterdrückt	fühlt sich als Persönlichkeit geachtet und verstanden, je nach Niveau: befreit und erhoben
	5.	Motive des Handelns	Pflichtbewußtsein	Einsicht, Verantwortungsgefühl
	6.	Einstellung zur Führung	Respekt, Ehrfurcht	Liebe, Vertrautheit
IV.	7.	geistige Kommunikation und Bindung an das Führungssystem	gering	große Anteilnahme an allen Plänen und Absichten
	8.	Erzeugtes „soziales Klima“	leicht gespannt, Gefahr des gegenseitigen Mißtrauens, Cliquenbildung	Vertrauen, innere Einheit und Harmonie

6. Die Systematisierung durch das Verhaltensgitter

Robert R. Blake und Jane S. Mouton[11] versuchen die Führungsstile durch ein Koordinatensystem, in dem eine Achse die Betonung des Menschen und die andere Achse die Betonung der Produktion, genauer die Arbeitsleistung, enthält, zu systematisieren. Das sich daraus ergebende Koordinatensystem wird als Verhaltensgitter bezeichnet (siehe Seite 59)[12].

Wie das Verhaltensgitter zeigt, unterscheiden Blake und Mouton fünf wesentliche Führungsstile, die wie folgt gekennzeichnet werden:

1,9. Führungsverhalten:

„Bei der 1,9-Orientierung herrscht ein angenehmes Arbeitstempo. Die Menschen werden eher zur Arbeit ermutigt als angetrieben. Um Störungen zu vermeiden und die Aufnahme in die Organisation durch treue Dienste zu rechtfertigen, wird von den Untergebenen erwartet, daß sie etwas produzieren. Der Vorgesetzte hat mehr Ähnlichkeit mit dem großen Bruder als mit dem strengen Vater. Das Verhältnis der Menschen untereinander ist an und für sich von Wichtigkeit. Die Gruppe mit ihrer Freundlichkeit und Harmonie untereinander — und nicht der einzelne Mensch — ist von größter Wichtigkeit für die Organisation, und sie ist es, die die gewünschte Atmosphäre schafft.

Das 1,9-Motto lautet: ‚Nette Burschen vertragen sich‘[13].“

1,1. Führungsverhalten:

„Der Manager mit der 1,1-Orientierung übt einen sehr geringen Einfluß auf die Menschen seiner Umgebung aus. Er zeigt weder Interesse an der Produktion, noch an den Menschen. Trotz seiner Funktion als Vorgesetzter wird er vermutlich Botschaften austragen und Anordnungen von der höheren Ebene zu der niedrigeren bringen. Dieser Vorgesetzte gibt alle Tadel für Versagen so ‚sachverständig‘ weiter, daß er selbst jeder Verantwortung enthoben ist. Dafür übt er auch selten Kritik. Seine Kritik dient ausschließlich der Verteidigung der eigenen Person. Er will nicht mehr, als daß man ihm ein Minimum an Engagement bezüglich des Organisationszwecks und der dazugehörenden Menschen zugesteht.

---

[11] Vgl. *Blake*, R., *Mouton*, J., *Grenier*, L. and *Barnes*, L.: Breakthrough in Organizational Development, in: Hutchinson, J. G. (Hsg.), Readings in Management Strategy and Tactics, New York 1971, S. 352 ff.

[12] *Blake*, R. and *Mouton*, J. S.: Verhaltenspsychologie im Betrieb, Das Verhaltensgitter, eine Methode zur optimalen Führung in Wirtschaft und Verwaltung, Düsseldorf-Wien 1968, S. 33.

[13] *Blake*, R. and *Mouton*, J. S.: Verhaltenspsychologie, S. 87 f.

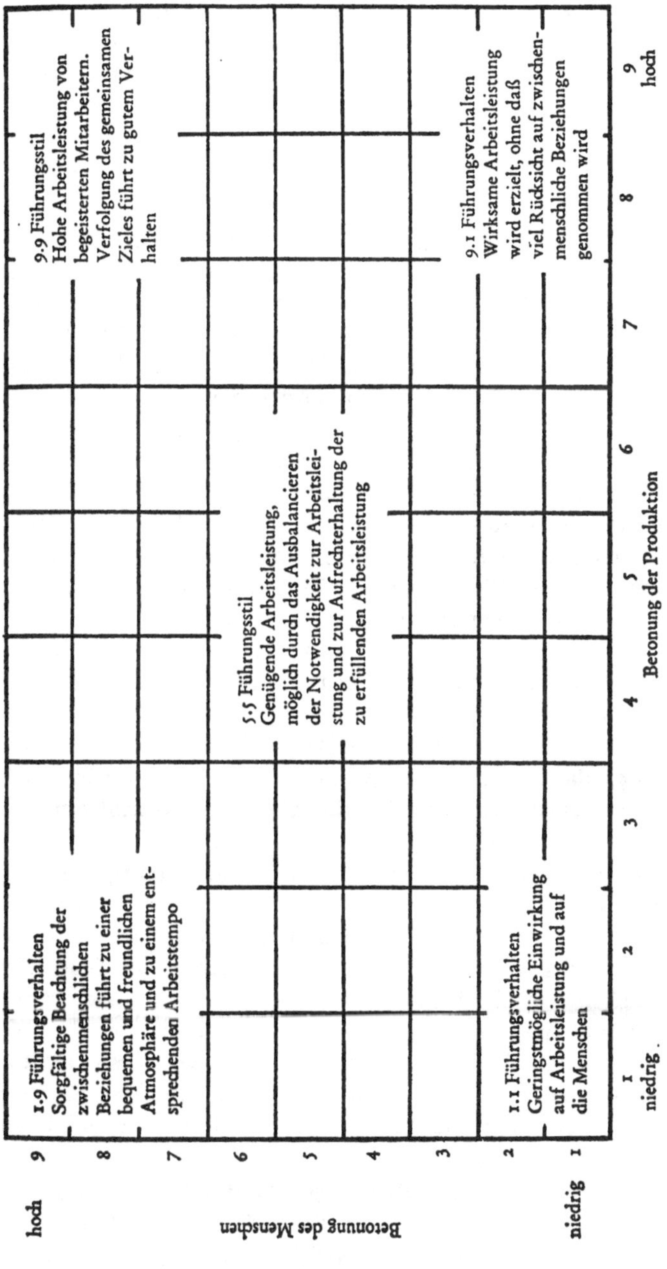

Das Verhaltensgitter

Was die 1,1-Kontrolle betrifft, so besteht sie in Botengängen mit möglichst wenig Kontakten. Da er nur wenig Kontakte aufrecht erhält und kein Engagement zeigt, ist 1,1 auch sehr wenig tatkräftig bei der Wahrung seiner Managerverantwortung. Je weniger er von seinem Chef sieht, desto besser. Seinen Untergebenen und den Mitgliedern anderer Gruppen wird es überlassen, sich selbst zu verteidigen, selbst dann, wenn er für sie Partei ergreifen müßte. Anwesend und doch abwesend zu sein, das ist die 1,1-Anpassung[14]."

5,5. Führungsverhalten:

„Bei der 5,5-Orientierung ist am Arbeitsplatz die menschliche Dimension ebenso wichtig wie die produktive. Die 5,5-Führung versucht, zwischen beiden ein Gleichgewicht herzustellen. Eine grundlegende Voraussetzung für die 5,5-Führung ist die Arbeitswilligkeit der Menschen, die das tun, was ihnen gesagt wird, vorausgesetzt, daß ihnen auch Gründe dafür angegeben werden. Aus diesem Grunde geht die 5,5-Führung ungezwungen mit den Untergebenen um. Sowohl das offizielle als auch das inoffizielle System wird benutzt, die Belegschaft das, was vorgeht, wissen zu lassen. Es wird jedoch gerade genug angegeben, damit die Belegschaft in großen Zügen weiß, was vorgeht. Würde man zu viel sagen, dann könnte man bei ihr auf Widerstand stoßen, wenn Pläne oder Entscheidungen geändert werden müssen. Man ist genügend an den Menschen interessiert, um auch eine angemessene Produktion zu erreichen. Das spiegelt sich auch in der 5,5-Einstellung zu Managemententwicklung, Kommunikation, Leistungsbewertung und den Besprechungen wider. Die Besprechungen mit Untergebenen sind dazu da, mit der Belegschaft vertraut zu werden, sich ihre Vorschläge anzuhören und ihr das Gefühl zu vermitteln, mit eine Hand im Spiel zu haben.

Eine große Beachtung von 5,5 erfährt das inoffizielle System. 5,5 hört nicht nur die Gerüchte ab und übersieht dabei, daß die Dinge getan werden, sondern 5,5 benutzt das inoffizielle System zur Erreichung der Organisationsziele. Dafür ein Beispiel: Entsteht auf inoffizielle Weise ein neues Verfahren oder eine neue Technik und Methode die für die Organisation von Vorteil sind, dann unternimmt die 5,5-Führung Schritte, diese inoffiziellen Handlungen zu offiziellen zu machen. Das geschieht z. B. durch ein Schreiben, mit dem die inoffizielle Handlung zur offiziellen erklärt wird.

Was die Überwachung betrifft, so ist die 5,5-Führungsorientierung sowohl an der Produktion als auch an den Menschen interessiert. Die Zuckerbrot-und-Peitsche-Einstellung gibt den Schlüs-

[14] *Blake*, R. und *Mouton*, J. S.: Verhaltenspsychologie, S. 110 f.

sel zur Überwachungsmethode. Dabei macht die 9,1-Einstellung zur Arbeitsanleitung einer realistischeren Platz, die Reibungen unter Menschen für ebenso kostspielig wie schlechte Instandhaltung von Maschinen hält.

Indessen hat 5,5 die Tendenz, anstelle der Integration zwei Systeme, die sich die Waage halten, wirken zu lassen. Von diesen beiden Systemen, dem offiziellen und dem inoffiziellen, erfährt man auch, wie die Arbeit tatsächlich getan werden soll und wer nun tatsächlich Macht und Einfluß besitzt. Da die Energien dazu benutzt werden, beide Systeme im Gleichschritt laufen zu lassen, ist es sehr wahrscheinlich, daß sie der eigentlichen Arbeit verlorengehen[15]."

9,9. Führungsverhalten:

„Es gibt grundlegende Bedürfnisse der Menschen, denen der 9,9-Führungsstil entgegenkommt. Diese Bedürfnisse müssen in die Produktion einbezogen und an sie gebunden werden. Auf diese Weise wird die Fähigkeit des Menschen, schöpferisch zu denken, auch angewendet. Ein Hauptunterschied der 9,9-Führungsmethode im Vergleich zu anderen Methoden ist ihre Zielsetzung und ihre Grundeinstellung zu einer Vielfalt von Problemen. Die menschliche Fähigkeit, sich für den Organisationszweck einzusetzen und an die Organisationsziele gebunden zu fühlen, ist das Wichtigste.

Die 9,9-Orientierung hat das Ziel, Produktion und Menschen, unter Voraussetzungen, die beide weitgehend berücksichtigen, miteinander zu verbinden. Der Schlüssel dazu ist, daß diejenigen, die für die Arbeitsplanung und -durchführung verantwortlich sind, sich engagiert und beteiligt fühlen. Das führt dann zu Gruppenaktionen, die Höchstleistungen zur Folge haben.

Bei der Verbesserung liegt der Schwerpunkt auf der Organisation, d. h., die zu entwickelnde Einheit ist die Organisation und nicht der einzelne Mensch. Die richtigen 9,9-Voraussetzungen sind erfüllt, wenn die persönlichen Ziele mit denen der Organisation zusammenfallen. Bindung an die Aufgabe hängt immer mit dem Interesse aller Beteiligten am Ergebnis zusammen. Die persönliche Bindung an die Aufgabe ist die Grundlage für den wirksamen Arbeitseinsatz aller. Unter diesen Umständen verbindet sich das Bedürfnis der Menschen, an einer sinnvollen Aufgabe gemeinsam mitzuwirken, mit dem Erfordernis der Organisation, die an ausgezeichneter Leistung interessiert ist[16]."

---

[15] *Blake*, R. und *Mouton*, J. S.: Verhaltenspsychologie, S. 139 f.
[16] *Blake*, R. und *Mouton*, J. S.: Verhaltenspsychologie, S. 180.

9,1. Führungsverhalten:

„Bei den 9,1-Führungsannahmen wurden die Menschen als bloße Werkzeuge der Produktion angesehen.

Unter der 9,1-Orientierung wird bei der Überwachung der Produktion besonderer Wert auf die Erfordernisse von Aufgabe und Arbeit gelegt; die Kontrolle erfolgt unter dem Motto: ‚Produzieren oder sterben.' Die Menschen werden so zurechtgebogen, daß sie zu der Arbeit passen. Es wird ihnen wenig Beachtung geschenkt, außer wenn sie sich als gute Produktionswerkzeuge erweisen. Macht, die im Sinne von Autorität und Gehorsam ausgeübt wird, ist der Grundzug jeder Kontrolle. Das Verhältnis von Vorgesetztem und Untergebenem ist eines von Mann zu Mann und zugleich das wichtigste Bindeglied innerhalb des ganzen Systems. Die Beziehungen der Menschen untereinander und ihr Zusammenwirken sind auf ein Minimum reduziert, außer wenn es die Anweisungen und Informationen für die Arbeit verlangen.

Das Verhältnis zwischen dem Manager und seinen Untergebenen gründet sich auf Autorität und Gehorsam. Untergebene dienen dem Zweck, den Plan, für den sie angestellt sind, zu erfüllen, weshalb sie auch bedingungslos zu gehorchen haben. Wenn es sich nicht darum handelt, Anweisungen zu erteilen oder ein Verfahren zu ändern, befaßt man sich nicht mit den Untergebenen oder interessiert sich gar für ihre Entwicklung.

Tritt ein Konflikt unter den Untergebenen auf, wird er gemäß dem 9,1-Führungsstil unterdrückt; denn der Konflikt könnte sich nachteilig auf die Arbeit auswirken. Tritt der Konflikt unter Gleichrangigen oder mit dem eigenen Chef auf, dann ist das Ziel, ihn zu gewinnen.

Das Motto von 9,1 heißt: ‚Nette Burschen sind immer die letzten'[17]."

Diese fünf Führungsverhalten stellten idealtypische Konstruktionen dar, die in der Realität kaum nachgewiesen werden können, da ja, wie auch das Verhaltensgitter zeigt, zahllose Zwischenstufen möglich sind, um die Realität zu zeigen.

Es ist unseres Erachtens zumindest angreifbar, das Führungsverhalten nur aus der Veränderung der zwei Größen, der Betonung der Produktion und der Betonung der Menschen, erklären zu wollen. Dies aus dem Tatbestand, daß das Führungsverhalten hier zu sehr simplifiziert, in Abhängigkeit von nur zwei Größen, gebracht wird. Unseres Erachtens sind die Dimensionen, die das Führungsverhalten beeinflussen, gegeben in:

---

[17] *Blake*, R. und *Mouton*, J. S.: Verhaltenspsychologie, S. 61 f.

1. Der Individualsphäre des einzelnen Menschen;
2. der sozialen Sphäre des Betriebsklimas;
3. der ökonomischen Sphäre des Betriebes und seiner ökonomischen Umwelt.

7. Die Systematisierung auf Grund der Persönlichkeitstypologie

Wie oben dargestellt, ist das Führungsverhalten unter anderem von der Individualsphäre des Menschen geprägt. Die aus den Vereinigten Staaten von Amerika zu uns kommenden Managementausbildungsmethoden des autogenen Trainings, der Gruppendynamik usw. zeigen die Bedeutung der Schulung der Person für das Führungsverhalten im Unternehmen. Auch die Eignungsuntersuchungen von Bewerbern weisen auf diesen Tatbestand hin. Es erscheint uns zumindestens der Versuch einer derartigen Systematisierung lohnend, die in Zusammenarbeit von Psychologen und Soziologen erstellt werden müßte.

Nehmen wir die Grundformen der Persönlichkeit nach Kretschmer, der folgenden Typen unterscheidet[18]:

1. Der Pykniker.
2. Der Leptosome.
3. Der Athletiker

Diese, oder eine andere Gliederung der Persönlichkeitstypen könnte die Grundlage für die von uns vorgeschlagene Untersuchung des Führungsverhaltens sein.

Greifen wir aus dieser Typologie nur den Pykniker heraus, so kann die These aufgestellt werden, daß dieser Persönlichkeitstyp eher zu einem kooperativen Führungsstil neigen wird.

8. Die Systematisierung auf Grund der Herrschaftsverhältnisse

Scheuplein geht bei seiner Systematisierung der Führungsstile davon aus, daß der Führungsstil diejenige Verhaltensweise des Vorgesetzten im Unternehmen ist, die auf der Grundlage der persönlichen und der, von der Unternehmensspitze geforderten und zugelassenen Einstellung das Führungsverhältnis gestaltet, indem sie durch entsprechende Maßnahmen den Leitungsvollzug durch die zu Führenden bewirkt[19]. Auf Grund der durch die Organisation bewirkten Unternehmungshierarchie ergibt sich die Beziehung zwischen Führenden und Geführten stets aus

---

[18] Vgl. *Metzner*, L.: Bericht über ‚Geist und Leib im menschlichen Organismus' von Othmar Spann, in: Zeitschrift für Ganzheitsforschung, Jg. 1972, Heft I, S. 9 ff.

[19] *Scheuplein*, H.: Die Aufgaben unternehmerischer Führungskräfte und ihre Förderung, Köln und Opladen 1967, S. 55.

dem Herrschaftsverhältnis[20], das damit die Grundlage für die weitere Systematisierung wird. Das Herrschaftsverhältnis seinerseits hängt nach Scheuplein unter anderem ab von[21]:

1. Unternehmungsgröße,
2. Entwicklungsphase des Betriebes,
3. innerer Einstellung des Führenden.

Aus der Verbindung der beiden Kriterien Betriebsgröße und Entwicklungsphase kommt Scheuplein zu folgender Gliederung[22]:

1. Pionierphase, die gekennzeichnet ist durch die persönliche Überschaubarkeit des Betriebes durch den Unternehmer.
2. Phase der Differenzierung. Diese wird getragen von den Grundsätzen der Mechanisierung, Standardisierung, Spezialisierung und Koordination.
3. Phase der Integration. Die in der zweitgenannten Phase in der Betriebsgröße notwendige Koordination der Führungskräfte wird ersetzt durch eine selbständige Führung der Mitarbeiter, um so Koordination von innen her zu erreichen.

Bezüglich der inneren Einstellung der Führungskräfte verweisen wir auf unsere obigen Ausführungen. Auch Scheuplein betont in diesem Zusammenhang die Abhängigkeit des Führungsstiles von der Gesellschafts-, Kultur- und Wirtschaftsauffassung[23].

Aus dem Kriterium des Herrschaftsverhältnisses leitet Scheuplein drei Gesichtspunkte zur Systematisierung der Führungsstile ab[24]:

1. Die materielle Existenzsicherung und die Eigentumsverfügung.
2. Die Entscheidungs- und Anordnungsbefugnis.
3. Die Statusüberlegenheit.

Daraus ergibt sich folgende Systematisierung[25]:

Materiell bezogene Führungsstile	Entscheidungsbezogene Führungsstile	Statusbezogene Führungsstile
Patriarchalischer Führungsstil	Autoritärer Führungsstil	Autokratischer Führungsstil
Liberalistischer Führungsstil	Laissez-faire-Führung	Formeller Führungsstil
Partnerschaftliches Führungsverhältnis	Demokratischer Führungsstil	Koorperativer Führungsstil

---

[20] Vgl. *Gutenberg*, E.: Unternehmensführung, Organisation und Entscheidung, Wiesbaden 1962, S. 51 ff.

[21] *Scheuplein*, H.: Die Aufgaben . . ., S. 56.

[22] *Scheuplein*, H.: Die Aufgaben . . ., S. 56 f.

[23] *Scheuplein*, H.: Die Aufgaben . . ., S. 57.

[24] *Scheuplein*, H.: Die Aufgaben . . ., S. 57.

[25] *Scheuplein*, H.: Die Aufgaben . . ., S. 58; eine ähnliche Gliederung der

9. Die Systematisierung durch Darstellung von Extremsituationen

Douglas McGregor[26] geht bei der Darstellung der Theorie X und der Theorie Y von zwei extremen Verhaltensweisen im Rahmen der Betriebsführung aus. Insofern kann seine Darstellung auch hier unter den Versuchen zur Systematisierung der Führungsmodelle aufgenommen werden.

Die Theorie X, die die traditionellen Ansichten über die Betriebsführung widerspiegelt, ist dabei gekennzeichnet durch:

1. „Der Durchschnittsmensch hat eine angeborene Abneigung gegen Arbeit und versucht, ihr aus dem Wege zu gehen, wo er kann[27]."
2. „Weil der Mensch durch Arbeitsunlust gekennzeichnet ist, muß er zumeist gezwungen, gelenkt, geführt und mit Strafe bedroht werden, um ihn mit Nachdruck dazu zu bewegen, das vom Unternehmer gesetzte Soll zu erreichen[28]."
3. „Der Durchschnittsmensch zieht es vor, an die Hand genommen zu werden, möchte sich vor Verantwortung drücken, besitzt wenig Ehrgeiz und ist vor allem auf Sicherheit aus[29]."

Die zweite Extremsituation wird dargestellt in der Theorie Y, die in folgenden Punkten gekennzeichnet wird:

1. „Die Verausgabung durch körperliche und geistige Anstrengung beim Arbeiten kann als ebenso natürlich gelten wie Spiel und Ruhe[30]."
2. „Von anderen überwacht und mit Strafe bedroht werden, ist nicht das einzige Mittel, jemanden zu bewegen, sich für die Ziele des Unternehmens einzusetzen. Zugunsten von Zielen, denen er sich verpflichtet fühlt, wird sich der Mensch der Selbstdisziplin und Selbstkontrolle unterwerfen[31]."
3. „Wie sehr er sich Zielen verpflichtet fühlt, ist eine Funktion der Belohnungen, die mit ihrem Erreichen verbunden sind[32]."

---

materiell bezogenen Führungsstile findet sich auch bei: *Fischer*, G.: Führungsstil und Führungskunst, in: Gegenwartsfragen der Unternehmensführung, Festschrift Hasenack, W., Berlin 1966, S. 74 ff.

[26] Vgl. *Gregor*, D. M.: Theory X und Theory Y, in: Hutchinson, J. G. (Hsg.), Readings in Management Strategy and Tactics, New York 1971, S. 39 ff.

[27] *Gregor*, D. M.: Der Mensch im Unternehmen, The Human Side of Enterprise, aus dem Amerikanischen übertragen von *Wolter*, A., Düsseldorf und Wien ²1971, S. 47.

[28] *Gregor*, D. M.: Der Mensch im Unternehmen, S. 47.

[29] *Gregor*, D. M.: Der Mensch im Unternehmen, S. 49.

[30] *Gregor*, D. M.: Der Mensch im Unternehmen, S. 61.

[31] *Gregor*, D. M.: Der Mensch im Unternehmen, S. 61.

[32] *Gregor*, D. M.: Der Mensch im Unternehmen, S. 61 f.

4. „Der Durchschnittsmensch lernt, unter geeigneten Bedingungen Verantwortung nicht nur zu übernehmen, sondern sogar zu suchen[33]."
5. „Die Anlage zu einem verhältnismäßig hohen Grad von Vorstellungskraft, Urteilsvermögen und Erfindungsgabe für die Lösung organisatorischer Probleme ist in der Bevölkerung weit verbreitet und nicht nur hie und da anzutreffen[34]."
6. „Unter den Bedingungen des modernen industriellen Lebens ist das Vermögen an Verstandeskräften, über das der Durchschnittsmensch verfügt, nur zum Teil genutzt[35]."

---

[33] *Gregor*, D. M.: Der Mensch im Unternehmen, S. 62
[34] *Gregor*, D. M.: Der Mensch im Unternehmen, S. 62.
[35] *Gregor*, D. M.: Der Mensch im Unternehmen, S. 62; vgl auch *Caplow*. T.: Principles of Organization, New York, Chikago, San Francisco, Atlanta 1964, S. 241 f.

VI. Die Betriebsführung — Modelle und deren Eignung für unterschiedliche Betriebsgrößen

A. Die Betriebsgrößen, die Betriebsführung, die Anforderungen und die Eignung

1. Das Problem

Betrachten wir die Literatur zum Thema Betriebsführung, so werden für diesen Bereich schon eine fast unübersehbare Fülle von quantitativen Rechenverfahren und qualitativen Führungsstilen, -modellen und -techniken angeboten. Ein schier noch mehr unübersehbares Angebot bieten die Beratungs- und Ausbildungsinstitutionen auf diesem Bereich an.

Wir wollen in der Folge, unter Ausklammerung der quantitativen, die qualitativen Verfahren einer Überprüfung im Hinblick auf ihre Eignung für unterschiedliche Betriebsgrößen unterziehen. Hinsichtlich der Eignung der quantitativen Verfahren liegen bereits einschlägige Untersuchungen vor. Wir verweisen in diesem Zusammenhang auf die Untersuchung von Dutzler[1], der besonders den Gesichtspunkt der Wirtschaftlichkeit bei unterschiedlichen Betriebsgrößen beleuchtet.

Zur Überprüfung der Eignung der qualitativen Verfahren, der Führungsmodelle, wollen wir bei unserer Untersuchung vorerst auf den Inhalt der Betriebsführung zurückgehen.

Im vorigen Abschnitt konnte an Hand ausgewählter betriebswirtschaftlicher Theorien die unterschiedliche Darstellung der Betriebsführung innerhalb dieser Theorien beleuchtet werden. Für unsere weiteren Ausführungen bedienen wir uns des ganzheitlichen Ansatzes, da dieser unseres Erachtens die umfassendste Betrachtungsweise erlaubt.

Wir wollen ferner bei unseren Ausführungen die physischen Probleme der Betriebsführung ausklammern, da diese Gegenstand anderer Disziplinen sind[2].

[1] *Dutzler*, H.: Betriebswirtschaftliche Planung und Operations Research mit besonderer Berücksichtigung des Klein- und Mittelbetriebes, Dissertation Hochschule für Welthandel in Wien, Bd. 11, Wien 1971.

[2] Vgl. *Hausmann*, J. P.: Der überlastete Manager, Ein aktueller Beitrag zur Lehre von der Unternehmungsführung, Bern und Stuttgart 1969.

2. Der Ansatz der Betriebsführung im allgemeinen

Hofmann hat von ganzheitlicher Sicht aus „das unternehmerische Element in der Betriebswirtschaft" beleuchtet[3]. Er stellt ausdrücklich fest, daß „die Teilinhalte des unternehmerischen Elements ... grundsätzlich mit den besonderen Inhalten der Unternehmensführung ident"[4] sind. Wir können daher die Ergebnisse dieser Untersuchung als Grundlage für unsere Darlegungen verwenden.

Hofmann stellt die Funktionen der Betriebsführung wie folgt dar[5]:

1. Zielfunktion (Ideeierung und Konzeption)
   11. Ideeierungsfunktion
   111. Ideen haben, Nachdenken ...
   112. Zielerkenntnis (des Unternehmungszieles als Ganzes und der Teilziele)
   1122. Originäre Ziel-Entdeckung (z. B. eigene Erfindungen in allen Bereichen)
   1123. Derivative Zielerkenntnis (Übernahme fremder Entdeckungen etc.)
   113. Situationsbeurteilung (Ziel- und Mittelanalysen)
   1133. Beurteilung der Zielgültigkeit
   11333. Meta-ökonomische Gültigkeit
   11334. Ökonomische Gültigkeit
   1134. Beurteilung der Mittel-Konstellationen im Hinblick auf die Zielverwirklichung
   12. Konzeptionsfunktion (ideeller Entwurf der Unternehmung auf Basis des gegenwärtig und zukünftig Möglichkeiten einschließende Situations-Urteils (113)
   122. Plan der Unternehmung als Ganzes
   123. Teilpläne der gliedhaften Verwirklichung (jeweils als Erstkonzeption und als laufende Funktion der Alternativ- und Anpassungsplanung)

2. Entscheidungsfunktion
   22. Zielsetzung (Entscheidung für eine bestimmte Zielkonzeption) im Bezug auf End- und Vorziele
   23. Entscheidungsmodalitäten
   233. Innovatorische oder Konstanzentscheidungen (Regelungen)
   234. Strategische oder taktische Entscheidungen (jeweils durch den Sachgehalt näher bestimmt)
   24. Entscheidungsbegründung

3. Realisationsfunktionen
   (Veranlassen und Durchsetzen)
   33. Verfassungsgebung (Grundsatzregelung: Oberste Norm des organisierten kooperativen Unternehmungsprozesses)

---

[3] *Hofmann*, M.: Das unternehmerische Element in der Betriebswirtschaft.
[4] *Hofmann*, M.: Das unternehmerische Element ..., S. 254.
[5] *Hofmann*, M.: Das unternehmerische Element ..., S. 280 ff.

34. Organisation im engeren Sinne (Regelung der Arbeitsgliederung)

344. Funktionale Definition

3444. Analyse der Aufgabenstellungen im Detail

3445. Aufgabenbeschreibung

345. Aufgabengliederung

346. Analyse der Personalerfordernisse zur Aufgabenlösung

347. Analyse der Sacherfordernisse zur Aufgabenlösung

35. Koordinationsfunktion (interdependente, sachlogisch und zeitlich abgestimmte Gestaltung des Unternehmungsprozesses in personaler und sachlicher Hinsicht)

355. Kooperationsfunktion (Koordination im Personalbereich: Menschenführung im engeren Sinne)

3555. Repräsentationsfunktion
- — gegenüber der Öffentlichkeit
- — gegenüber der unternehmungsinternen Belegschaft
- — gegenüber der eigenen Mitarbeitergruppe

3556. Vorbildfunktion

3557. Mitarbeitergewinnung
- — Kontaktnahme
- — Gewinnung für die Unternehmung
- — Identifikation (Zielbejahung erreichen)

3558. Delegation

35588. Personalbeurteilung (Eigenschaften und Fähigkeiten der Mitarbeiter beurteilen; charakterliche und fachliche)
- — erstmalig
- — laufend

35589. Mitarbeiterauswahl (Zuordnung von Aufgaben und Personen: anforderungsgerechte Besetzung von Arbeitsplätzen), Umbesetzungen

35590. Definition und Abgrenzung der Entscheidungsbefugnis (Autoritätsübertragung)

35591. Anordnen und Befehlen
- — Übertragung einer bestimmten Aufgabe (in Wahrung der Entscheidungsbefugnis)
- — Begründung für die Anordnung

35592. Instruktion
- — Beschreibung der Aufgabe und Lösungshinweise
- — Darstellung der übertragenen Aufgabe im Gesamtzusammenhang betrieblicher Leistungserstellung
- — Darstellung ihrer Bedeutung für die Erreichung des Unternehmungszieles

35593. Beratung (präsent sein zur Aussprache und Beratung)

35594. Vorsorge für die Weiterbildung

35595. Leistungsentgeltung (immaterielle und materielle Entlohnung im weiteren Sinne)
- — Organisation und Veranlassung von Aufstieg
- — Anerkennungen, Würdigungen etc.
- — Materielle Entgelte (bedungene und bedingte; Ergänzung der Lohnarbeitsverhältnisse durch gesellschaftliche Beteiligungsverhältnisse)

35596. Disziplinierung (Lösung von Konfliktsituationen)
- — Organisationen betrieblicher Gerichtsbarkeit (Schiedsgericht)
- — Schlichtungen, Strafen, Umbesetzungen und Entlassungen, Ermahnungen etc.
- — Entdecken von Konfliktsituationen und Herbeiführen einer Lösung (z. B. über Aussprachen etc.)

356. Koordination im Sachmittelbereich (Sachmittelintegrierung)

3566. Koordination von Mensch und Sachmittel (personengerechte Sachmittelstrukturierung)

3567. Kombination (zielgerechte Abstimmung der Sachmittel aufeinander)

4. Re-Ordinationsfunktion
(Kontrollfunktion im weiteren Sinne: Überwachung, Kontrolle, Sicherung und Korrektur des Unternehmungsprozesses)

44. Funktion der Beurteilung der (relativen) Vollkommenheit der Aufgabenlösung

444. Festlegen von Bewertungsmaßstäben (Leistungskriterien)

445. Leistungsbeurteilung (Urteil über den Fortschritt in der Zielerreichung)
- — Personelle Kontrolle (Selbst- und Fremdkontrollen)
- — Sachkontrollen (im meta-ökonomischen, ökonomischen und technischen Bereich):
  Zielkontrollen
  Plan- und Konzeptionskontrollen
  Entscheidungskontrollen
  Realisationskontrollen
  Informationskontrollen
- — Auswertung der Kontrollanalyse (Urteil über die Leistungsvollkommenheit)

446. Maßnahmen zur Wiederherstellung der Ordnung (Einleitung des Re-Integrationsprozesses)
- — Zielkorrekturen (neue oder rektifizierte Zielsetzungen)
- — Begründung der ... gemachten Fehler bzw. Abweichungen
  ... geplanten Korrekturmaßnahmen
- — Entscheidung, Veranlassung und Durchsetzung der Korrekturmaßnahmen: Re-Integrationsprozeß (Umgliederung)

5. Informationsfunktion

55. Überzeugung aller Mitarbeiter von der existenziellen Bedeutung wechselseitiger Mitteilung

56. Organisation eines Nachrichtensystems (Kommunikationssystem)

566. Genaue Festlegung von Art, Inhalt und Umfang, sowie der Sender und Empfänger von Informationen

567. Festlegung der jeweils wirkungsvollsten Informationsträger

568. Organisation eines integrierten Informationsflusses (ganzheitliches System von Leistungsbegleitausdrücken) zur:
- — Gewinnung und Sammlung
- — geordneten Speicherung und Aufbereitung
- — Auswahl und Auswertung
- — Weitergabe relevanter Informationen (inklusive Daten des Rechnungswesens)

569. Kontrolle der Effizienz des Kommunikationssystems.

Als Hauptfunktionen erscheinen demnach:

1. Die Zielfunktion,
2. die Entscheidungsfunktion,
3. die Realisationsfunktion,
4. die Reordinationsfunktion oder Kontrollfunktion im weiteren Sinne und
5. die Informationsfunktion[6].

Die Zielfunktion reicht dabei vom Nachdenken und dem Ideen haben über die Zielerkenntnis, der Situationsbeurteilung, bis zum Entwurf einer Konzeption[7].

Die Entscheidungsfunktion beinhaltet die Zielsetzung, die Modalitäten sowie die Begründung für diese Entscheidung[8].

Die Realisationsfunktion schließt unmittelbar an die Entscheidungsfunktion an. Sie hat die „Durchsetzung der Entscheidung zu veranlassen und alle damit verbundenen Funktionen in Gang“[9] zu bringen. Sie faßt somit die Teilfunktionen der Verfassungsgebung, Regelung der Arbeitsgliederung und der Koordination im Personalbereich und Sachmittelbereich ein[10].

Die Realisationsfunktion „bedarf zu ihrer Aufrechterhaltung bzw. Anpassung an veränderte Situationen und daraus folgenden neuen Zielsetzungen einer ständigen Reintegration oder Reordination“[11] oder Kontrolle im weiteren Sinne.

Die schließlich letzte Funktion, die Informationsfunktion, beinhaltet „zunächst die Überzeugung aller Mitarbeiter von der existentiellen Bedeutung der wechselseitigen Mitteilung, dann die Organisation eines Nachrichtensystems“ und „schließlich die Auswertung der Information und die Kontrolle der Effizienz des Kommunikationswesens“[12].

Die Informationsfunktion wird dabei, wie nachstehende Darstellung zeigt, als Hilfsfunktion verstanden[13]:

I. Grundfunktionen

1. Zielfunktion
2. Entscheidungsfunktion
3. Veranlassungs- und Durchsetzungsfunktion
4. Kontrollfunktion

II. Hilfsfunktion

5. alle Arten der Mitteilung (Informationsfunktion)

---

[6] Die Einordnung der Informationsfunktion macht nachstehende, aus *Köhler*, R.: Informationssysteme für die Unternehmensführung, in: ZfB, Jg. 1971, S. 29 entnommene Abbildung deutlich: (siehe Seite 72).

[7] *Hofmann*, M.: Das unternehmerische Element ..., S. 270 f.

[8] *Hofmann*, M.: Das unternehmerische Element ..., S. 271 ff.

[9] *Hofmann*, M.: Das unternehmerische Element ..., S. 273.

[10] *Hofmann*, M.: Das unternehmerische Element ..., S. 273 ff.

[11] *Hofmann*, M.: Das unternehmerische Element ..., S. 277.

[12] *Hofmann*, M.: Das unternehmerische Element ..., S. 278 f.

[13] *Hofmann*, M.: Das unternehmerische Element ..., S. 257.

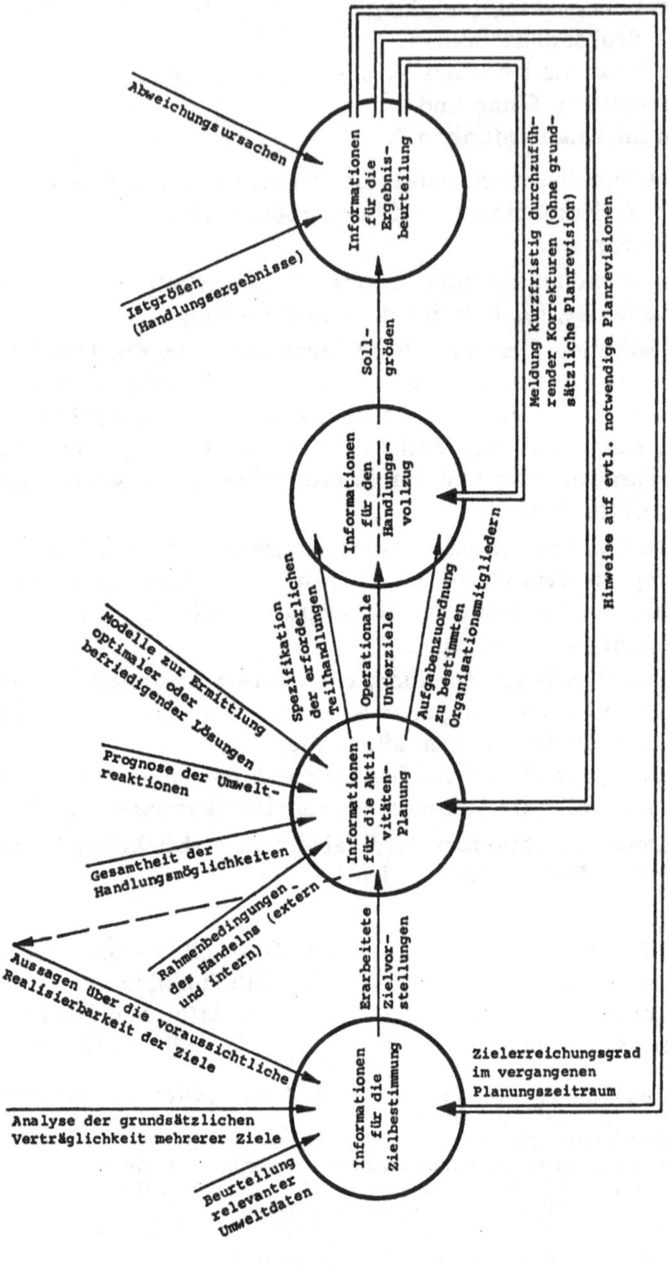

Informationen für die Zielbestimmung
Informationen für die Aktivitäten-Planung
Informationen für den Handlungsvollzug
Informationen für die Ergebnisbeurteilung
Erarbeitete Zielvorstellungen
Operationale Unterziele
Soll-größen
Spezifikation der erforderlichen Teilhandlungen
Aufgabenzuordnung zu bestimmten Organisationsmitgliedern
Beurteilung relevanter Umweltdaten
Analyse der grundsätzlichen Verträglichkeit mehrerer Ziele
Aussagen über die voraussichtliche Realisierbarkeit der Ziele
Rahmenbedingungen des Handelns (extern und intern)
Gesamtheit der Handlungsmöglichkeiten
Prognose der Umweltreaktionen
Modelle zur Ermittlung optimaler oder befriedigender Lösungen
Istgrößen (Handlungsergebnisse)
Abweichungsursachen
Zielerreichungsgrad im vergangenen Planungszeitraum
Meldung kurzfristig durchzuführender Korrekturen (ohne grundsätzliche Planrevision)
Hinweise auf evtl. notwendige Planrevisionen

Dieser ganzheitliche (funktionelle) Ansatz stellt einerseits eine Auffächerung bereits vorliegender Ansätze[14] dar.

Hahn unterscheidet nachstehende Aufgaben der Unternehmungsführung (siehe Seite 74)[15].

Batschelet stellt nachstehende Begriffsmerkmale des Führens heraus[16]:

a) Der Wille. Ein von Menschen nur durch Zufall verursachtes Ergebnis wird nicht mit Führung, eher mit Fügung in Zusammenhang zu bringen sein.

b) Der Einfluß auf andere Menschen. Die Formung einer Skulptur durch den Bildhauer ist noch nicht Führung; es müßte die Absicht zur nachhaltigen Beeinflussung des Kunstempfindens oder -schaffens anderer hinzukommen.

c) Das Zielsetzen. Der Wille muß gerichtet sein. Menschliche Arbeit allein ist noch nicht Führung.

d) Der Erfolg. Ein bestimmtes, wesentliches Ergebnis muß angestrebt werden. Ob der Erfolg im ersten Anlauf, ob er nur teilweise oder überhaupt nicht erreicht wird, ist indessen nicht wesentlich für die Definition des Führens.

So stellt Hruschka nachstehende Leistungsbereiche der Betriebsführung dar[17]:

Planung,
Organisation einschließlich Leitung,
Begleit- bzw. Hilfsleistungen der Organisation
(z. B. Rechnungswesen, Statistik) und
Kontrolle und wiederherstellende Koordination.

Dabei beinhaltet die Funktion Planung:

---

[14] Sandig sieht die Aufgaben der Betriebsführung wie folgt: (*Sandig*, C.: Die Führung des Betriebes, Betriebswirtschaftspolitik, Stuttgart 1953, S. 15:) „Der Inhalt der Betriebsführung ist somit ein Zweifaches: einmal Ideenschöpfung, Zielsetzung, Entscheidung, Tragen der Verantwortung für die getroffene Entscheidung und zum anderen das In-die Tat-Umsetzen, die Organisierung und Durchführung der getroffenen Entscheidung."

[15] *Hahn*, D.: Entscheidungsprozeß und Entscheidungstraining bei der Anwendung der Fallmethode im betriebswirtschaftlichen Hochschulunterricht, in: ZfbF, Jg. 1971, S. 10.

[16] *Batschelet*, H.: Führen, Studie einer begrifflichen Systematik, in: Die Unternehmung, Jg. 1971, S. 202.

[17] *Hruschka*, E.: Aufdeckung und Beseitigung betrieblicher Verlustquellen, S. 4.

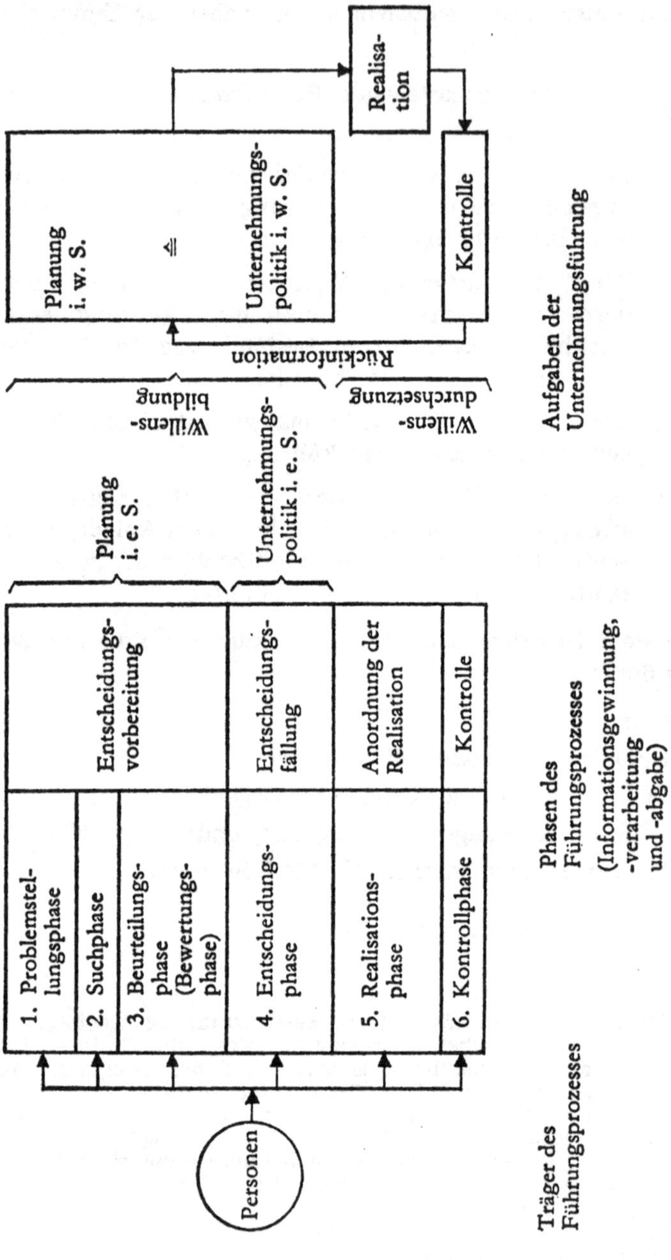

Aufgaben der Unternehmungsführung und Führungsprozeß

„1. Es ist die Auswahl des Ziels zu treffen (was wird geplant?);
2. die Planung muß voraussehen, was durch den Plan erreicht werden kann;
3. sie muß unter den vorhandenen Mitteln diejenigen auswählen, die verfügbar sein werden[18]."

Vergleicht man den Inhalt dieser Funktion Planung mit der eingangs dargestellten Systematik, zeigt sich, daß in dieser Funktion die Zielfunktion und Entscheidungsfunktion enthalten sind.

Unter Organisation versteht Hruschka die Auswertung des Vorbereiteten oder die Verwirklichung[19]. Auch hier läßt sich eine inhaltliche Übereinstimmung mit der Realisationsfunktion feststellen.

Die Kontrollfunktion und die Hilfsfunktion im Ansatz Hofmanns finden sich auch als Leistungsbereiche Hruschkas wieder.

Andererseits lassen sich in diesem Ansatz Hofmanns auch die von den Vertretern der entscheidungsorientierten Betriebswirtschaftslehre gebrachten Erkenntnisse hinsichtlich des Entscheidungsprozesses erkennen.

Wir haben diesen ganzheitlichen Ansatz deshalb gewählt, weil er einerseits eine umfassende, ganzheitliche Betrachtung ermöglicht und andererseits aber auch so konkret ist, daß er uns erlaubt, die Führungsmodelle im Hinblick auf ihre Eignung allgemein und unter besonderer Berücksichtigung der Betriebsgröße zu beleuchten. Wir wollen abschließend die allgemeinen Kriterien für die Beurteilung der Führungsmodelle nochmals darstellen:

1. Kriterium hinsichtlich Zielfunktion.
2. Kriterium hinsichtlich Entscheidungsfunktion.
3. Kriterium hinsichtlich Veranlassungs- und Durchsetzungsfunktion.
4. Kriterium hinsichtlich Kontrollfunktion.
5. Kriterium hinsichtlich Informationsfunktion.

3. Der Ansatz der Betriebsführung im Hinblick auf die Betriebsgröße

Die Fragestellung nach der Betriebsgröße hinsichtlich der Optimalität von einzelnen Betrieben hat die Literatur seit einigen Dezennien beschäftigt[20], ohne daß es zu einer eindeutigen Lösung gekommen wäre.

---

[18] Derselbe: Die Planung im Leistungsgefüge der Betriebswirtschaft, in: BFuP, Jg. 1958, S. 428.

[19] Derselbe: Aufdeckung und Beseitigung betrieblicher Verlustquellen, S. 9.

[20] Vgl. *Beste*, T.: Die optimale Betriebsgröße als betriebswirtschaftliches Problem, Leipzig 1939 und *Busse* von *Colbe*, W.: Die Planung der Betriebsgröße, Wiesbaden 1964.

Dies deshalb, da eine Optimalität jeweils nur im Hinblick auf ein bestimmtes Kriterium gegeben sein kann. So spricht Heinrich von „mehreren Arten oder Sonderungen von Optimalitäten“[21] der Betriebsgröße, worunter zu verstehen sind:

1. eine Optimalität hinsichtlich des Umfanges und Inhaltes der betrieblichen Verrichtungen;
2. eine marktgrößenmäßige Optimalität;
3. eine leistungsmäßige Optimalität der Betriebsgröße;
4. eine konjunkturelle Optimalität;
5. eine Optimalität hinsichtlich der inneren Entsprechung der verschiedenen Leistungsbereiche und Abteilungen des Betriebes;
6. eine leitungsmäßige Optimalität der Betriebsgröße (jene im Hinblick auf das Verhältnis zwischen Leitbarkeit des Betriebes, Unternehmerleistung und Leitungsabteilungen einerseits und Betriebsgröße andererseits);
7. eine kostenmäßige Optimalität.

In dieser Gliederung fällt unsere Untersuchung in den Bereich der leitungsmäßigen Optimalität der Betriebsgröße. Um für diesen Bereich Aussagen machen zu können, ist es erforderlich, die verschiedenen Betriebsgrößen abzugrenzen. Wir wollen uns hier eines typologischen Verfahrens bedienen, um so die Unterschiede herausarbeiten zu können.

Hinsichtlich der Abgrenzung der verschiedenen Betriebsgrößen bietet die Literatur quantitative und qualitative Kriterien. An quantitativen Kriterien werden u. a. angeführt[22]:

Beschäftigte,
Kapazität,
Umsatz,
Kapital,
Anlagen etc.

Die qualitativen Abgrenzungsmerkmale beinhalten u. a.[23]:

Selbständigkeit,
Risiko,
Überschaubarkeit,
Rechtsform,

---

[21] *Heinrich*, W.: Wirtschaftspolitik, 2. Band, Zweite Hälfte, Berlin ²1967, 239 f.

[22] Vgl. *Berger*, K. H.: Unternehmensgröße und Leitungsaufbau, Berlin 1968, S. 33.

[23] Vgl. *Hruschka*, E.: Aufdeckung und Beseitigung betrieblicher Verlustquellen, S. 34 f. und *Gantzel*, K. J.: Mittelstandsbegriff und Gewerbebegriff, in: Internationales Gewerbearchiv, Jg. 1963, S. 105 und *Aengenendt-Papesch*, R.: Die Funktionen der Klein- und Mittelbetriebe in der wettbewerblichen Marktwirtschaft, Köln und Opladen 1962 und *Schmidt*, E. A.: Organisation des mittelständischen Betriebes, Wiesbaden 1970, S. 26 f.

Fertigungsverfahren,
Anpassungsfähigkeit,
Dimensionierung der Leistungen.

Alle diese Kriterien erscheinen für unsere Untersuchung nicht zweckmäßig, da sie nicht primär auf die Betriebsführung abstellen.

Drucker unterscheidet, ausgehend von der Struktur der Betriebsführung, folgende unterschiedliche Betriebsgrößen[24]:

1. Kleinbetrieb.

   Dieser ist dadurch gekennzeichnet, daß die Mitarbeiter unmittelbar der Betriebsführung, verkörpert in einem oder zwei Alleininhabern, unterstehen. Diese Größenklasse umfaßt im Bereich des Gewerbes die gewerblichen Klein- und Mittelbetriebe[25].

2. Kleiner Betrieb.

   Diese Betriebsgröße hat zwischen der Betriebsführung und den ausführenden Mitarbeitern eine Rangstufe eingeschoben. Innerhalb dieser Größenklasse wird von der Betriebsführung als Institution die Betriebsführung als Funktion neben anderen Funktionen, wie beispielsweise dem Absatz durchgeführt. Die Organisation erfolgt nach funktionalen Gesichtspunkten.

3. Mittelbetrieb.

   Die Funktion der Betriebsführung wird dabei von einer Stelle wahrgenommen. „Unternehmungen dieser Größenordnung brauchen daher stets ein Führungskollegium. Und stets wird sich das Problem der Beziehungen der fachlichen Vorgesetzten zur Unternehmerspitze stellen, wenn es auch noch keine entscheidende Bedeutung hat[26]." Diese Größenklasse ist im allgemeinen nach föderalistischen Gesichtspunkten organisiert. Führungsstäbe sind in dieser Gruppe organisatorisch nicht vorgesehen.

4. Großbetrieb.

   Hier muß „die eine oder andere leitende Funktion als Aufgabe einer Gruppe, eines Kollegiums organisiert sein. Entweder ist es die oberste Leitung der laufenden Geschäfte oder die allgemeine Bestimmung der Unternehmenspolitik, die für einen Mann zu groß ist und daher aufgeteilt werden muß"[27].

5. Größtbetrieb.

   „Sein erstes Kennzeichen ist die Tatsache, daß sowohl die Leitung der laufenden Geschäfte, wie auch die allgemeine Bestimmung der

---

[24] *Drucker*, P. F.: Praxis des Management, Ein Leitfaden für die Führungs-Aufgaben in der modernen Wirtschaft, Düsseldorf 1956, S. 281 ff.

[25] Vgl. *Hruschka*, E.: Betriebswirtschaftliche und allgemeine Gewerbeförderung, Wien 1958, S. 26.

[26] *Drucker*, P. F.: Praxis des Management, S. 282.

[27] *Drucker*, P. F.: Praxis des Management, S. 283.

Unternehmenspolitik auf Gruppenbasis organisiert sein muß.... Zweitens kommt hier überhaupt nur die föderalistische Organisationsform in Frage... Und schließlich wird hier die Organisation der Unternehmensspitze und ihre Beziehungen zum ‚operating management' zu einem wichtigen Problem, das mehr als alle andere die Aufmerksamkeit und die Kraft der Unternehmungsspitze beansprucht[28]."

Aus diesen Ausführungen läßt sich die These ableiten, daß die Art der Betriebsführung eine Funktion der Betriebsgröße ist. Dieser Tatbestand ergibt sich aus der leitungsmäßigen Optimalität des Betriebes[29]. Dabei ist anzunehmen, daß mit wachsender Betriebsgröße die Anforderungen an die Betriebsführung steigen. Die Betriebsgröße ist dabei aber sicher nicht das einzige Kriterium, das Einfluß auf das Anforderungsniveau der Betriebsführung hat. Graphisch läßt sich dies folgend darstellen:

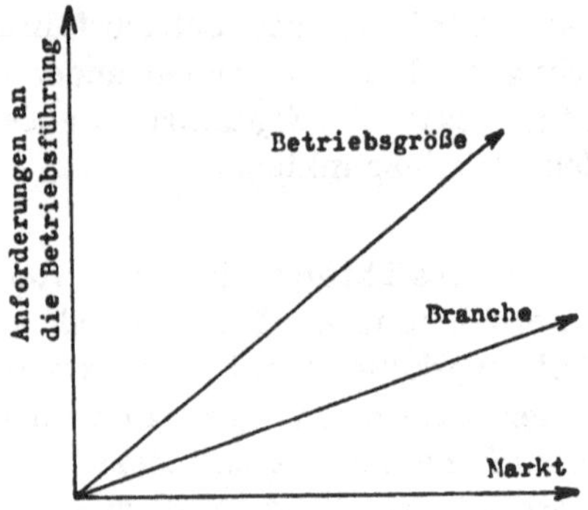

In dieser Graphik stehen neben der Betriebsgröße an Faktoren noch die Branche und den Markt, wobei diese beiden Faktoren nur beispielhaft stehen[30]. Vektoriell läßt sich dieser Tatbestand wie folgt formulieren:

---

[28] *Drucker*, P. F.: Praxis des Management, S. 284.

[29] *Heinrich*, W.: Wirtschaftspolitik, 2. Band, Zweite Hälfte, S. 239.

[30] Der *Arbeitskreis Krähe* unterscheidet in: (*Arbeitskreis Krähe:* Leitungsorganisation, Die Organisation der Unternehmungsleitung, Köln und Opladen 1958, S. 15) folgende Faktoren, die die Zusammensetzung und Aufgabenteilung der Betriebsführung qualitativ und quantitativ bestimmen:
1. Unternehmungsgröße (Umfang und Bedeutung)
2. Unternehmungsgegenstand (Branche)
3. Unternehmungsform (Rechtsform und Eigentumsverhältnisse) und
4. Unternehmungsgeschichte.

In der Neuauflage dieses Werkes werden folgende Faktoren herausgestellt: (*Arbeitskreis Krähe:* Organisation der Geschäftsführung, Leitungsorganisation, Opladen[2] 1971, S. 38:)
a) die Unternehmensgröße
b) Art und Umfang der Funktionsbereiche

A_f = Anforderung an die Betriebsführung

a_1 = Betriebsgröße

a_2 = Branche

a_3 = Markt

.

.

.

a_n = ...

$$A_f = \begin{bmatrix} a_1 \\ a_2 \\ a_3 \\ \cdot \\ \cdot \\ \\ a_n \end{bmatrix}$$

Die Anforderungen an die Betriebsführung sollten sich im Idealfall mit den Eignungen der Betriebsführung decken. Bezeichnet man die Eignung zur Betriebsführung mit E_f, so ist diese im Idealfall gleich A_f.

Womit sich für diesen Fall obige vektorielle Darstellung wie folgt ergänzen läßt:

$$E_f = A_f = \begin{bmatrix} a_1 \\ a_2 \\ a_3 \\ \cdot \\ \cdot \\ \cdot \\ a_n \end{bmatrix}$$

Hinsichtlich der Anpassung der Eignung[31] an die Anforderungen, die ja in praxi stets auseinanderfallen werden, da entweder die Anforderungen größer oder kleiner als die Eignung sein werden, ergeben sich folgende Möglichkeiten und Instrumente:

---

c) Umfang des Leistungsprogramms
d) die physische Leistungsfähigkeit der einzelnen Geschäftsführungsmitglieder
e) die Vertretung und Kontinuität der Nachfolge in der Geschäftsführung
f) gegenseitige Kontrolle der Geschäftsführungsmitglieder
g) die Unternehmensgeschichte
h) sonstige Gründe

[31] *Urwick* stellt folgende Faktoren heraus, die die Eignung einer Führungskraft entscheidend bedingen: (*Urwick*, L. F.: Ausbildung der Führungskräfte in der amerikanischen Wirtschaft, Darmstadt 1955, S. 45 f.:)
1. Die Umgebung, in die er hineingeboren wird.
2. Seine sozialen Erfahrungen.
3. Seine formale Ausbildung.
4. Seine Arbeitserfahrung.

1. Die Eignung zur Betriebsführung übersteigt die Anforderungen:

$$E_f > A_f$$

In diesem Falle ergeben sich bei kostenmäßiger Betrachtung Leerkosten, die sich entweder durch Erhöhung der Anforderungen, gegeben durch die Größen a_1 bis a_n bis zur Höhe der Eignung oder durch Abbau von Eignung bis zur Deckung der Anforderungen mit den Eignungen abbauen lassen.

2. Die Anforderungen an die Betriebsführung übersteigen die Eignung:

$$E_f < A_f$$

Jeder dieser Faktoren kann wieder in eine Anzahl von Untergruppen eingeteilt werden:

1. Die Umgebung, in die er hineingeboren ist, schließt folgende Einzelheiten ein:
   a) Die Gesundheit der Eltern und, davon abhängig, seine körperlichen Anlagen.
   b) Die geistigen und seelischen Anlagen der Eltern, die wiederum seine ererbten geistigen und seelischen Anlagen bestimmen.
   c) Die Eheverhältnisse der Eltern.
   d) Die wirtschaftliche Lage der Eltern.
   e) Die Traditionen, in denen seine Eltern aufgewachsen sind.
   f) Die religiöse Anschauung, in der er erzogen wurde.
   g) Der Grad der Intelligenz und die Erziehung der Eltern.
   h) Das kulturelle Niveau der Eltern.
   i) Geschwister, falls vorhanden; wo sie leben, was sie sind; und das wievielte Kind der Familie er ist.
   j) der Beruf des Vaters.
   k) Der frühere Beruf der Mutter.
   l) Andere Faktoren, die das Familienleben beeinflußten.

2. Seine sozialen Erfahrungen werden zur Hauptsache durch folgende Umstände bestimmt:
   a) Sein Zuhause.
   b) Die Gemeinschaften, in denen er lebte.
   c) Die Gruppen, mit denen zusammen er erzogen wurde.
   d) Die Gruppen, mit denen er arbeitete und noch arbeitet.
   e) Verschiedene andere Gruppen; aus praktischen Gründen wurden sie wie folgt eingeteilt:
      1. Berufsgruppen
      2. Politische Gruppen
      3. Vereine (die lediglich der Freude an der Geselligkeit dienen)
      4. Intellektuelle (z. B. Musik- oder Kunst-)Vereinigungen
      5. Gruppen zur Freizeitgestaltung
      6. Religiöse Vereinigungen
      7. Militärische Verbände.

3. Seine formale Ausbildung ist entweder
   a) allgemeiner,
   b) technischer oder
   c) kaufmännischer Art.

4. Seine Arbeitserfahrungen kann er in der Wirtschaft, aber auch woanders erworben haben (z. B. im Militärdienst oder in anderen Berufen). Seine Berufserfahrung kann man ebenfalls noch unterteilen.

Dieser Fall dürfte in der Realität der häufigere sein, insofern das zumindestens in der westlichen Welt zu beobachtende Betriebsgrößenwachstum naturgemäß zu dieser Erscheinung führen muß. An Modellen zum Ausgleich dieser Diskrepanz bieten sich an:

aa) Ausgliederung von Funktionen der Betriebsführung. Hierher zählen alle Fälle der Kooperation[32] auf der Ebene der Betriebsführung und auch die Betriebsberatung.

bb) Aufnahme von Führungspersonal zur Deckung der Anforderungslücke. Diese Möglichkeit erscheint in Zeiten angespannter Arbeitsmärkte zumindestens problematisch.

cc) Hebung der Eignung der Betriebsführung an die Anforderungen durch Ausbildung und Weiterbildung.

dd) Die Anforderungen an die Betriebsführung werden auf das Niveau der Eignung reduziert. Dies bedeutet eine Reduktion der Faktoren a_1 bis a_n. Untersuchungen hinsichtlich dieser Tatbestände fehlen im Rahmen der Betriebswirtschaftslehre.

In Weiterführung der Gedanken Druckers hat Berger[33] eine Untersuchung vorgelegt, die eine weitere Verfeinerung bringt und durch ihre schaubildliche Darstellung auch sehr instruktiv wirkt.

Berger unterscheidet in seiner Untersuchung folgende Größenklassen[34]:

3.1. Größenklasse 1

Größenklasse 1 (nichtstufige Unternehmung)[35]

Unternehmer	Führung Ressorts Ausführung

Es handelt sich bei dieser Größenklasse um nichtstufige, Ein-Personen-Betriebe. Der Unternehmer vereinigt in seiner Person die Betriebsführung sowie sämtliche anderen Funktionen einschließlich der

[32] Vgl. *Hruschka*, E.: Die Kooperation von Klein- und Mittelbetrieben mit Großbetrieben als Marktproblem, in: Der Markt, Jg. 1965 und derselbe: Betriebliche Kooperation — Ja oder Nein, in: Die Presse vom 19. 4. 1966 und *Sertl*, W., *Gattringer*, W., *Kemmetmüller*, W. und *Lindner*, U.: Möglichkeiten der Kooperation für Erzeugungsbetriebe, in: Grundlagen der Unternehmenskooperation, Teil 1: Wissenschaftliche Abteilung der Bundeskammer der gewerblichen Wirtschaft (Hsg.), Betriebswirtschaftliche Fragen, Wien 1968, S. 41 f.

[33] *Berger*, K. H.: Unternehmensgröße und Leitungsaufbau.

[34] Die hier dargestellte Untersuchungsmethode wurde u. a. angewendet von *Baumberger*, der allerdings ein Entwicklungsbeispiel seiner Untersuchung zugrunde legt: *Baumberger*, H. U.: Die Entwicklung der Organisationsstruktur in wachsenden Unternehmungen, Bern 1961, S. 26 ff.

[35] *Berger*, K. H.: Unternehmensgröße und Leitungsaufbau, S. 110.

Ausführung[36]. Da sich in dieser Größenklasse die Betriebsführung und alle übrigen Funktionen in einer Person vereinigen, treten an diese Person nicht nur die Anforderungen aus der Betriebsführung, sondern auch die Anforderungen aus der Erfüllung aller übrigen Funktionen heran. Nur im Idealfall decken sich die Anforderungen mit den Eignungen der Person. Das Problem der Abstimmung von Eignungen und Anforderungen wird damit zu einem intrapersonalen, das sich wie folgt vektoriell darstellen läßt:

A_{fa} = Anforderungen aus der Betriebsführung und der Ausübung sämtlicher Funktionen einschließlich Ausführung

E_{fa} = Eignung zur Betriebsführung und der Ausübung sämtlicher Funktionen einschließlich Ausführung

---

[36] Diesen Tatbestand bringt *Linhardt* deutlich zum Ausdruck: *Linhardt*, H.: Grundlagen der Betriebsorganisation, Essen 1954, S. 90 f: „Vom Standpunkt

Die betrieblichen Hauptbereiche
(I = Individual-, G = Gemein-, B = Betriebsbereich)

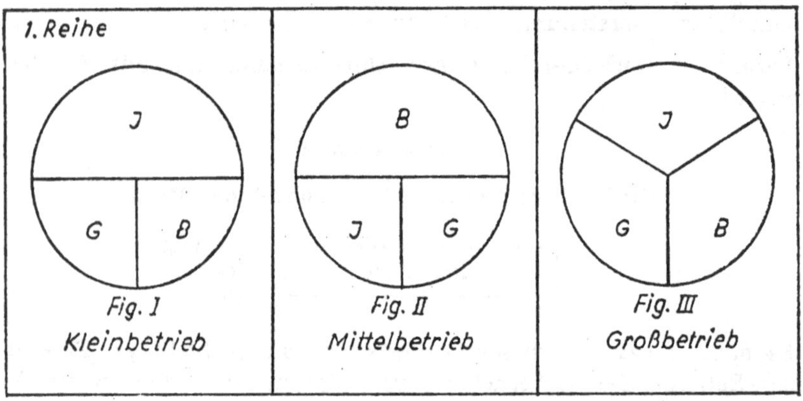

des Individuums gegenüber dem Betrieb läßt sich dieser in den persönlichen und den sonstigen Bereich unterscheiden; dieser zerfällt in den Gemeinbereich (G) der Belegschaft und Betriebsbereich (*B*), letzterer verstanden als sachlicher Betriebsbereich, in welchem individuelle und gemeinschaftliche Handlungen ineinander übergehen und aufgehen. Je nach der Stellung des Individuums füllt dieses einen engen oder weiten Raum aus, den weitesten im Fall des Inhabers eines Kleinbetriebes, dem kein nennenswerter Gemein- oder Betriebsbereich gegenübersteht (1. Reihe, Fig. 1). Im Mittelbetrieb gleicher Art — etwa des Handwerks oder Einzelhandels — nimmt der Individualbereich ab, das Schwergewicht der Sachwelt, die Gültigkeit der Sachbezüge setzt sich durch (Fig. II); im Großbetrieb gewinnt der Gemeinbereich ein zunehmendes Gewicht, entsprechend der Zahl, Gliederung und dem Beziehungsreichtum der Beschäftigten; der Einzelne, ob an leitender oder unterster Stelle, tritt neben dem Gemein- und dem Betriebsbereich zurück (Fig. III).“

$$A_{fa} = \begin{bmatrix} a_1 \\ \cdot \\ \cdot \\ \cdot \\ a_n \end{bmatrix}$$

Dabei treten in diesem Falle neben die Anforderungen, die sich aus Betriebsgröße, Branche, Markt ergeben auch Anforderungen technischer, finanzierungsmäßiger, lagermäßiger etc. Art.

Auch der Ausgleich in den Unterschieden zwischen den Anforderungen und den Eignungen des Unternehmers wird in diesem Fall schwieriger, da sich aus der unbedingt erforderlichen Präsenz des Unternehmers seine Unabkömmlichkeit ergibt.

Hinsichtlich der Anpassung der Anforderungen aus der Betriebsführung an die Eignung zur Betriebsführung muß dieses Problem hier mit Einschluß der Anforderungen und Eignungen, die sich aus allen anderen betriebswirtschaftlichen Funktionen ergeben, betrachtet werden:

1. Die Eignung zur Betriebsführung und zur Erfüllung aller anderen Bereiche übersteigt die Anforderungen:

$$E_{fa} > A_{fa}$$

Dieser Fall zeigt sich in der Realität im Bestand von Nebenerwerbsbetrieben.

2. Die Anforderungen an die Betriebsführung und die Erfüllung aller anderen Funktionen übersteigen die Eignung:

$$E_{fa} < A_{fa}$$

Die Praxis zeigt: „Die Ausführung wird zu einer physischen Überlastung des Unternehmers. Er behält kaum noch Zeit für seine dispositive Tätigkeit, desgleichen für seine Kontakte mit den Marktpartnern[37].“ Eine empirische Untersuchung des Verfassers im Bereiche des österreichischen Gewerbes ergab, daß sämtliche Bundesinnungsmeister und deren Stellvertreter über eine stark erhöhte Arbeitszeit klagten. Der hier dargestellte Tatbestand führt somit zur erhöhten zeitlichen und leistungsmäßigen Beanspruchung des Unternehmers. Anders ausgedrückt, der Unternehmer versucht die Eignung den Anforderungen zeitlich durch Mehrarbeitszeit und intensitätsmäßig durch Mehrleistung anzupassen. An Modellen zur Überbrückung der in diesem Falle bestehenden Unterschiede erscheinen geeignet:

aa) Ausgliederung von Funktionen: Dazu zählen alle Kooperationsformen, die eine Teilausgliederung von Leistungen ermöglichen.

---

[37] *Berger*, K. H.: Unternehmensgröße und Leitungsaufbau, S. 110.

bb) Aufnahme von Personal

cc) Erhöhung der Eignung des Unternehmers durch Schulung. Hierzu gehören sämtliche Schulungen also auch die technische Art. Gerade im Bereiche der Aus- und Weiterbildung der Unternehmer von Kleinbetrieben besteht unseres Erachtens in Österreich ein großer Nachholbedarf. Ausgehend vom dualen Bildungsweg (Schule und Praxis) wird nachstehend ein Aus- und Weiterbildungsmodell entwickelt.

4-Stufenmodell für die Aus- und Weiterbildung im Rahmen von Kleinbetrieben des Gewerbes:

Art	Zielgruppe	Träger	Mittel
Grundmodell	Lehrlinge	Unternehmungen, Berufsschule, Wirtschaftsförderungsinstitut	praktische Tätigkeit, Vortrag
Ausbildungsmodell	Gesellen	Meisterschule, Wirtschaftsförderungsinstitute etc.	programmierte Unterweisung, Vortrag, Skripten, Fallstudien, audiovisuelle Medien
Weiterbildungsmodell	Meister und mittätige Familienmitglieder	Wirtschaftsförderungsinstitute, Hochschulen etc.	Vortrag, Videorecorder, Fallstudien, Planspiele, praktische Tätigkeit, Gruppentraining
Umbildungsmodell	Meister, Gesellen und mittätige Familienmitglieder	Wirtschaftsförderungsinstitute, Hochschulen, etc.	Vortrag, Videorecorder, Fallstudien, Planspiele praktische Tätigkeit, Gruppentraining

Die einzelnen Aus- und Weiterbildungsmodelle zerfallen in jeweils zwei Teile:

1. branchenunabhängiger Teil,
2. branchenspezifischer Teil.

dd) Reduzierung der Anforderungen auf das Niveau der Eignung.

3.2. Größenklasse 2[38]

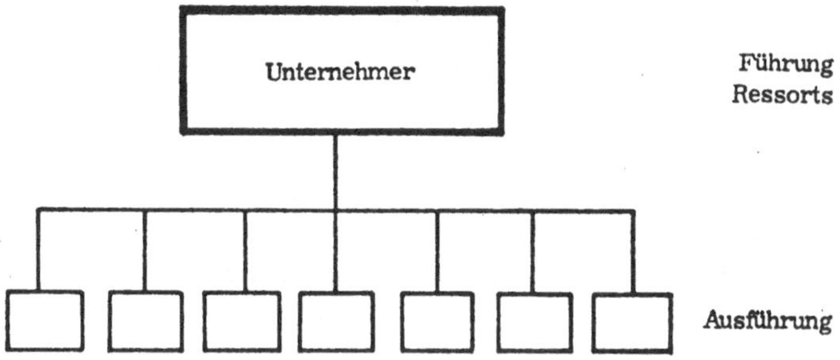

Diese Größenklasse zeigt eine einstufige Unternehmung, die durch die Trennung der Betriebsführung von der Ausführung auf zwei Ebenen gekennzeichnet ist.

Durch die Trennung der Ausführung von der Betriebsführung ergibt sich eine starke Entlastung des Unternehmers. Soll eine permanente Entlastung der Betriebsführung von der Ausführung bei dieser Größenklasse gewährleistet sein, muß das im Unternehmen verfügbare Ausführungspotential hinsichtlich seiner Eignung an die oft wechselnden Anforderungen angepaßt werden. Diese Schwierigkeiten, die sich aus diesem Anpassungsprozeß ergeben, führen häufig dazu, daß der Unternehmer als Puffer fungiert und Ausführungsaufgaben zeitweilig übernimmt. Dieser Tatbestand führt zu den bereits bei der Größenklasse 1 besprochenen Problemen.

Betrachten wir nun diese Größenklasse 2 unter der idealtypischen Annahme, daß die Betriebsführung von der Ausführung getrennt vollzogen wird.

Es ergeben sich auch hier die Probleme der Anpassung der Eignung an die Anforderungen allerdings eingeschränkt auf die Probleme der Betriebsführung. Dabei sind die beiden Fälle auseinander zu halten:

1. Die Eignung zur Betriebsführung übersteigt die Anforderungen:

$$E_f > A_f$$

Wie bereits oben ausgeführt, können die dabei auftretenden Leerkosten durch Erhöhung der Anforderungen a_1 bis a_n abgebaut werden, wobei allerdings zu beachten ist, daß die Erhöhung der Anforderungen nur im Hinblick auf die vorhandenen Eignungen hier gemeint ist. So kann die, die Anforderungen übersteigende Eignung beispielsweise hinsichtlich der Betriebsgröße bestehen, aber im Hinblick auf die anderen Faktoren nicht gegeben sein. Es ist in diesem Falle zu überprüfen, in welchem Teilbereich der Unterschied besteht.

[38] *Berger*, K. H.: Unternehmensgröße und Leitungsaufbau, S. 111.

2. Die Anforderungen an die Betriebsführung übersteigen die Eignung:

$$E_f < A_f$$

Hier kommen wieder die vier oben dargestellten Modelle zum Tragen:

aa) Ausgliederung von Betriebsführungsaufgaben an andere Betriebe oder Institutionen als Kooperationsform. Als Unterform zu diesem Modell erscheint auch der Weg der Ausgliederung von Aufgaben der Betriebsführung an die unterste Instanz der Hierarchie.

bb) Aufnahme von Führungspersonal:

Diese Variante erscheint in der Realität in der Familienunternehmung verwirklicht, wobei häufig eine Trennung zwischen kaufmännischer und technischer Betriebsführung zu beobachten ist. Empirische Forschungen des Verfassers haben bestätigt, daß die mittätige Ehefrau zumindestens für den Bereich des Handwerks eine erhebliche Rolle spielt.

cc) Hebung der Eignung.

dd) Reduktion der Anforderungen an die Betriebsführung auf das vorhandene Niveau der Eignung.

3.3. Größenklasse 3[39]

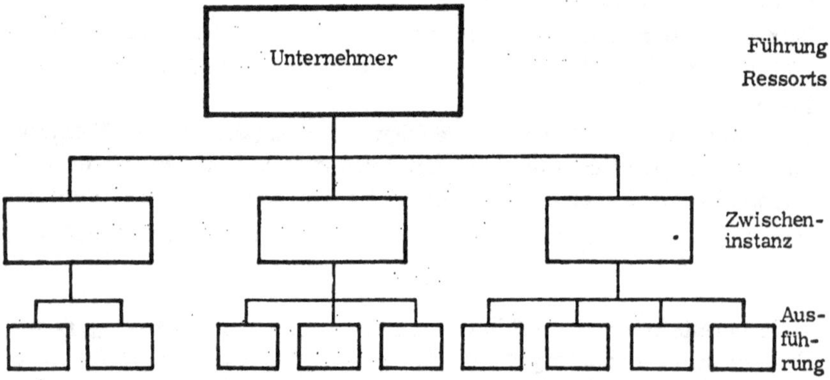

Diese Größenklasse läßt sich wie folgt abgrenzen: „Der Unternehmer hat immer noch die gesamten Führungsfunktionen. Er hat grundsätzlich auch noch die Leitung in sämtlichen fachlichen Angelegenheiten. Jedoch kann er sich um die laufenden Ausführungen nicht mehr kümmern,

[39] *Berger*, K. H.: Unternehmensgröße und Leitungsaufbau, S. 112.

kann sie nicht mehr allein überwachen, korrigieren und kontrollieren. Aus diesem Grunde hat er eine Zwischeninstanz gebildet, für die in der Fertigung der Meister, in der Verwaltung der Büroleiter charakteristisch ist. Diese Leitungskräfte übernehmen keine vollständigen Ressorts. Es werden nur Teile der Leitungsaufgaben auf sie delegiert, besonders Aufsicht, Weisungsbefugnis und Kontrolle. Dagegen behält sich der Unternehmer sämtliche Entscheidungen vor. Die Zuständigkeiten und sogar auch die Verantwortung der Leitungskräfte in dieser Zwischeninstanz sind also beschränkt[40]."

In dieser Größenklasse wird bereits die Tendenz zur Institutionalisierung von Funktionen, die wie Hruschka feststellt, mit wachsender Betriebsgröße steigt, sichtbar[41]. Für die Betriebsführung gilt, daß Teile der Führungsfunktionen, nämlich der Realisationsfunktion, der Kontrollfunktion im weiteren Sinne und der Informationsfunktion, auf die Zwischeninstanz delegiert werden.

Betrachten wir für diese Größenklasse wieder die Anforderungen und die Eignung:

1. Die Eignung zur Betriebsführung übersteigt die Anforderungen:

$$E_f > A_f$$

   Ein Ausgleich dieser Spannungen bei dieser Betriebsgröße ist bereits leichter möglich, da der Eignung der Betriebsführung entsprechend Aufgaben von der Zwischeninstanz abgezogen werden können und einzelne Zwischeninstanzen sogar abgeschafft werden können. Auch erscheinen in dieser Betriebsgröße Steigerungen der Betriebsgröße bis zur Eignung der Betriebsführung leichter möglich als in den vorher betrachteten Größenklassen.

2. Die Anforderungen aus der Betriebsführung sind größer als die Eignung:

$$E_f < A_f$$

   Hier erscheint unter den bereits angeführten Möglichkeiten besonders die der Abgabe von Teilen der Führungsfunktion an die im Organisationsplan aufscheinende Zwischeninstanz. Realtypisch für diese Betriebsgrößenklasse ist die Familienunternehmung, wobei hier als Zwischeninstanz die mittätige Ehegattin und andere mittätige Familienmitglieder figurieren.

---

[40] *Berger*, K. H.: Unternehmensgröße und Leitungsaufbau, S. 112 f.

[41] *Hruschka*, E.: Aufdeckung und Beseitigung betrieblicher Verlustquellen, S. 35.

3.4. Größenklasse 4[42]

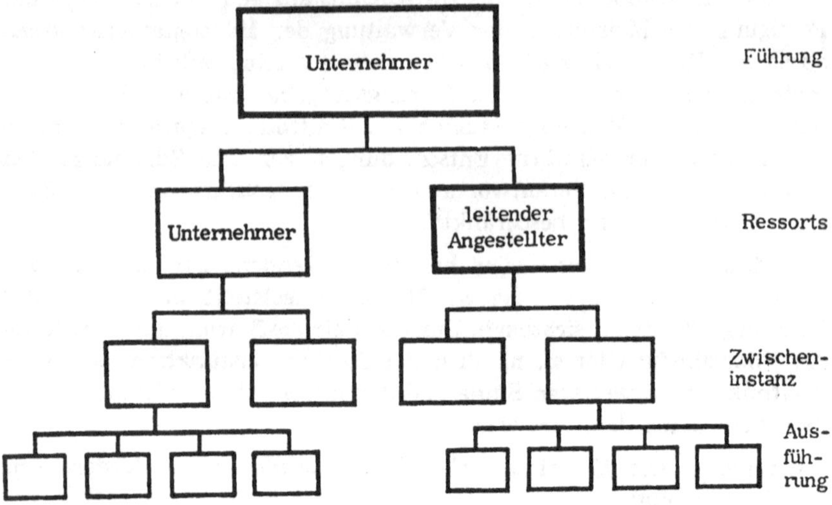

Diese Größenklasse ist wie folgt charakterisiert: „Die gesamten Führungsfunktionen liegen nach wie vor beim Unternehmer. Die Leitung der Fachressorts nimmt er nicht mehr allein wahr. Ein Ressort ist einem leitenden Angestellten voll übertragen. Die zweite Instanz ist nach betrieblichen Funktionen gegliedert. Zwei echte Leitungskräfte teilen sich die zweite Instanz, der Unternehmer und sein leitender Angestellter. In „der Abbildung" sind für diese zweite Instanz nur zwei Fachressorts gezeigt. Wenn die Unternehmung in dieser Größenklasse, was meist anzunehmen ist, mehr als zwei fachliche Ressorts der zweiten Instanz hat, so nimmt der Unternehmer mit einer Ausnahme die Leitung der Ressorts auf sich. Diese eine Ausnahme kennzeichnet den veränderten Führungsstil. Anders als in den beiden höheren Klassen der Kleinbetriebe handelt es sich um eine vollwertige Leitungsposition, die selbständige Entscheidungsbefugnis hat. Auf diese Weise wird die zweite Instanz zu einer echten, vollwertigen Rangstufe, im Gegensatz zu den darunter eingeordneten Zwischeninstanzen der Meisterebene[43]."

Im Rahmen dieser Größenklasse ist die Institutionalisierung von Funktionen weiter fortgeschritten. Die Betriebsführung ist im wesentlichen nicht mehr auf die Person des Unternehmers beschränkt, sondern der Unternehmer delegiert bereits wesentliche Aufgaben an einen

---

[42] *Berger*, K. H.: Unternehmensgröße und Leitungsaufbau, S. 114.
[43] *Berger*, K. H.: Unternehmensgröße und Leitungsaufbau, S. 113 f.

leitenden Angestellten. Damit stellt sich in dieser Größenklasse erstmals das Problem des Führungspersonals, in seiner ganzen Problematik hinsichtlich Auswahl, Ausbildung, Einsatz, Kosten etc. Die Betriebsführung wird hier erstmals zu einem Zwei-Personen-Problem, somit zu einer Frage der Zusammenarbeit dieser Gruppe. Diese Größenklasse ist auch als Spezialfall eines Zwei-Personen-Unternehmer-Betriebes denkbar:

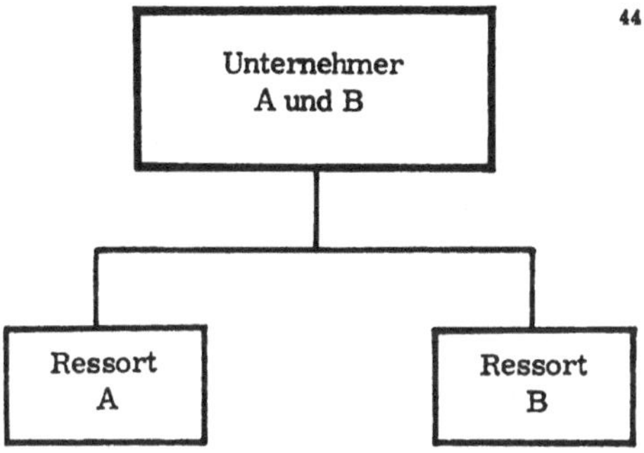

[44]

Das Problem der Übereinstimmung von Eignung und Anforderungen, die sich aus der Betriebsführung ergeben, wird damit zu einem Zwei-Personen-Problem. Im Idealfall sollten sich die Eignungen der beiden Unternehmer oder des Unternehmers und des leitenden Angestellten mit den Anforderungen, die sich aus der Betriebsführung ergeben, decken.

Vektoriell läßt sich dieser Tatbestand wie folgt darstellen:

E_1 = Eignung des Unternehmers oder des Unternehmers 1

E_2 = Eignung des leitenden Angestellten oder des Unternehmers 2

E_m = Eignung des leitenden Angestellten $m - 1$ oder des Unternehmers m

E_f = Eignung zur Betriebsführung

$$E_1 = \begin{bmatrix} e_{11} \\ \cdot \\ \cdot \\ \cdot \\ \cdot \\ e_{n1} \end{bmatrix}$$ = individuelle Eignungsfaktoren des Unternehmers oder des Unternehmers 1

---

[44] *Berger*, K. H.: Unternehmensgröße und Leitungsaufbau, S. 115.

$E_2 = \begin{bmatrix} e_{12} \\ \cdot \\ \cdot \\ \cdot \\ \cdot \\ e_{n2} \end{bmatrix}$ = individuelle Eignungsfaktoren des leitenden Angestellten oder des Unternehmers 2

$E_m = \begin{bmatrix} e_{1m} \\ \cdot \\ \cdot \\ \cdot \\ \cdot \\ e_{nm} \end{bmatrix}$ = individuelle Eignungsfaktoren des leitenden Angestellten $m - 1$ oder des Unternehmers m

A_f = Anforderungen aus der Betriebsführung $= \begin{bmatrix} a_1 \\ \cdot \\ \cdot \\ \cdot \\ a_n \end{bmatrix}$

$$E_f = E_1 + E_2 \,..\, + E_m = \begin{bmatrix} e_{11}, e_{12} \ldots\ldots e_{1m} \\ e_{21}, e_{22} \ldots\ldots e_{2m} \\ \cdot \qquad\qquad \cdot \\ \cdot \qquad\qquad \cdot \\ \cdot \qquad\qquad \cdot \\ \cdot \qquad\qquad \cdot \\ e_{n1}, e_{n2} \ldots\ldots e_{nm} \end{bmatrix}$$

Dabei sollte im Idealfalle das Eignungspotential dem Anforderungsniveau entsprechen[45].

Da dies in der Realität nicht immer der Fall ist, können wir wiederum unsere beiden Modelle betrachten:

1. Die Eignung ist größer als die Anforderungen:

$$E_f > A_f$$

Die dabei entstehenden Leerkosten können hier durch bessere Nutzung der freien Eignung durch Erhöhung der Anforderungen abgebaut werden. Dies erscheint entweder durch Erhöhung der Größen a_1 bis a_n, also beispielsweise durch Betriebsvergrößerung oder durch Übernahme von Aufgaben der Zwischeninstanzen bei gleichzeitiger Auffassung einer Zwischeninstanz oder bei extremer freier Eignung durch Auflassung eines Ressorts möglich.

2. Die Anforderungen sind größer als die Eignung:

$$E_f < A_f$$

[45] Hinsichtlich des Personalanweisungsproblems vgl.: *Kupsch*, P. U. und *Marr*, R.: Personalwirtschaft, in: Heinen, E. (Hsg.), Industriebetriebslehre, Entscheidungen im Industriebetrieb, Wiesbaden 1972, S. 475 ff.

Wie bei der vorhin besprochenen Größenklasse erscheint auch hier, neben den allgemeinen Varianten, insbesondere die der Delegation von Teilen der Führungsfunktion an die Zwischeninstanz möglich.

3.5 Größenklasse 5 [46]

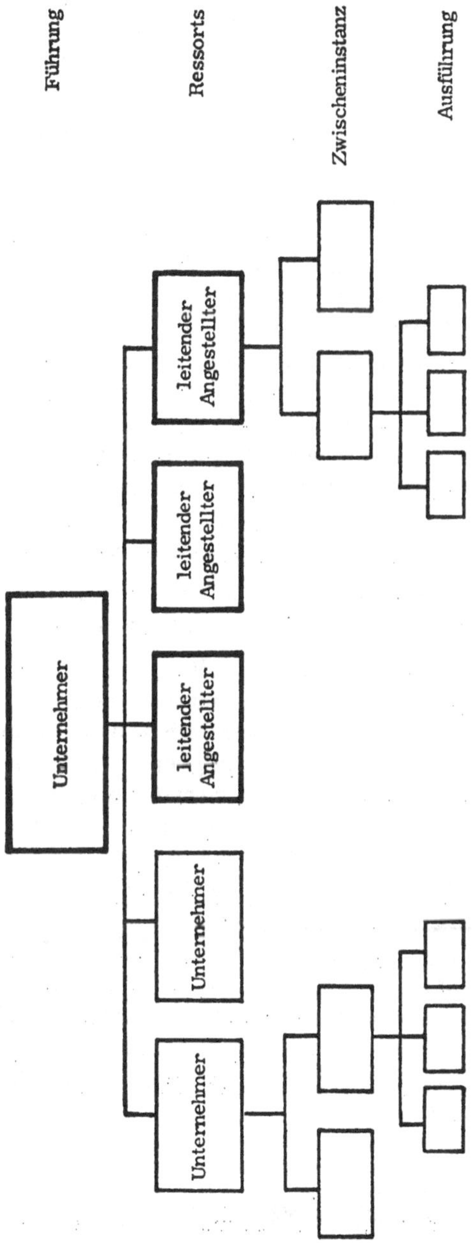

[46] *Berger*, K. H.: Unternehmensgröße und Leitungsaufbau, S. 117.

Zur Charakterisierung dieser Größenklasse:

„Der Unternehmer hat immer noch die gesamten Führungsfunktionen, also Planung, Organisation, Koordinierung und Kontrolle. Die unmittelbare Leitung fachlicher Ressorts durch ihn wird immer stärker reduziert. Die Unternehmung verfügt nun schon über mehrere hochqualifizierte Leitungskräfte der zweiten Instanz. Innerhalb der von diesen Leitungskräften wahrgenommenen, überwiegend nach Verrichtungen abgegrenzten Ressorts geht die Spezialisierung weiter[47].“

Berger sieht ein Hauptproblem dieser Größenklasse in der Notwendigkeit „zur Formalorganisation überzugehen; solange alle Leitungskräfte der zweiten Instanz genügend interne Kontaktmöglichkeiten und auch Kontaktwillen haben, sind die formalen Organisationsmittel (Organisationspläne, Stellenbeschreibungen, Ablaufanweisungen etc.) nicht so nötig, sie können sogar schädlich sein. Wenn aber in der zweiten Instanz größere Leitungsbereiche entstehen, die nach Verrichtungen abgegrenzt sind und denen starke Leitungskräfte vorstehen, wird die Formalorganisation schnell zweckmäßig. Abgesehen von dem allgemeinen Status der einzelnen Leitungskraft wird auf jeden Fall die Kompetenzfrage verbindlich geregelt. Desgleichen werden wichtige Verkehrswege verbindlich festgelegt. Von einer Mindestgröße ab braucht die Unternehmung eine Formalorganisation. Diese Mindestgröße ist mit dem Entwicklungsstadium der Größenklasse 5 erreicht“[48].

Wir wollen festhalten, daß sich ab dieser Mindestgröße die Notwendigkeit der Schaffung einer Formalorganisation ergibt.

Diese Anforderung resultiert aus der Betriebsgröße. Andererseits bedingt die Schaffung einer Formalorganisation auch die Eignung der Betriebsführung für diese Formalorganisation, da diese klar voneinander abgegrenzte Kompetenzen, Zuständigkeiten und Verantwortungen bedingt. Die Eignung der in der Betriebsführung beschäftigten Personen wird ab dieser Betriebsgröße auch durch ihre Eignung für die Formalorganisation bestimmt. Vektoriell dargestellt, tritt ab dieser Betriebsgröße ein Vektor hinsichtlich der Eignung für die Betriebsführung hinzu, der sich aus der Eignung für die Formalorganisation ergibt. Die individuellen Eignungsvektoren sind somit um den individuellen Eignungsfaktor Formalorganisation zu vermehren. Ebenso ist auch der Anforderungsvektor um den Anforderungsfaktor Formalorganisation zu vermehren. Die Eignung der Betriebsführung ergibt sich aus den individuellen Eignungen des im Betrieb tätigen Unternehmers und der des leitenden Angestellten.

---

[47] *Berger*, K. H.: Unternehmensgröße und Leitungsaufbau, S. 116.
[48] *Berger*, K. H.: Unternehmensgröße und Leitungsaufbau, S. 118.

Hinsichtlich des Ausgleiches der Unterschiede zwischen Eignung und Anforderung tritt hier erstmals das Instrument der formalen Organisation zu den bisher dargestellten. Dabei kann dieses Instrument sowohl im Falle, daß die Eignung größer ist als die Anforderung als auch im umgekehrten Falle eingesetzt werden.

Zu den wichtigsten, diese formale Organisation bestimmenden Faktoren zählen[49]:

1. die Technologie, Größe, Raumordnung und Art der Produktionsaufgaben eines Betriebes;
2. das herrschende Wirtschaftssystem;
3. die Gesellschaftsstruktur;
4. die geltenden Gesetze und damit der regelnde Einfluß des Staates, der Arbeitnehmerorganisationen sowie bestimmter Interessengruppen (pressure groups), die teils auf den Betrieb direkt, teils über Staat oder Gewerkschaft ihre Wirkung ausüben;
5. die Bräuche, Einstellungen und üblichen Verhaltensweisen von Arbeitern, Angestellten und Unternehmern als Mitglieder der Gesellschaft bzw. einer bestimmten Gesellschaftsschicht;
6. das Sozialethos der Gesellschaft;
7. die geltenden Organisationsregeln;
8. besondere Einzelpersönlichkeiten mit starker Prägekraft oder Initiative zu Neuerungen innerhalb des Betriebes.

3.6. Größenklasse 6 [50]

(siehe Seite 94)

Zur Charakteristik dieser Größenklasse:

„Die Leitung sowohl der operativen als auch der administrativen Ressorts hat der Unternehmer jetzt voll delegiert. Ihm bleiben noch sämtliche Führungsfunktionen. Der Schwerpunkt dürfte bei der Zielsetzung und vor allem der Koordinierung liegen. Die zweite Instanz ist überwiegend nach betrieblichen Verrichtungen gegliedert und nach dem Prinzip der Gewaltentrennung aufgebaut. Spätestens in diesem Wachstumsstadium benötigt die Unternehmung eine exakte Formalorganisation[51]."

Es erfolgt in dieser Größenklasse eine Aufteilung der Betriebsführungsfunktion somit der Zielfunktion, der Entscheidungsfunktion, der Realisationsfunktion, der Kontrollfunktion und der Informationsfunktion zwischen dem Unternehmer und den Ressorts, besetzt mit leitenden Angestellten.

Hinsichtlich der Anforderungen und der Eignung zur Betriebsführung gelten die Ausführungen im Rahmen der Größenklasse 5.

---

[49] *Mayntz*, R.: Die soziale Organisation des Industriebetriebes, Stuttgart 1958, S. 30 f.

[50] *Berger*, K. H.: Unternehmensgröße und Leitungsaufbau, S. 119.

[51] *Berger*, K. H.: Unternehmensgröße und Leitungsaufbau, S. 118 und 120.

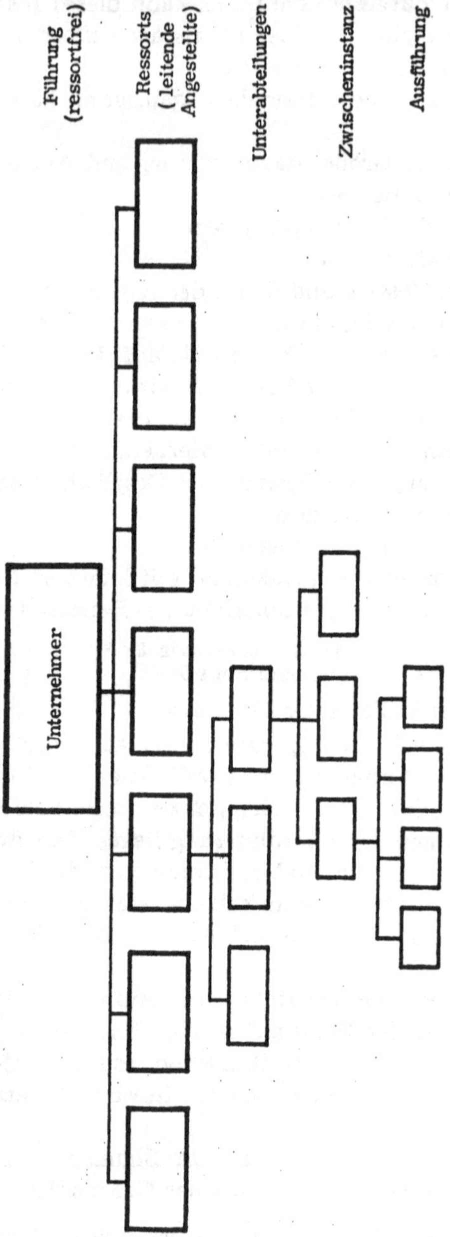
Führung (ressortfrei)
Ressorts (leitende Angestellte)
Unterabteilungen
Zwischeninstanz
Ausführung
Unternehmer

3.7 Größenklasse 7 [52]

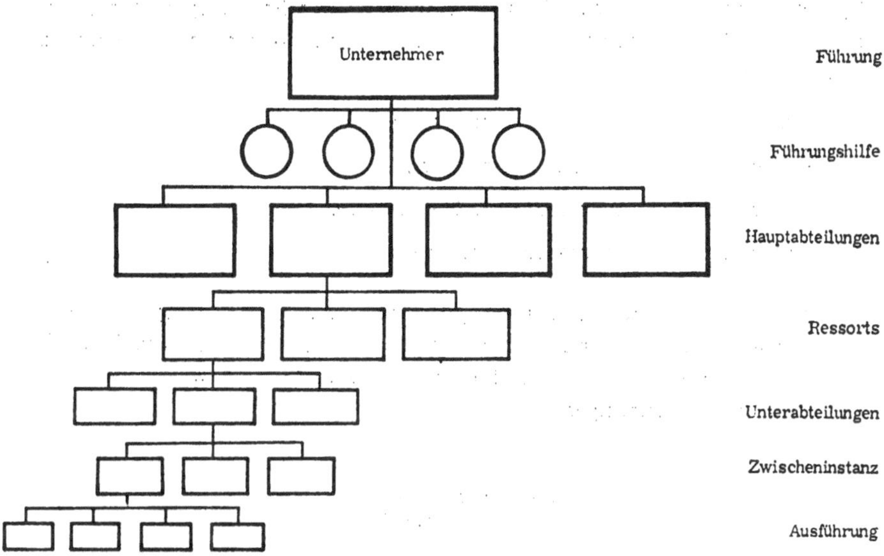

Die Charakteristik:

„Erstmalig bedient sich der Unternehmer echter Führungshilfen. Sie sollen ihn unmittelbar von einem Teil der Führungsarbeit entlasten, besonders von Teilen der Planung, Organisation und Kontrolle, aber auch von Repräsentationspflichten untergeordneter Bedeutung. Hinzu kommt auch noch die Entlastung von Routinearbeit.

Gleichzeitig werden in dieser Größenklasse die Leitungspositionen der zweiten Instanz gewichtiger. Sie sind immer noch nach betrieblichen Funktionen gebildet, aber hier hat eine Konzentration stattgefunden, bei gleichzeitiger Bildung einer neuen Instanzebene. Der vertikale Verkehrsweg ist damit länger geworden, die einzelnen Fachressorts unserer bisherigen Größenklassen liegen jetzt in der dritten Instanz.

Es handelt sich bei den hier vorgesehenen Führungshilfen um echte Führungsstäbe. Ihre Aufgabe ist das Durchdenken von Führungsproblemen mit dem Ziel, der obersten Unternehmensleitung spruchreife Zielsetzungen, Strategien und Maßnahmenvorschläge zu unterbreiten[53]."

Der Organisationsplan zeigt das Hauptkennzeichen dieser Größenklasse: das Vorhandensein von Führungsstäben, die außerhalb der Linienorganisation stehen, damit kein Weisungsrecht, sondern nur eine Beratungsfunktion haben. Ferner zeigt der Organisationsplan in der Linienorganisation Hauptabteilungen. Die Betriebsführung zeigt sich

[52] *Berger*, K. H.: Unternehmensgröße und Leitungsaufbau, S. 123.
[53] *Berger*, K. H.: Unternehmensgröße und Leitungsaufbau, S. 122.

hier bereits als auf den einzelnen hierarchischen Stufen gegliedertes System. Dabei ist festzuhalten, daß je nach der Stellung in der Hierarchie die Anforderungen unterschiedlich sind. Wir müssen demnach unterscheiden zwischen:

Anforderungen an die Unternehmer

Anforderungen an die Führungshilfen

Anforderungen an die Hauptabteilungsleiter

Anforderungen an die Ressortleiter.

Eine entsprechende Auffächerung erfährt auch die Eignung. Im Idealfall sollten sich die vorhandenen Eignungen mit den aus dem Betrieb resultierenden Anforderungen decken. Diesbezüglich verweisen wir auf die vorigen Ausführungen.

3.8. Größenklasse 8 [54]

(siehe Seite 97)

Die Bestimmungsfaktoren der Größenklasse 8:

„Gleichartige Tätigkeiten, die bisher den einzelnen Ressorts bzw. den einzelnen Teilen der Unternehmung zur individuellen Gestaltung überlassen waren, werden zentral zusammengezogen. Auf diese Weise entstehen Abteilungen, die eine auf die Gesamtunternehmung gerichtete Funktion haben. Die Bildung solcher zentraler Stellen hat verschiedene Gründe. Es wird Doppelarbeit vermieden und die Spezialkräfte der Unternehmung werden besser ausgenutzt.... Schwerpunkt dieser Konzentration gleichartiger Arbeiten ist das Herauslösen von Teilen der Verwaltungsfunktion aus den operativen Abteilungen der Unternehmung. Dies wird deutlich am Beispiel einzelner Werke innerhalb der Unternehmung. Diese sollen möglichst nur noch Fertigungsstätten sein. Die kaufmännischen Funktionen werden dann auf die Kostenkontrolle, die Personalverwaltung und, je nach den Marktverhältnissen, Teile der Materialbeschaffung beschränkt[55].“

Der Organisationsplan zeigt eine weitere Tiefengliederung durch das Auftreten von Fachstäben. Die Betriebsführung wird damit weiter ausgebaut. Die Probleme der Abstimmung von Eignungen und Anforderungen werden damit noch komplexer, sie sind in unserem obigen formalen Ansatz aber enthalten.

---

[54] *Berger*, K. H.: Unternehmensgröße und Leitungsaufbau, S. 127.
[55] *Berger*, K. H.: Unternehmensgröße und Leitungsaufbau, S. 126 und 128.

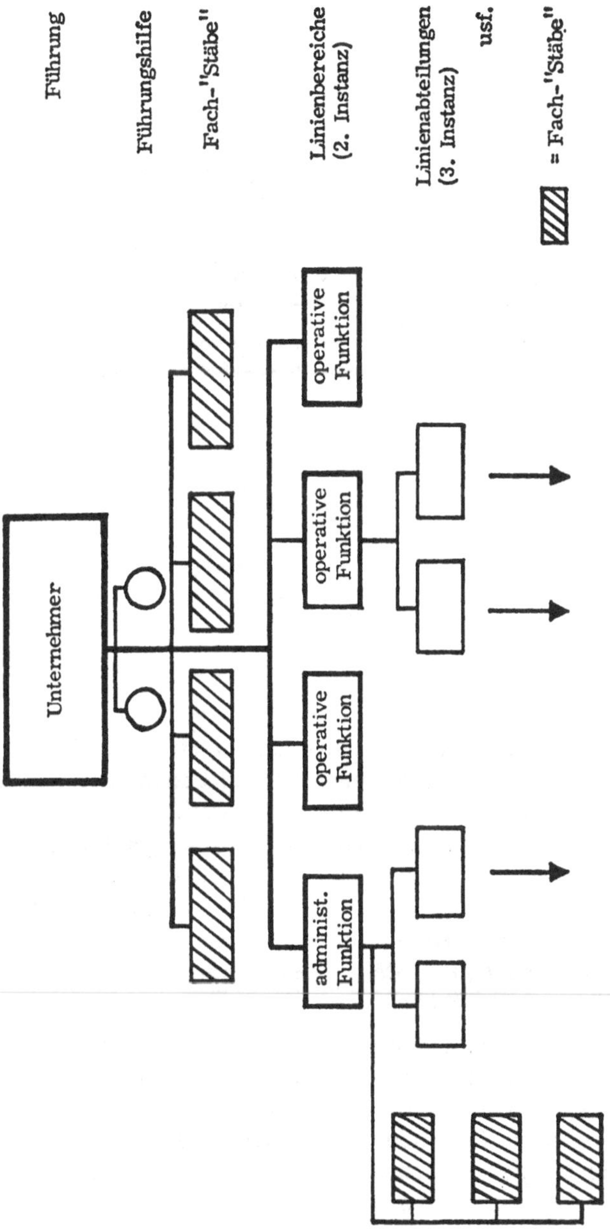
Führung
Führungshilfe
Fach-"Stäbe"
Linienbereiche (2. Instanz)
Linienabteilungen (3. Instanz)
usf.
= Fach-"Stäbe"
Unternehmer
operative Funktion
operative Funktion
operative Funktion
administ. Funktion

3.9. Größenklasse 9 [56]

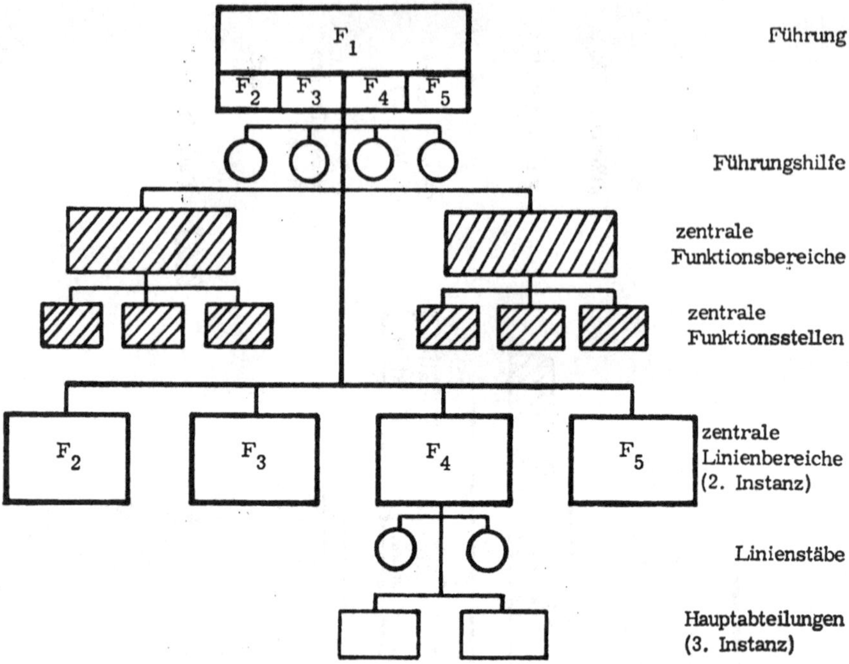

Die Charakteristik:

„An die Stelle der Ein-Personen-Führung ist ein Führungsgremium getreten. Die oberste Unternehmensleitung besteht aus einem ressortfreien Vorsitzenden und den Leitern der Fachbereiche in der zweiten Instanz. Diese Fachbereiche sind noch überwiegend nach operativen Verrichtungen gebildet. Sie sind zentral organisiert, gehören also in diesem Sinne zum Hauptquartier der Unternehmung. Führungsstäbe sind weiterhin vorhanden. Jedoch verfügen auch die Leiter der operativen Bereiche über eigene Stäbe. Diese Stäbe der zweiten Instanz sind naturgemäß operative Stäbe[57]."

Die bereits bei den anderen Größenklassen ausgeführten Probleme der Anforderungen und Eignungen werden im Rahmen dieser Größenklasse noch komplexer, da der personelle Umfang der Betriebsführung erheblich größer ist. Es treten insbesondere auch die Probleme der Führung der Spitze des Unternehmens, hier des Führungsgremiums, auf; Probleme, auf die wir in der Folge noch näher eingehen werden.

---

[56] *Berger*, K. H.: Unternehmensgröße und Leitungsaufbau, S. 130.
[57] *Berger*, K. H.: Unternehmensgröße und Leitungsaufbau, S. 131.

3.10. Größenklasse 10 [58]

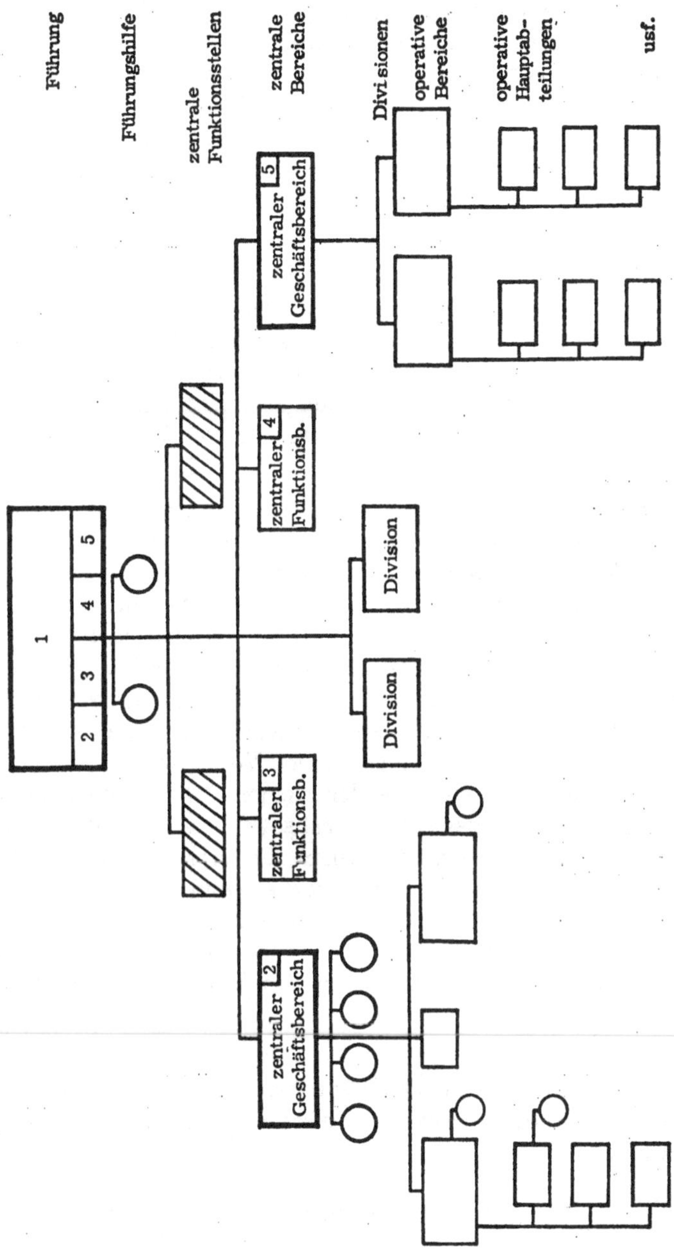

[58] *Berger*, K. H.: Unternehmensgröße und Leitungsaufbau, S. 137.

Hauptcharakteristik:

„Es handelt sich um eine typische Mischform. Teilweise hat man die Zentralisierung bis zur Bildung zentraler Geschäftsbereiche durchentwickelt; eine Steigerung ist hier kaum noch denkbar. Diese zentralen Geschäftsbereiche verfügen über stark ausgebaute Verwaltungsapparate. Die in der dritten Instanz eingestuften operativen Bereiche könnten beispielsweise auf der Produktionsseite noch ganze Werksgruppen umfassen, aber eben nur deren Produktion, nicht den Vertrieb. In diesem Falle wäre die Leitung einzelner Werke erst in der vierten Linieninstanz eingestuft.

Der Unterschied zur selbständig operierenden Einheit wird in diesem Mischsystem sehr deutlich. Jede Division hat im Musterfall eine eigene Beschaffungs-, Produktions- und Vertriebsseite unter einheitlicher Verantwortung. Auf diese Weise entstehen schlagkräftige, bewegliche Einheiten, deren (direktorale) Leitung unmittelbar der obersten Leitung untersteht[59]."

Hervorstechendstes Merkmal dieser Größenklasse sind die einzelnen Divisionen, die einzelne Produktions- und/oder Dienstleistungs- und/oder Handelsbereiche des Unternehmens umfassen. Es entstehen dadurch organisatorisch abgegrenzte Teilbetriebe, die auch getrennt kontrolliert werden können. Diese Divisionalisierung „ermöglicht eine viel genauere Leistungsmessung.... Sie stellt demnach die betriebswirtschaftliche Voraussetzung aller der so zahlreichen Systeme der Beteiligung am Betriebserfolg dar. Sie alle scheinen mir ohne die notwendige betriebsorganisatorische und menschliche Voraussetzung, nämlich ohne die Verwirklichung des Gesetzes der kleinen Gemeinschaften innerhalb des Betriebes durch dessen Dezentralisation, in der Luft zu hängen. Fehlt diese Voraussetzung, so können die verschiedenen Systeme — vom salaire proportionelle bis zum Rucker- und Scanlon-Plan und wie das halbe Hundert der modernen Lohnfindungsmethoden noch heißen mag — ebenso Quellen des sozialen Unfriedens im Betrieb werden, wie sie sonst zur sozialen Befriedigung des Betriebes beizutragen vermögen"[60].

Hinsichtlich der Anforderungen tritt eine weitere Steigerung allein aus dem Mehr der vorhandenen Führungspositionen ein. Bezüglich Anpassung der Eignung an die Anforderungen gelten unsere bisherigen Ausführungen.

---

[59] *Berger,* K. H.: Unternehmensgröße und Leitungsaufbau, S. 136 und 138.

[60] *Heinrich,* W.: Wirtschaft und Persönlichkeit, Die Führungsaufgaben des Unternehmers und seiner Mitarbeiter in der freien Welt, Salzburg 1957, S. 144; vgl. dazu *Heinrich,* W.: Betrachtungen über die Größe sozialer Gebilde (Qualität und Quantität in sozialem Bereiche), in: Führungsprobleme personenbezogener Unternehmen, Festschrift Rössle, K. F., Stuttgart 1968, S. 40.

3.11. Größenklasse 11 [61]

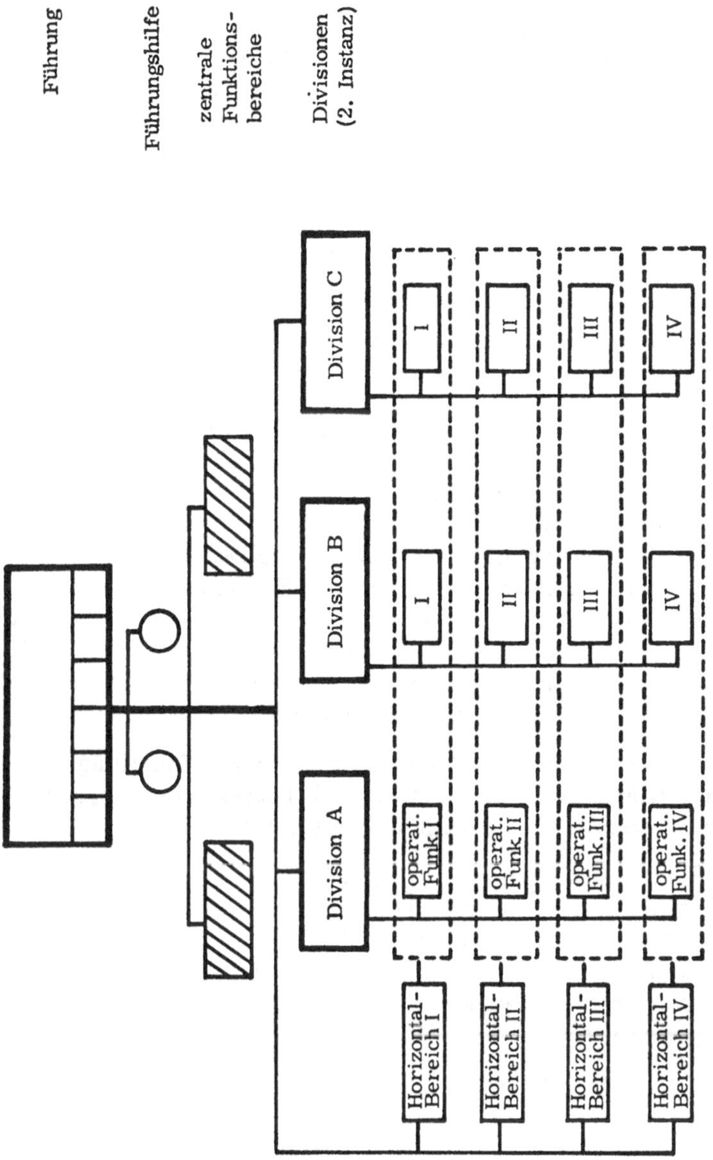

Bestimmungsfaktoren:

„Die Umstellung von zentralen, nach operativen Verrichtungen gebildeten Linienbereichen auf dezentrale, selbständig operierende Ein-

[61] *Berger*, K. H.: Unternehmensgröße und Leitungsaufbau, S. 141.

heiten ist hier vollzogen. Bei einer so konsequenten Auslegung dieses Prinzips der operativen Dezentralisierung ist zu unterstellen, daß einzelne Divisionen vom Produkt her recht heterogen strukturiert sind. Jede der Divisionen hat die operativen Funktionen Beschaffung, Produktion und Vertrieb. Die administrative Selbständigkeit ist für die Divisionen nicht vorgesehen; die kaufmännische Führung wird von zentralen Funktionsbereichen wahrgenommen. Beispiele sind die Personalpolitik und die finanzielle Führung. Die echten Führungsstäbe der Unternehmensspitze sind nach Führungsfunktionen gebildet, in reiner Form für die Sachgebiete Planung, Organisation und Kontrolle.

Wesensbestimmend für die Größenklasse 11 sind Zentralbereiche, die für ihr Sachgebiet horizontal durch die Gesamtunternehmung auf die einzelnen Divisionen einwirken. Diese Zentralbereiche haben wir als zentrale Operationshilfen charakterisiert. Im Schema sind ihre Sachgebiete nach denselben Verrichtungen gebildet und abgegrenzt, die auch für die Bildung der Hauptabteilungen innerhalb der einzelnen Divisionen herangezogen wurden. Als Beispiel nennen wir folgende Konstellation: Ist die einzelne Division in die 4 Hauptabteilungen Beschaffung, Produktion, Vertrieb und Verwaltung gegliedert, so wären für die Größenklasse 11 auch die Zentralbereiche Beschaffung, Produktion, Vertrieb und Verwaltung einzurichten. Wir betonen hierzu ausdrücklich, daß es sich um eine nach idealtypischen Gesichtspunkten gebildete Struktur handelt. In der Praxis mischen sich die Gestaltungsmerkmale stärker, als wir es hier berücksichtigen wollen[62]."

Der Gesichtspunkt der Dezentralisation durch Schaffung von Divisionen tritt hier noch stärker hervor. Es kommt hier das ganzheitliche Gesetz der kleinen Gemeinschaft noch stärker zum Tragen[63].

Die Spalten der Divisionen werden in Zeilen von horizontalen Bereichen berührt. Es kommt dadurch zu einer Matrix[64]. Diese Beziehung der Divisionen in der Horizontalen durch einzelne Funktionen verhindert die volle Dezentralisation und damit das volle Wirksamwerden des Gesetzes der kleinen Gemeinschaften.

Hinsichtlich Anforderungen und Eignungen verweisen wir auf unsere vorherigen Ausführungen.

---

[62] *Berger*, K. H.: Unternehmensgröße und Leitungsaufbau, S. 140.
[63] *Heinrich*, W.: Wirtschaft und Persönlichkeit, S. 209 ff.
[64] Vgl. *Timmermann*, M.: Matrix-Management, Diskussionsbeitrag zum Versuch einer effizienten Strukturorganisation, in: Industrielle Organisation, Jg. 1971, S. 315 ff.

3.12. Größenklasse 12 [65]

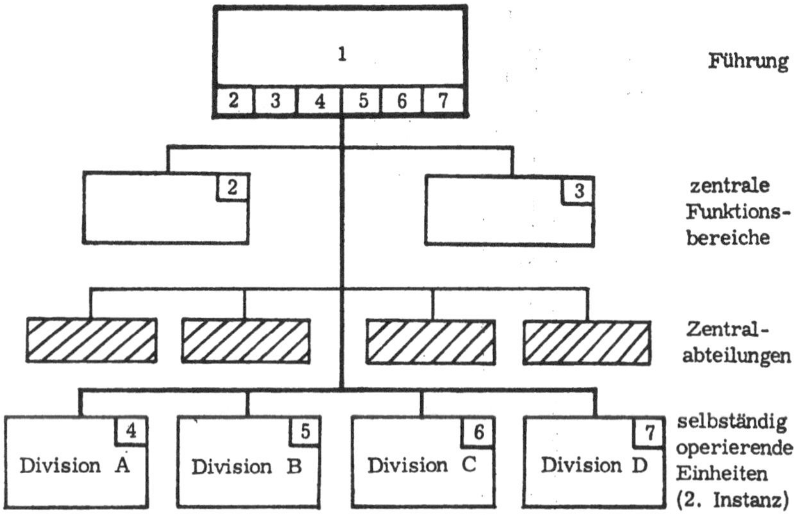

Charakteristik:

„Die Divisionen sind gegenüber der Größenklasse 11 operativ noch selbständiger geworden. Von der obersten Unternehmensleitung aus werden sie kaum noch operativ beeinflußt, auch nicht mehr von den bisherigen Horizontalbereichen. Diese sind zu weniger starken Zentralabteilungen mit anderen Aufgaben zurückgebildet worden.

Zentralabteilungen in diesem Sinne sind Spezialistenabteilungen mit einer dreifachen Aufgabenstellung: Zur obersten Führung hin nehmen sie Stabsaufgaben wahr. Für die gesamte Breite der Unternehmung wirken sie koordinierend. Dieser Fall tritt ein, wenn betriebswirtschaftliche Probleme mehr als eine Division berühren. Und drittens sind die Zentralabteilungen auf ihrem Spezialgebiet Beratungsabteilungen für die einzelne Division[66].“

Dem Gesetz der kleinen Gemeinschaft wird in dieser Betriebsgröße vermehrt Rechnung getragen, da die horizontalen Querfunktionen wegfallen. Allerdings beschränkt sich diese Dezentralisation hier noch auf die zweite Instanz und ist in den Zentralabteilungen noch nicht vollzogen.

---

[65] *Berger*, K. H.: Unternehmensgröße und Leitungsaufbau, S. 144.
[66] *Berger*, K. H.: Unternehmensgröße und Leitungsaufbau, S. 144.

3.13. Größenklasse 13 [67]

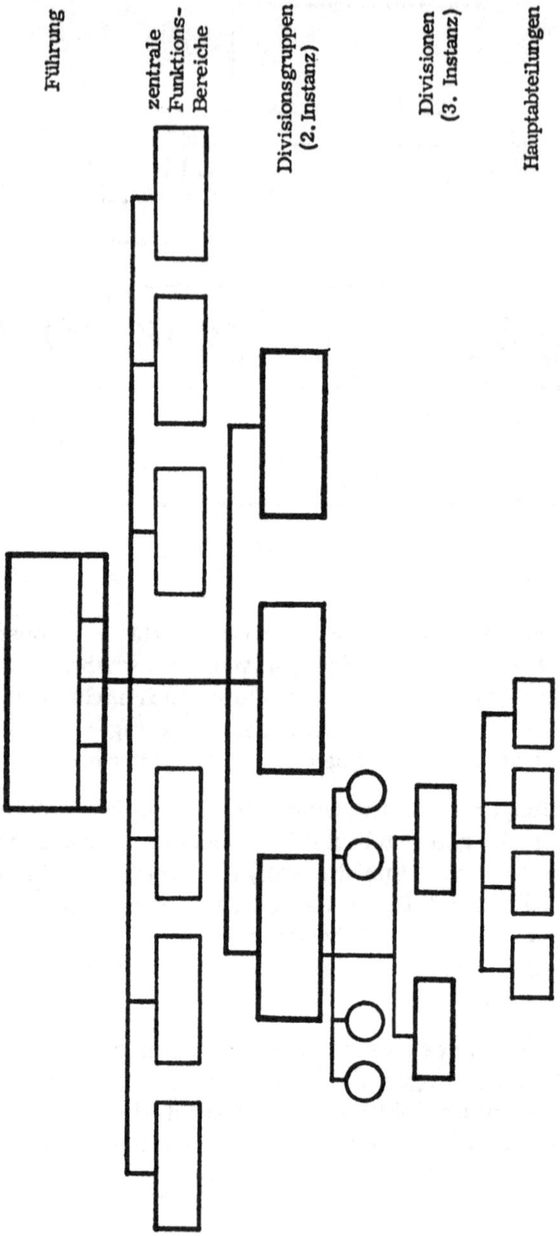

[67] *Berger*, K. H.: Unternehmensgröße und Leitungsaufbau, S. 149.

Merkmale dieser Größenklasse:

„Die oberste Leitung ist ausschließlich mit ressortfreien Führungskräften besetzt. Das sichert die unbefangene, nur das Gesamtinteresse verfolgende Politik der einzelnen Führungskräfte. Auch wäre die Doppelaufgabe, einerseits in der Gesamtführung zu stehen und andererseits einen Bereich verantwortlich zu leiten, hier nicht mehr tragbar. Die aus der unteren Größenklasse bekannten Zentralabteilungen sind nicht bzw. nur noch in Ansätzen vorhanden. Soweit das Bedürfnis einer stärkeren Zentralisierung vorlag, wurden sie wieder zu zentralen Funktionsbereichen mit stärkeren Einflußmöglichkeiten auf die Glieder ausgebaut. Überwiegend aber ist eine Verlagerung ihrer Aufgabenstellung nach unten erfolgt. Die Divisionsgruppen unterhalten ihrerseits Führungsstäbe und auch Spezialabteilungen für gruppenzentrale Aufgabenstellungen. In der Größenklasse 13 liegt also eine erste Verlagerung von Führungsteilaufgaben in die zweite Instanz vor. Diese administrative Dezentralisierung erstreckt sich besonders auf die Entscheidungsfreiheit der Divisionsgruppen, verbunden mit einer angemessenen Freiheit der Planung und Kontrolle. Demgegenüber bleiben einige administrative Aufgabenstellungen immer noch zentral, vor allem die finanzielle und die personelle Führung der Unternehmung; hinzu kommt die Öffentlichkeitsarbeit. Auch eine gewisse Gesamtplanung und Gesamtkontrolle dürfte noch bei den zentralen Funktionsbereichen liegen. Im einzelnen richtet sich das Ausmaß der Delegierung von Führungsaufgaben an die Divisionsgruppen nach den individuellen Verhältnissen. Ist die zentrale Verwaltungskapazität ausreichend, sind Entscheidungen ohne Zeitdruck möglich und gelangen die Informationen schnell zur Zentrale, tendiert auch die Wahrnehmung der Führungsfunktion zur zentralen Handhabung[68].“

Das Gesetz der kleinen Gemeinschaften erscheint hier noch weiter verwirklicht. Die Anforderungen und Eignungen zur Betriebsführung ergeben sich aus dem Organisationsplan. Für ihre Abstimmung gelten unsere bisherigen Ausführungen.

3.14. Größenklasse 14 [69]

(siehe Seite 106)

Die Hauptmerkmale dieser Größenklasse:

„Die Unternehmensspitze ist von der zweiten Instanz, in der die operative Gesamtleitung zusammengefaßt wird, deutlich abgegrenzt. Die operative Gesamtleitung ist für sich ein starkes Hauptquartier, das Horizontalbereiche und sogar Führungsstäbe benötigt.... Die Größenklasse 14 ist ferner durch eine zunehmende juristische Verselbständigung der einzelnen Unternehmensteile gekennzeichnet. Das macht sich

[68] *Berger*, K. H.: Unternehmensgröße und Leitungsaufbau, S. 148 und 150.
[69] *Berger*, K. H.: Unternehmensgröße und Leitungsaufbau, S. 151.

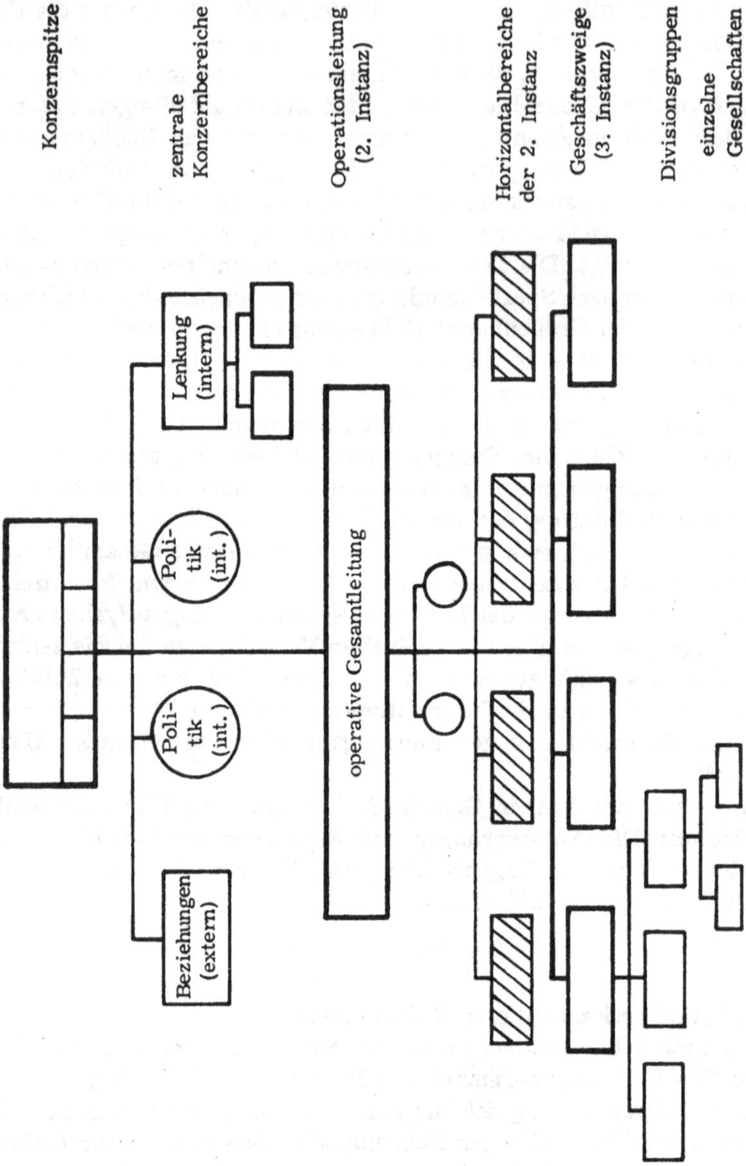
Konzernspitze
zentrale Konzernbereiche
Operationsleitung (2. Instanz)
Horizontalbereiche der 2. Instanz
Geschäftszweige (3. Instanz)
Divisionsgruppen
einzelne Gesellschaften
Lenkung (intern)
Poli- tik (int.)
Poli- tik (int.)
Beziehungen (extern)
operative Gesamtleitung

erst von der vierten und fünften Instanz ab bemerkbar. Hier kann sogar die einzelne operative Funktion der Division juristisch verselbständigt sein (z. B. Vertriebsgesellschaften)[70]."

Dem Gesetz der kleinen Gemeinschaften wird in dieser Größenklasse durch eine juristische Verselbständigung einzelner Bereiche des Konzerns Rechnung getragen.

Das Problem der Abstimmung zwischen Eignung zur Betriebsführung und Anforderungen an die Betriebsführung erweitert sich damit noch mehr, da dieses Problem einerseits für den Gesamtkonzern besteht und andererseits auch für die einzelnen Tochtergesellschaften existent ist. Die Praxis beweist die Existenz dieses Problems: Durch konzerneinheitliche Schulung, job rotation, konzerneinheitliches Rechnungswesen, konzerneinheitliches Berichtswesen etc. versucht man, diesem Problem beizukommen.

3.15. Größenklasse 15 [71]

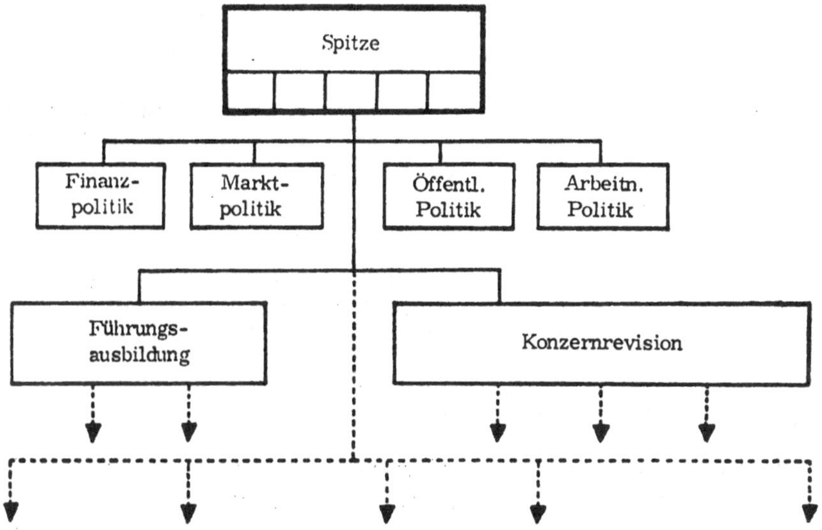

Die Merkmale dieser Größenklasse:

„Wie die Darstellung zeigt, sind nur noch verkleinerte Teile der alten Konzernspitze ... vorgesehen. Die Verbindung zu den Konzerngliedern wird hauptsächlich über die vom Gesetzgeber vorgesehenen offiziellen Kontrollorgane hergestellt. Der Dachgesellschaft obliegt nur noch die große Linie der Konzernpolitik, verbunden mit indirekter Lenkung des

[70] *Berger*, K. H.: Unternehmensgröße und Leitungsaufbau, S. 152.
[71] *Berger*, K. H.: Unternehmensgröße und Leitungsaufbau, S. 156.

Kapitals nach Renditegesichtspunkten.... Beispiele für die in der Dachgesellschaft noch wahrzunehmenden Aufgabenstellungen sind die Finanzpolitik, die Konzernrevision, die Öffentlichkeits-, Markt- und Arbeitnehmerpolitik, sowie die Führungsausbildung. Die gesamten operativen und administrativen Funktionen sind an die Konzernglieder delegiert[72]."

Aus dem Organisationsplan ist ersichtlich, daß der Führungsausbildung in dieser Größenklasse eine derartige Bedeutung zukommt, daß sie in einer eigenen Stelle organisatorisch verankert wird. Daraus läßt sich folgern, daß aus der Unternehmensgröße die Anforderungen an die Betriebsführung derart sind, daß die Ausbildung und damit die Anpassung der Eignungen an die Anforderungen nur mehr einheitlich für diese Betriebsgröße erfolgen kann.

Führungskräfte werden in dieser Größenklasse zwar auch von außen bezogen, müssen aber durch eine eigene Ausbildung in ihrer Eignung erst an die Besonderheiten des Unternehmens herangeführt werden.

4. Zusammenfassung des Ansatzes hinsichtlich der Betriebsgrößen, der Anforderungen und der Eignung

Wir haben bei unseren Betrachtungen die Betriebsführung ganzheitlich-funktionell aufgefaßt. Wir sind dabei von folgenden Funktionen, der Zielfunktion, der Entscheidungsfunktion, der Veranlassungsfunktion, der Kontrollfunktion, sowie der Informationsfunktion ausgegangen.

Innerhalb der Betriebsgrößen sind wir von den von Berger aufgestellten Größenklassen ausgegangen, die wir hier zusammengefaßt nochmals darstellen (siehe Seite 109)[73].

Faßt man die Größenklassen weiter zusammen, ergibt sich nachstehendes Bild (siehe Seite 110)[74].

Zusammengefaßt lassen sich hinsichtlich der Funktionen mit wachsender Betriebsgröße folgende Ergebnisse ableiten:

1. Mit wachsender Betriebsgröße kommt es zur Aufteilung von Funktionen. Es ergibt sich hier eine Bestätigung der Tendenz zur Institutionalisierung von Funktionen[75].

---

[72] *Berger,* K. H.: Unternehmensgröße und Leitungsaufbau, S. 155.
[73] *Berger,* K. H.: Unternehmensgröße und Leitungsaufbau, S. 108.
[74] *Berger,* K. H.: Unternehmensgröße und Leitungsaufbau, S. 107.
[75] So stellt *Kosiol* diesbezüglich folgendes fest: (*Kosiol,* E.: Kollegien als Organisationsformen der Entscheidung, Beratung und Information, Untersuchungsbericht in: Kosiol, E. (Hsg.), Organisation des Entscheidungsprozesses, Berlin 1959, S. 169 f.):
1. Unternehmungen mit weniger als 100 Beschäftigten haben normalerweise keine Kollegien. *(Fortsetzung Seite 110)*

Organisatorische Größenklassen der Unternehmung

Bereich	Größenklasse	organisatorische Kennzeichnung	beherrschende Organisationsprobleme
I/A	1	Ein-Personen-Unternehmung	Überlastung durch ausführende Arbeit
I/B	2	einstufige Unternehmung	horizontale Arbeitsteilung in der Ausführung
I/C	3	zweistufige Unternehmung	Kontrollspanne des Unternehmers
II/A	4	einfache Ressortabgabe	Verzicht auf Alleinherrschaft
II/B	5	mehrfache Ressortabgabe	Umstellung auf Formalorganisation
II/C	6	volle Ressortabgabe	Kontrollspanne des Unternehmers
III/A	7	Führungsstäbe	Auswahl geeigneter Mitarbeiter
III/B	8	Fach-„Stäbe“	Doppelarbeit und Koordinierung
III/C	9	Führungsteilung	Kontrollspannen der 2. Leitungsebene
IV/A	10	partielle Dezentralisierung	Operabilität von Divisionen
IV/B	11	unechte Voll-Dezentralisierung	Übergewicht der Zentrale
IV/C	12	operative Voll-Dezentralisierung	Kontrollspanne der Zentrale
V/A	13	mehrstufige Dezentralisierung	Einheitlichkeit der Führung
V/B	14	mehrstufige Verschachtelung	Mammutverwaltungen
V/C	15	reine Holding	Beherrschbarkeit

Organisatorische Größenbereiche der Unternehmung

Größenbereich	organisatorische Kennzeichnung Führungsstil	Kriterien der weiteren Unterteilung in organisatorische Größenklassen
I Kleinbetriebe (Bereich der Spezialisierung)	Unternehmer hat sämtliche Führungsfunktionen und sämtliche operativen Ressorts	Art und Umfang der vertikalen Arbeitsteilung in Führung und Ausführung
II Mittelbetriebe (Bereich der Delegierung)	Unternehmer hat noch sämtliche Führungsfunktionen, delegiert aber operative Ressorts	Ausmaß der Bildung von Ressortleitungen der 2. Instanz
III Mittelgroßbetriebe (Bereich der Funktionalisierung)	Unternehmer hat nicht mehr sämtliche Führungsfunktionen allein	Art und Umfang der zunehmenden Führungshilfen und Führungsteilung
IV Großbetriebe (Bereich der Dezentralisierung)	operative Zellteilung durch Bildung selbständig operierender Einheiten	Art und Umfang der zentralen Führungshilfen
V Mammutbetriebe (Bereich der Verschachtelung)	administrative Zellteilung durch Bildung selbständig geführter Einheiten	Art und Umfang der abnehmenden zentralen Führungshilfen

2. Unternehmungen mit 100 bis 1 000 Personen zeigen bereits die Bildung regelmäßiger Konferenzen.
3. Unternehmungen mit 1 000 bis 2 000 Beschäftigten verfügen durchwegs über ein mehrköpfiges Spitzenorgan und es bilden sich meist Fachkonferenzen und -besprechungen in großer Zahl auch auf der zweiten und dritten Rangebene.
4. Unternehmungen mit mehr als 2 000 Personen haben darüber hinaus ständige Kommissionen, Komitees und Ausschüsse mit scharf umrissenen Aufgaben zur Unterstützung der Geschäftsleitung. Während z. B. in einer Unternehmung mit 4 000 Beschäftigten eine Kommission besteht, die sich der Beratung von neuentwickelten Erzeugnissen und deren Marktverhältnissen widmet, verfügt ein Unternehmen mit 28 000 Beschäftigten für den gleichen Zweck über 40 Kommissionen.

Vgl. auch die Untersuchungen *Gaelweilers* über die Funktion Planung bei unterschiedlicher Betriebsgröße, wobei folgende Stufen unterschieden werden: (*Gaelweiler*, A.: Entwicklungstrends in der Unternehmungsführung, in: Industrielle Organisation, Jg. 1972, S. 23 ff.):

Stufe 1: Planung als Denkvorgang im Einmannbetrieb;
Stufe 2: Pläne als Speichermittel;
Stufe 3: Pläne als Kommunikationsmittel;
Stufe 4: Trennung: a) Zielplanung als Chefaufgabe;
b) Ausführungsplanung als Aufgabe untergeordneter Instanzen;
Stufe 5: Zielplanung und Ausführungsplanung als Aufgabe untergeordneter Instanzen.

2. Die Führungsfunktionen werden in den Größenbereichen I und II von einer Person ausgeübt. In den darüberliegenden Größen werden auch die Führungsfunktionen aufgeteilt.
3. Die Ausführungsfunktionen werden nur in den untersten Größenklassen vom Unternehmer wahrgenommen.

Ein weiteres Problem unserer Untersuchung betraf die Eignung zur Betriebsführung und die Anforderungen an die Betriebsführung. Wir sind von der These ausgegangen, daß die Anforderungen an die Betriebsführung neben anderen Größen von der Betriebsgröße abhängig sind. Wir konnten diese These im Rahmen unserer Untersuchung der unterschiedlichen Betriebsgrößen verifizieren. Am Instrumenten zur Anpassung der Eignung an die Anforderungen ergab unsere Untersuchung die folgenden:

1. Im Falle, daß die Eignung die Anforderungen übersteigt (Leerkostenproblem):
   a) Erhöhung der Anforderungen durch Steigerung der Größen a_1 bis a_n;
   b) Abbau von Führungspersonal;
   c) Angliederung eines Nebenbetriebes.
2. Im Falle, daß die Anforderungen die Eignung übersteigen:
   a) Ausgliederung von Führungsfunktionen;
   b) Delegation von Führungsfunktionen;
   c) Aufnahme von Führungspersonal und Einsatz von Führungsmitteln;
   d) Hebung der Eignung durch Ausbildung;
   e) Reduzieren der Anforderung auf das Niveau der Eignung;
   f) Einführung einer Formalorganisation.

Unsere Untersuchung hat ergeben, daß der Einsatz und die Kombination dieser hier angeführten Instrumente eindeutig in Abhängigkeit von der Betriebsgröße erfolgen muß.

Aus dem zeitlichen Einsatz der Instrumente ergeben sich nach Schwarz grundsätzlich drei Möglichkeiten im Hinblick auf den Anpassungstermin[76]:

1. antizipative Anpassung,
2. simultane Anpassung und
3. nachfolgende Anpassung.

Schwarz kommt zur Folgerung, daß eine simultane Anpassung zu einer laufenden Reorganisation führt.

---

[76] *Schwarz*, H.: Betriebsorganisation als Führungsaufgabe, München [2]1970, S. 254.

Aus der bei Betriebsgrößenwachstum resultierenden Aufgabenerweiterung und den dabei eingesetzten Instrumenten ergeben sich nach Schwarz folgende Anpassungsmodelle[77]:

Art des Aufgabenwachstums	Art der Anpassung	Art der neugebildeten Stellen	Beispiele
mutatives Aufgabenwachstum (zusätzl. neue Art von Aufgaben)	mutative Anpassung	neuartige Stellen	Einrichtung einer Kantine, einer Betriebskrankenkasse, neues Produkt, neues Absatzgebiet
multiples (mengenmäßiges) Aufgabenwachstum	multiple Anpassung	Parallelstellen mit gleichen Aufgaben (Mengenteilung)	Bildung eines zusätzlichen Meisterbereiches
	separative Anpassung	neue Stellen durch Trennung nach Aufgabeninhalten (Artteilung)	Trennung der Kalkulation in Vor- und Nachkalkulation, der Buchhaltung in Lohn-, Finanz-, Anlagen-, Lieferanten- und Kundenbuchhaltung
sekundäre oder mittelbare Aufgabenänderung	kombinative Anpassung (Anpassung 2. Grades)	Bildung neuer Stellen durch Ausgliedern und Kombinieren (Zusammenfassen) von Teilaufgaben	Bildung einer Personalabteilung, Arbeitsvorbereitung, Organisationsabteilung, Rechtsabteilung, Abteilung Unternehmungsplanung, Abteilung Marktforschung, Abteilung Datenverarbeitung

[77] *Schwarz*, H.: Betriebsorganisation als Führungsaufgabe, S. 258; vgl. auch *Schwarz*, A.: Die Anpassung der Organisation an die Unternehmensentwicklung, Dissertation Hochschule für Welthandel, Wien 1970, S. 149 ff.

B. Die Führungsmodelle und ihre Eignung für verschiedene Betriebsgrößen

1. Das Problem

Wir haben im vorigen Abschnitt fünf Betriebsgrößenbereiche dargestellt und in funktioneller Hinsicht untersucht.

In diesem Abschnitt sollen ausgewählte Führungsmodelle im Hinblick auf ihre Eignung für unterschiedliche Betriebsgrößen untersucht werden. Die Darstellung der Führungsmodelle erhebt keinen Anspruch auf Vollzähligkeit.

2. Der gesellschaftstheoretische Hintergrund

Es erscheint uns hier wesentlich festzuhalten, daß das jeweilige Führungsmodell seine Begründung in dem jeweiligen gesellschaftlichen System findet[1]. Fassen wir die Gesellschaftstheorie mit Löffelholz wie folgt auf, dann ergibt sich[2]:

2.1. Die universalistische Auffassung

Nach dieser Auffassung ergibt sich:

„1. Der Betrieb ist immer ein Glied eines gesellschaftlichen Ganzen.
2. Infolge Nichtteilbarkeit des Ganzen (man denke daran, daß z. B. der Arbeiter nie seine Gedanken an die Familie ganz auszuschalten vermag, also selbst gedanklich immer Glied nichtbetrieblicher Gemeinschaften bleibt) ist der Betrieb den Gesamterlebnisbereichen der menschlichen Gesellschaft ähnlich[3]."

Heinrich hat in diesem Zusammenhang sieben Gesetze aufgestellt[4]:

1. Gesetz der Gegenseitigkeit;
2. Gesetz der Gleichgewichtigkeit;
3. Gesetz der Berufsehre;
4. Gesetz der Gerechtigkeit;

---

[1] Vgl. auch *Apel*, G.: Mitbestimmung; Grundlagen, Wege, Ziele, München 1969, S. 46 ff. und *Wössner*, J.: Soziologie, Einführung und Grundlegung, Wien-Köln- Graz 1971, S. 28.

[2] *Löffelholz*, J.: Repetitorium der Betriebswirtschaftslehre, Wiesbaden [2]1966, S. 310 ff.

[3] *Kolbinger*, J.: Soziale Betriebsführung (Idee und Systematik), in: Handwörterbuch der Betriebswirtschaft, Dritter Band, Stuttgart [3]1960, Sp. 4914.

[4] *Heinrich*, W.: Wirtschaft- und Persönlichkeit, S. 200 ff.

5. Gesetz der kleinen Gemeinschaften;
6. Gesetz der Selbstverwaltung der Arbeit und Wirtschaft;
7. Gesetz der Oberleitung der Wirtschaft.

2.2. Die individualistische Auffassung

Nach dieser Auffassung ist die Gesellschaft „lediglich die Summe der selbständigen Individuen, ... die nachträgliche äußerliche Verbindung der Einzelnen. Daher ist das Verhältnis des Einzelnen zur Gesellschaft nützlichkeitsbestimmt. Bringt es dem Einzelnen Vorteile, geht er gesellschaftliche Verbindungen ein; bringt es ihm Nachteile, bleibt er außerhalb solcher Bindungen“[5].

Die Mitarbeiter sind nach dieser Auffassung homines oeconomici, die ihre Arbeitskraft dem Unternehmen gegen Entgelt zur Verfügung stellen. Eine Leistungssteigerung der Mitarbeiter bedingt nach dieser Auffassung kausal mehr Lohn.

2.3. Die positivistische Auffassung

Die Anhänger dieser Richtung lehnen jedwegliche ideologische Ausrichtung ab. „Das gesamte Verhalten des Menschen wird betrachtet nur hinsichtlich seiner Beziehungen zum Milieu und dessen Bedingungen. Der homo rectus ist derjenige, der sich vollkommen dem Leben in einer vollentwickelten Gesellschaft so angepaßt hat, daß in ihm der Sinn der Pflicht, der moralischen Obligation überflüssig wird, bzw. verschwindet. Die Moralität des Einzelnen setzt nach dem Positivismus, damit sie sinnvoll sei, voraus, daß die ihn umgebende Gesellschaft moralisch ist. Die Vollkommenheit der Gesellschaft jedoch entwickelte sich nach dem Naturgesetz der Evolution als progressive Anpassung der Gesellschaft an den sozialen Status[6].“

2.4. Die kollektivistische Auffassung

Nach Heinrich handelt es sich dabei um eine Abart der individualistischen Auffassung. „Lehrt sie doch — in Anlehnung an die zweite vom individualistischen Grundgedanken aus mögliche Staatslehre — die Herrschaft des Stärkeren über den Schwächeren oder — da bei Marx gemäß dem historischen und dialektischen Materialismus alles wirtschaftlich gesehen wird — die Herrschaft der Kapitalistenklasse als der wirtschaftlich Stärkeren über das Proletariat. Nach einer Übergangszeit der Umkehrung dieser Klassenherrschaft — nämlich einer Zeit der Diktatur des Proletariats über die nach Beseitigung des kapitalistischen Systems dahinschwindende Kapitalistenklasse — könne, so lehrt Marx,

---

[5] *Heinrich*, W.: Wirtschaft und Persönlichkeit, S. 16.

[6] *Picard*, N.: Positivismus, in: Staatslexikon, [6]1961, zitiert nach: *Löffelholz*, J.: Repetitorium der Beriebswirtschafslehre, S. 312.

der Zukunftskommunismus als Epoche einer klassen- und auch staatslosen Gesellschaft verwirklicht werden[7]." In der Wirtschaft will diese Auffassung als Ideal die vollkommene Bürokratisierung herbeiführen.

3. Ausgewählte Führungsmodelle und deren Eignung für unterschiedliche Betriebsgrößen

3.1. Das Problem

Die Führungsmodelle, wie sie in der Literatur enthalten sind, und auch in Schulungskursen und von Betriebsberatungsinstitutionen angeboten werden, sind unseres Erachtens nur bedingt für alle Betriebsgrößen geeignet. Wir gehen hier bei diesem Teil unserer Untersuchung somit von der These aus, daß das für ein Unternehmen geeignete Führungsmodell u. a. auch von der Betriebsgröße abhängt. Daneben spielen neben der Betriebsgröße noch andere Faktoren eine Rolle, die wir jedoch vorläufig aus unseren Betrachtungen ausklammern wollen. Darüber hinaus darf festgestellt werden, daß bisher keine Untersuchung auf diesen Tatbestand klar hingewiesen hat. Es werden im allgemeinen vielmehr Führungsmodelle angeboten, ohne auf deren Begrenzungen in der Anwendbarkeit hinzuweisen. Wie bereits im Rahmen der Abgrenzung des Begriffes des Führungsmodells dargestellt wurde, unterscheiden wir im Hinblick auf die Komplexität zwei Gruppen von Führungsmodellen: Modelle niedriger Ordnung, die die komplexe Realität der Betriebsführung nur bedingt wiedergeben, da nur einzelne Führungsfunktionen in den Modellen enthalten sind und Modelle höherer Ordnung, die zumindestens sämtliche Führungsfunktionen enthalten.

3.2. Exkurs: sozialpädagogische Führungsmodelle

Diese im Rahmen unserer Arbeit zur Behandlung gelangenden Führungsmodelle niederer und höherer Ordnung gehen von einer Divergenz zwischen dem individuellen Wollen der Subjekte und den Zielsetzungen der Unternehmungen aus. Sie stellen Instrumente dar, um dieses individuelle Wollen mit den Zielen der Unternehmung mittels Reglementierung, Kontrolle etc. in Übereinstimmung zu bringen. Im Gegensatz dazu stehen die sogenannten sozialpädagogischen[8] Führungsmodelle. Ausgangspunkt dieser Modelle ist ein Individuum, das gegenüber seiner Umwelt offen ist, zu Neuerungen bereit ist und das anlagemäßig zum Streben nach Leistung bereit ist. Die Aufgabe des sozialpädagogischen Führungsmodells besteht im wesentlichen in der Motivation und der Führung der Mitarbeiter, somit in der Entfaltung der anlagemäßig latent vorhandenen Fähigkeiten der Mitarbeiter.

[7] *Heinrich*, W.: Wirtschaft und Persönlichkeit, S. 31.

[8] Vgl. *Dunkerly*, D.: The Study of Organizations, London and Boston 1972, S. 44.

Die Grundkonzeption der sozialpädagogischen Führungmodelle läßt sich folgend zusammenfassen:

„1. Der Mensch ist ein soziales Wesen; er hat soziale Bedürfnisse. Wenn er sie als erfüllbar sieht, motivieren sie sein Handeln.

2. Der Mensch möchte sich selbst verwirklichen, sich selbst sein. Er sucht die Arbeit — sofern sie existenzsichernd ist —, die ihm die größte Entwicklungsmöglichkeit bietet.

3. Der Mensch ist entwicklungs- und lernfähig, wenn er pädagogisch geführt wird.

4. Existenzsicherung und Existenzbedrohung sind schlechte Führungshelfer. Die Strafe ist zu verwerfen, denn wir kommen unendlich viel weiter, wenn wir das Gute im Menschen fördern und nicht das ‚Schlechte' bekämpfen.

5. Die Arbeit und die Führung formen den Menschen. Ein als dumm behandelter Mensch könnte dumm werden.

6. Die Kreativität entsteht in der Unordnung; die Ordnung allein aber läßt keine Ideen fruchtbar werden. Das Kunststück einer Führung, einer Organisation, einer Arbeitsmethode besteht darin, das, der Situation und der Aufgabe angepaßte Verhältnis von Chaos und Ordnung zu finden.

7. Als Organisationsprinzip gilt die Schaffung von möglichst selbständigen organisatorischen Einheiten, die in der Lage sind, die meisten Probleme selbst zu lösen. Für besondere Projekte, wie z. B. den Neubau eines Fabrikgebäudes, sind temporäre organisatorische Einheiten anstelle der üblichen Kommissionen zu schaffen. Die Führung durch Gruppen ist anzustreben[9]."

Der Grundgedanke des Nederlands Paedagogisch Instituut's ist der der Entwicklung, „das Herbeiführen einer gelenkten Entwicklung. Es stimmt ungefähr mit dem überein, was die Amerikaner mit social change, planned change, organization — development oder community — development bezeichnen. Auf Grund einer Klärung der bisherigen Entwicklung der Organisation und des dadurch gewonnenen Verständnisses für die Probleme im heutigen Zeitpunkt wird versucht, eine gelenkte Entwicklung in Gang zu bringen und zu fördern, bis die Organisation selbst imstande ist, diesen Prozeß fortzuführen. Entwicklung und Erneuerung sind dann zu bleibenden Faktoren im Leben der Or-

[9] *Tlach*, P.: Prinzipien der GSB-Arbeit, Entwurf, Mai 1969, unveröffentlicht, zitiert nach *Jegge*, D.: Mitgliederdienst der Gesellschaft zur Förderung der Sozial- und Betriebspädagogik, Bericht Nr. 2: Darstellung und Vergleich des Harzburger Modells mit dem sozialpädagogischen Führungssystem, Diplomarbeit Universität Bern, o. J., S. 72 f.

ganisation geworden"[10]. Die Entwicklung erstreckt sich dabei auf die Menschen und die Organisation.

„Entwicklung von Menschen bedeutet: Entfaltung von latenten Fähigkeiten, so daß diese fruchtbar eingesetzt werden können, also Ausbildung und Weiterbildung; Entwicklung von Organisationen bedeutet: Erneuern von bestehenden Grundsätzen, Arbeitsweisen und Organisationsformen, so daß diese den neuen Forderungen und Situationen entsprechen[11]."

Die Voraussetzungen, an die derartige sozialpädagogische Führungsmodelle geknüpft sind, sind im wesentlichen in den Menschen begründet. Dazu führt Bos aus:

„Intelligenz bedeutet ein Verständnis der eigenen Arbeit in einem zusammenhängenden Ganzen. Einsicht und Überblick setzen voraus, daß man über den Prozessen und Handlungen steht. Dies fordert Grundsatzdenken in bezug auf die eigene Arbeit. Unter Grundsätzen oder Prinzipien verstehen wir die Art und Weise des Handelns, die Wege und Methoden, um ein Ziel zu erreichen; man könnte auch sagen, die Maßstäbe (Kriterien) für mögliche Lösungen von Problemen. Prinzipien, die nur von oben her aufgestellt werden, bleiben abstrakt. Sie beginnen erst zu leben, wenn Menschen sich auf ihre Art damit beschäftigen. Das wird möglich, wenn diese Menschen sich in ihrer Situation für Erneuerungen verantwortlich fühlen. Dann wird man sich "der„ Grenzen der Prinzipien bewußt und erkennt, wo Grundsatzlücken vorhanden sind, also wo bei den Prinzipien der Impuls zu Erneuerungen einsetzen muß.

Handeln (intelligent handeln im Sinne des Ganzen) bedeutet, innerhalb gegebener Toleranzgrenzen die eigene Arbeit innerhalb eines bestimmten Rahmens zu regeln und ausführen zu können. In der Tat ist dies eine Form von ‚Selbstorganisation'. Dazu ist notwendig, daß die Planung transparent gemacht wird, wie das z. B. in der Netzplantechnik geschieht. Mit Planung ist die Gesamtheit der quantitativen Normen in bezug auf Menge, Qualität, Kosten, Lieferzeit etc. der erwarteten Leistungen gemeint.

Schließlich kommen wir zum Sinn des Ganzen, der mit der Motivierung zu tun hat. Man muß die eigene Arbeit bewußt mit der Arbeit der anderen in Verbindung setzen können. Dies verlangt, daß man sich wirklich mit der Zielsetzung, dem Sinn der moralischen Intention der Arbeit identifiziert[12]."

---

[10] *Nederlands Paedagogisch Instituut, NPI, Institut für Organisationsentwicklung:* Mensch und Organisation, Den Haag 1968, S. 15.

[11] *Nederlands Paedagogisch Instituut, NPI, Institut für Organisationsentwicklung:* Mensch und Organisation, S. 22.

[12] *Bos,* A. H.: Entwicklungsgesetze von Organisationen, in: Management International Review, Jg. 1969, Nr. 1, S. 40.

Weiter führt Bos aus:

„Doch gilt auch hier — ebenso wie für die Grundsatzbildung und Planung —, daß es nicht genügt, Zielsetzungen zu geben. Man muß auch aktiv damit arbeiten können. Das geschieht durch Selbstkontrolle.

Erst durch aktive Selbstkontrolle wird sichtbar, ob die Zielsetzung in jemandem so wirksam ist, daß er dadurch motiviert wird und seine Aktivitäten sinnvoll in das Ganze einfügen kann[13]."

Ein wesentliches Kriterium der sozialpädagogischen Führungsmodelle ist ihre Flexibilität insofern, als keine starren Organisationspläne oder Verhaltensregeln wie bei den Führungsmodellen niederer und höherer Ordnung gegeben sind. Die sozialpädagogischen Modelle sind damit im Hinblick auf die Veränderung der Daten aus der Umwelt als offene Modelle zu bezeichnen, während die Führungsmodelle höherer und niederer Ordnung durch die in ihnen enthaltenen Verfahrensregelungen als mehr oder weniger geschlossene im Hinblick auf Veränderungen der Umweltgegebenheiten zu bezeichnen sind.

Kritisch im Hinblick auf die sozialpädagogischen Führungsmodelle ist festzustellen, daß sie sich nur im Hinblick auf führende Tätigkeiten, also in der Betriebsführung, verwirklichen lassen. Soll ein sozialpädagogisches Modell in einem Betrieb eingeführt werden, müßten sich die Menschen somit auf Führungstätigkeiten beschränken können. Dies wäre nur dann der Fall, wenn sämtliche ausführenden Tätigkeiten im Betrieb von Maschinen übernommen werden. Der Ersatz menschlicher ausführender Tätigkeiten durch Maschinen ist zwar bereits weit fortgeschritten, aber es bleibt dahingestellt, ob er in diesem oder dem kommenden Jahrhundert zur Gänze vollzogen sein wird.

Außerdem bedarf es unseres Erachtens auch einer Änderung des gesellschaftlichen Wertsystems der Menschen insofern, als die Tätigkeit am Arbeitsplatz der Erfüllung der individuellen Ziele der Mitarbeiter dient und damit nicht mehr die Notwendigkeit zur Schaffung der materiellen Existenzgrundlage zur Befriedigung der individuellen Wünsche besteht. Interessant ist in diesem Zusammenhang eine empirische Untersuchung über die Armut in Österreich. Dabei wurde für das Jahr 1968 aus rund 6.000 Interviews unter Zugrundelegung einer Armutsgrenze von 1.500 Schilling Netto-Monatseinkommen für Einzelpersonen plus einer 500 Schilling-Stufe für jede weitere Person im Haushalt folgender Anteil an Armen festgestellt[14]:

25 % Arme unter den Pensionisten und Altersrentnern;

18 % Arme unter den Hilfsarbeitern;

---

[13] *Bos, A. H.*: Entwicklungsgesetze von Organisationen, S. 41.

[14] *Institut für empirische Sozialforschung (IFES):* Armut im Gewerbe, Maschinmanuskript, Wien 1972, S. 10.

9 % Arme unter den Selbständigen und Gewerbetreibenden;
8 % Arme unter den Facharbeitern;
1 % Arme unter den Angestellten und ein erheblicher nicht genau feststellbarer Anteil Armer unter den Landwirten.

Neben den in Österreich noch kaum vorhandenen materiellen Grundlagen auf breiter Basis erscheinen unseres Erachtens auch die Grundansichten über die Menschen eher optimistisch, da sie einen Ausbildungsstand voraussetzen, der von den wenigsten Mitarbeitern erfüllt wird.

3.3. Ausgewählte Führungsmodelle niederer Ordnung (Management-Führungsmodelle)

3.3.1. Management by Objectives

3.3.1.1. Kritische Darstellung des Modells

Das Modell des Management by Objectives oder der Betriebsführung durch Zielvorgabe kann als „ein Prozeß definiert werden, in dem die Angehörigen des oberen und des unteren Management einer Unternehmung ihre gemeinsamen Ziele festlegen, sodann die Verantwortlichkeitsbereiche der einzelnen und deren spezifische Aufgaben umreißen und diese Maßgrößen dann als Leitlinien für die Unternehmensführung benutzen“[15].

Die Darstellung dieses Modells als Kreislaufschema zeigt nachstehendes Bild (siehe Seite 120)[16].

Faßt man das Unternehmen als Folge von Regelkreisen auf, dann ergibt sich für das Modell der Betriebsführung durch Zielvorgabe nachstehende Darstellung (siehe Seite 121)[17].

3.3.1.2. Die Eignung des Modells für unterschiedliche Betriebsgrößen

Grundsätzlich muß festgehalten werden, daß jeder Betrieb unabhängig von seiner Größe „irgendwie — bewußt oder unbewußt — mit Hilfe von Zielvorgaben gelenkt werden“ muß; „denn ein Problem entsteht... erst dann, wenn ein aktueller Sachverhalt von einem intendierten abweicht. Dieser intendierte Sachverhalt kann aber Ziel genannt wer-

---

[15] *Odiorne*, G. S.: Management by Objectives — Führung durch Vorgabe von Zielen, München 1967, S. 76 f.; vgl. auch *Vieweg*, R.: Der Einfluß der Organisationsformen auf den Entscheidungsprozeß, in: Zeitschrift für Organisation, Jg. 1972, S. 81 f.
[16] *Odiorne*, G. S.: Management by Objectives, S. 102.
[17] *Köhler*, R.: Informationssysteme für die Unternehmensführung, S. 32.

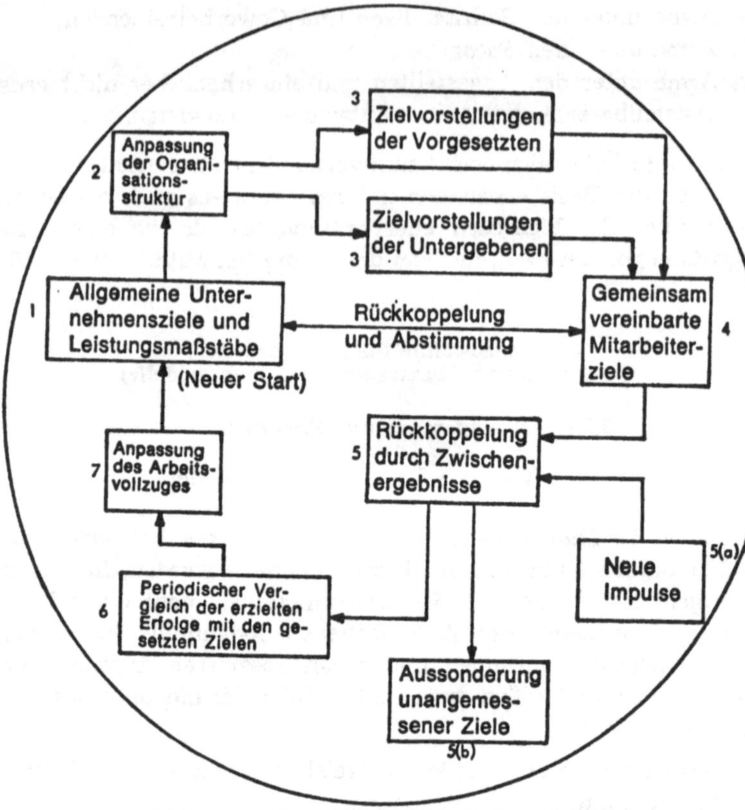

Management by Objectives als Kreislaufschema

den"[18]. So betrachtet, könnte geschlossen werden, daß das Modell des Management by Objectves ebenso für den Einmannbetrieb zuträfe wie für das Mammutunternehmen. Im ersten Fall handelte es sich um ein intrapersonales Modell und im zweiten Fall um ein interpersonales Modell. Das Modell der Betriebsführung durch Zielvorgabe stellt von seiner Konzeption her aber nicht primär auf die Zielvorgabe allein ab, sondern versucht, in Mehrpersonenunternehmen die „zielbezogenen Tatbestände, die implizit seit jeher vorhanden waren, nun durch vereinte Bemühungen einer expliziten Analyse zu unterziehen, um auf dieser Basis Vorschläge für eine planvolle Gestaltung der Zielbildung und Zielvorgabe zu gewinnen"[19]. Die Aufstellung von Unternehmenszielen, die Ableitung von Teilzielen sowie die Beilegung von Zielkonflikten durch Zielentscheidungen und Zielkompromisse innerhalb der

[18] *Szyperski*, N.: Das Setzen von Zielen — primäre Aufgabe der Unternehmungsleitung, in: ZfB, Jg. 1971, S. 659.
[19] *Szyperski*, N.: Das Setzen von Zielen ..., S. 659.

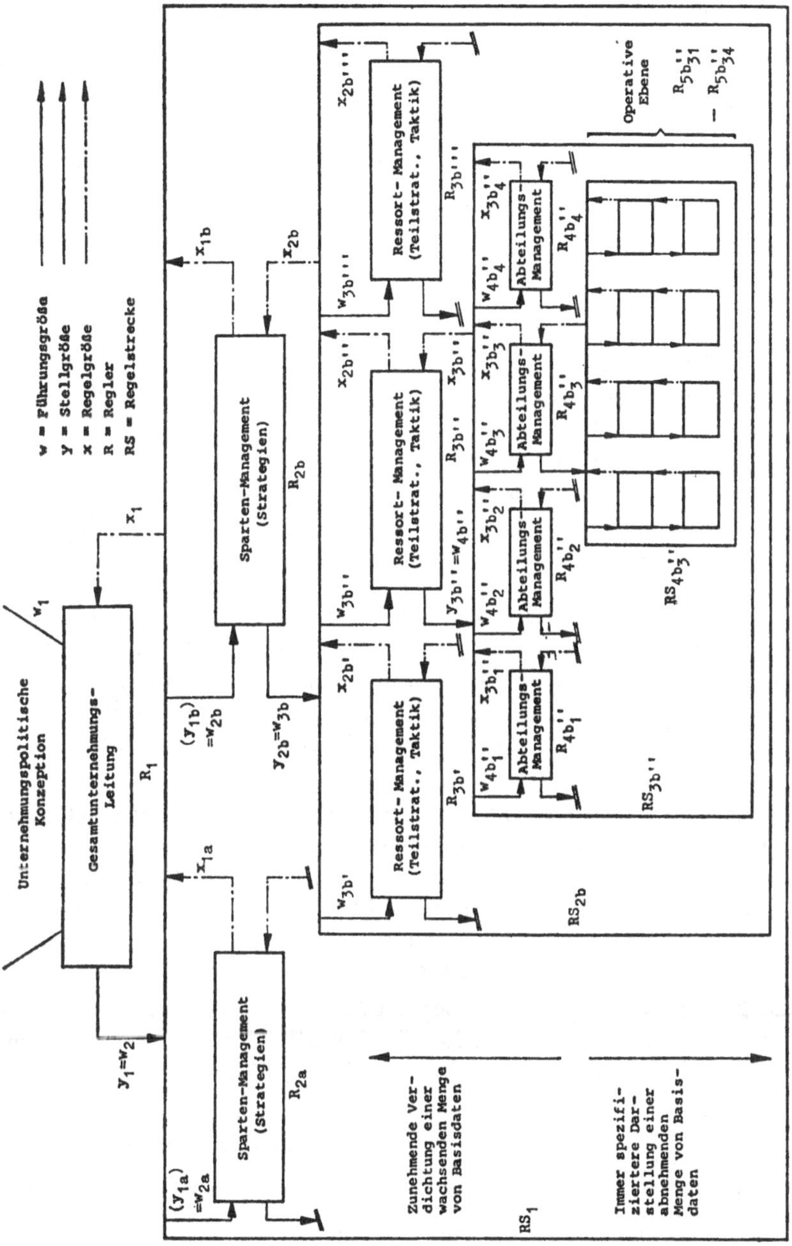
w = Führungsgröße
y = Stellgröße
x = Regelgröße
R = Regler
RS = Regelstrecke
Unternehmungspolitische Konzeption
Gesamtunternehmungs-Leitung
Sparten-Management (Strategien)
Sparten-Management (Strategien)
Ressort- Management (Teilstrat., Taktik)
Ressort- Management (Teilstrat., Taktik)
Ressort- Management (Teilstrat., Taktik)
Abteilungs-Management
Abteilungs-Management
Abteilungs-Management
Abteilungs-Management
Operative Ebene
Zunehmende Verdichtung einer wachsenden Menge von Basisdaten
Immer spezifiziertere Darstellung einer abnehmenden Menge von Basisdaten

Betriebsführung stellen aber nur einen Teilbereich dieses Modells dar. Die weiteren Teilbereiche beinhalten: „Ausführung der Aufgaben, die in der Verwirklichung dieser Ziele resultieren" und die „Leistungsbeurteilung durch Soll-Ist-Vergleich, Einleitung von Korrekturmaßnahmen bzw. Revision und Modifikation der Zielsetzungen. Korrekturmaßnahmen können sowohl in Hinsicht auf die Ziele als auch hinsichtlich der Maßnahmen, mittels derer die Ziele erreicht werden sollen, eingeleitet werden"[20]. Vergleichen wir diese Bereiche dieses Modells mit den für die Betriebsführung aufgestellten Funktionen, zeigt sich, daß die Zielfunktion sehr ausgeprägt im Modell enthalten ist. Die übrigen Funktionen, die Entscheidungsfunktion, Realisationsfunktion, Koordinationsfunktion, Kontrollfunktion und Informationsfunktion sind im Modell kaum explizit enthalten, obwohl sie zur Erfüllung der Zielfunktion notwendig sind. Wir haben daher das Modell des Management by Objectives nach unseren oben aufgestellten Kriterien als Modell niederer Ordnung eingestuft.

Hinsichtlich der Eignung des Modells für unterschiedliche Betriebsgrößen können wir feststellen, daß dieses Konzept auf einen größeren Betrieb abstellt, da erst im Bereiche des Mittelbetriebes sich die Führungsfunktionen auf mehrere Personen verteilen und dann das Modell des Management by Objectives zum Tragen kommen kann.

Diese von uns aufgestellte These läßt sich auch dadurch erhärten, daß man die Größe derjenigen Unternehmungen betrachtet, die mit diesem Modell arbeiten. So nennt eine Studie aus 1968, veröffentlicht vom National Industrial Conference Board Firmen wie Honeywell, General Mills und 3 M, die sich des Modells Management by Objectives bedienen[21].

„In Europa liegen erst wenige Erfahrungen vor. Die meisten Beispiele entstammen Tochtergesellschaften amerikanischer Firmen, die das Modell vom Konzern übernommen haben ... Hinsichtlich der branchenmäßigen Verbreitung kann es nicht überraschen, wenn viele der erfolgreichen MbO-Systeme in Großunternehmen — besonders in technologisch fortschrittlichen — Fuß gefaßt haben[22]."

Die praktische Verwendung des Modells Betriebsführung mit Zielvorgabe zeigt ein ausschließliches Vorherrschen von Größtbetrieben. Dies ist darin begründet, daß die Einführung dieses Modells an Vor-

---

[20] *Engel*, P. und *Riedmann*, W.: Die neuen Management-Techniken in Fällen, München 1971, S. 135.

[21] *Wikstrom*, W. S.: Managing by — and with — Objectives, National Industrial Board Nr. 212, 1968, zitiert nach: *Brightford*, E. G.: Warum Management by Objectives? Internationale Erfahrungen, in: Industrielle Organisation, Jg. 1971, S. 505.

[22] *Brightford*, E. G.: Warum Management by Objectives? Internationale Erfahrungen, S. 506.

aussetzungen gebunden ist, die nur im Groß- und Mammutbetrieb gegeben sind, da sie mit dem Tatbestand des Vorhandenseins einer Formalorganisation verbunden sind.

So werden als Voraussetzungen angeführte[23]:

„Aufnahme der Berichtswege und Erstellung eines Organisationsdiagramms.

Ausarbeiten von Stellenbeschreibungen.
Erstellen der Qualifikationsanalysen. Diese zeigen die Minimalschulung, -ausbildung, -erfahrung und -kenntnisse, die ein Stelleninhaber besitzen soll.

Erstellen der Leistungsmaßstäbe — abgestimmt zwischen Vorgesetzten und Mitarbeitern — für die wichtigsten Aufgaben.
Erstellen der Gehaltssystematik durch analytische Arbeitsbewertung der Aufgaben.

In Verbindung mit der Unternehmungsplanung — Erstellen von kurz- und langfristigen Zielen (Goals and Objectives). Sie bilden die Grundlage für eine Leistungsbewertung, die sich nicht auf Persönlichkeit und Charakter, sondern auf die Leistung bezieht.

Management-Training: Die Verwirrung durch Terminologie ist eine der Schwierigkeiten der Kommunikation. Vorgesetzter und Mitarbeiter müssen unter dem Begriff Delegation, Verantwortlichkeit, Führungsstil, Personalplanung und -entwicklung das gleiche verstehen. Gemeinsame Denkart ist eine Ausbildungsfrage. Die erste Ausbildung wurde in einem 5-Tage-Seminar mit Fallstudien und Übungen durchgeführt. 3 Tage davon beschäftigte man sich mit dem Prozeß des Managements und 2 Tage mit MbO.

Personal- und Nachwuchsplanung: Bevor man ein Bewertungsgespräch durchführte, mußte die Nachwuchsplanung der Unternehmung geklärt sein. Wenn die zu besetzenden Stellen für 5 bis 10 Jahre vorgeplant werden, ergeben sich Richtlinien, die es einem Vorgesetzten ermöglichen, über die Zukunft des Mitarbeiters zu diskutieren.
Grundsätze der Unternehmungspolitik (Company Policy Statements): Vorhandene Richtlinien mußten gesammelt oder neu erstellt werden.
Gehaltssystematik: Die analytische Bewertung der Aufgaben und die Festsetzung der Bandbreiten waren gestützt auf die Tarifabkommen (Minimum), auf die Ergebnisse von Gehaltsvergleichen des Arbeitsmarktes und auf die Bewertung der Spitzenpositionen durch die Unternehmungsführung.

[23] *Brightford*, E. G.: Vorgehen bei der Einführung von Management by Objectives, in: Industrielle Organisation, Jg. 1971., S. 549 f.; vgl. auch *Liertz*, R.: Die neuen Management-Techniken zur Systematisierung und Vereinfachung der Aufgaben des Managers, in: Die neuen Management-Techniken, München 1967, S. 41 f.

Leistungsbewertung: Nach dem schon erläuterten Prinzip sind Verfahrensrichtlinien festzusetzen. Es ist wichtig, daß die Bewertungsbogen keine ‚ständige' Kritik darstellen. Sie dürfen nur sehr wenigen Leuten zugänglich sein, in jedem Fall aber dem Bewerteten selbst.

Das Gespräch mit dem Mitarbeiter zu führen, seine Leistungen und Erfolge gemeinsam zu bewerten, neue Ziele zu setzen, ist ein Kernpunkt des MbO. Ohne vorherige gründliche Ausbildung fallen solche Gespräche oft sehr mangelhaft aus. Ein 2-Tage-Seminar, in dem jeder im Rollenspiel einmal die Vorgesetzten- und einmal die Mitarbeiterrolle übernimmt und sich das ganze nachher mittels Tonband nochmals anhört, ist eine bewährte und erfolgreiche Methode zur Erlernung dieser Technik des Mitarbeiterinterviews (Counselling)."

3.3.2. Management by Exception

3.3.2.1. Kritische Darstellung des Modells

Das Führungsmodell des Management by Exception ist im deutschen Sprachgebiet unter dem Begriff der Betriebsführung nach dem Ausnahmeprinzip bekannt. In der Literatur werden in diesem Zusammenhang sowohl der Delegationsgrundsatz als auch der Informationsgrundsatz besonders betont. Historisch gesehen geht das Konzept auf Fayol zurück. In der Literatur herrscht darüber weitgehend Übereinstimmung, daß dieses Modell insbesondere zur Durchführung der Kontrollfunktion geeignet ist[24].

Alle übrigen Funktionen der Betriebsführung wie die Zielfunktion, die Entscheidungsfunktion, die Durchsetzungsfunktion und die Informationsfunktion werden in diesem Modell nicht besonders hervorgehoben, wie auch nachstehendes Schaubild zeigt (siehe Seite 125)[25].

Dieses Modell ist daher im Rahmen unserer Systematik als Führungsmodell niederer Ordnung zu bezeichnen.

Der Ablauf dieses Modells geht aus nachstehender Regelkreisdarstellung hervor (siehe Seite 125)[26].

3.3.2.2. Die Eignung des Modells für unterschiedliche Betriebsgrößen

Wie bereits ausgeführt, wird die Zielfunktion von diesem Modell nicht explizit behandelt, sie wird vielmehr vorausgesetzt. „Management by Exception setzt nicht nur die ... Vorgabe operationaler Ziele voraus;

---

[24] Vgl. *Frese*, E.: Management by Exception, in: Grochla, E. (Hsg.), Handwörterbuch der Organisation, Stuttgart 1969, Sp. 956 und derselbe: Kontrolle der Unternehmungsführung, Wiesbaden 1968, S. 113.

[25] *Engel*, P. und *Riedmann*, W.: Die neuen Management-Techniken in Fällen, S. 191.

[26] *Köhler*, R.: Informationssysteme für die Unternehmensführung, S. 41.

Schaubildliche Darstellung des klassischen Management by Exception

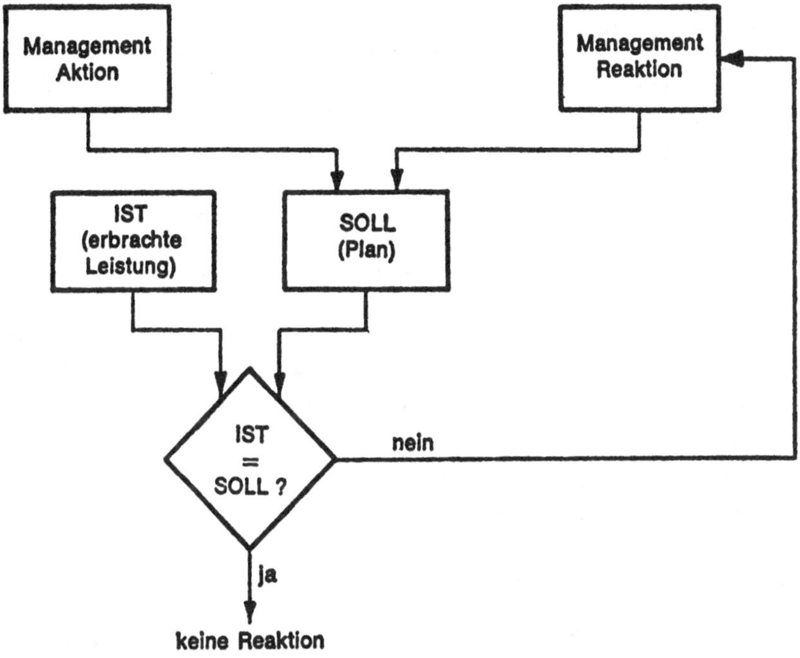

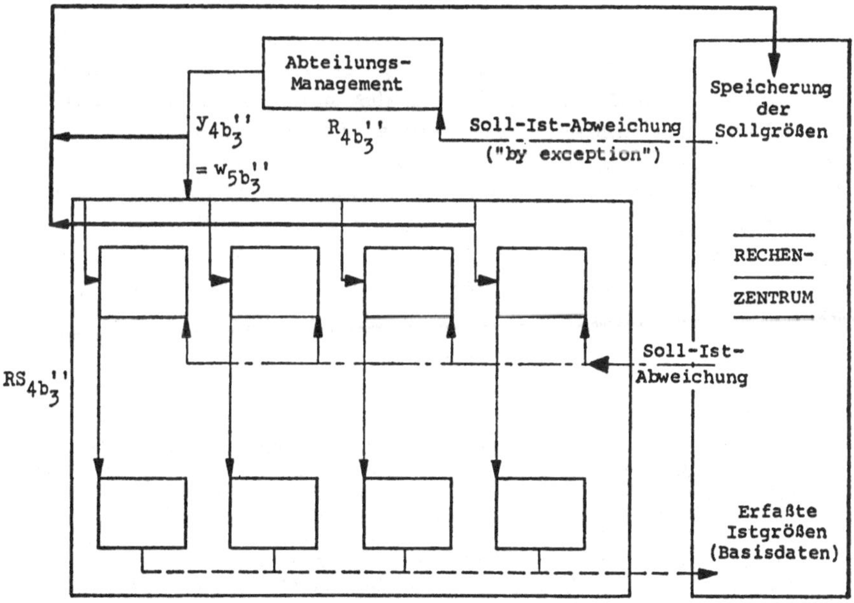

eine gewisse Schwierigkeit besteht weiterhin in der Bestimmung der Toleranzgrenzen, bei deren Über- bzw. Unterschreiten die Abweichungen gegenüber der Führungsgröße als so gravierend angesehen werden, daß ein Informationsfluß i. S. des Systemsprungs einzuleiten ist[27]." Weitere Einwände gegen dieses Modell ergeben sich aus „dem Prinzip, nur negative Zielabweichungen zu melden, ohne daß klargestellt ist, ob der jeweilige Aufgabenträger die Abweichungen zu vertreten hat. Positive Abweichungen dagegen bleiben der übergeordneten Entscheidungseinheit unbekannt. Die Unternehmensleitung wird deshalb in mehr oder weniger regelmäßigen Zeitabständen das eingesetzte System überprüfen müssen, um festzustellen, ob es den Anforderungen noch voll entspricht und gegebenenfalls eine Anpassung des Anspruchsniveaus nach oben durchzuführen. Durch die Übermittlung nur negativer Abweichungen muß eine ungünstige psychologische Auswirkung auf die Motivation der Aufgabenträger befürchtet werden"[28].

Betrachten wir zusammenfassend dieses Modell von den Funktionen der Betriebsführung her, läßt sich festhalten, daß Management by Exception eine Konzeption zur Wahrnehmung der Kontrollfunktion darstellt. Die Führungskraft soll sich bei Anwendung dieses Modells auf solche Probleme konzentrieren können, die tatsächlich auch den Einsatz von Führungspersonal rechtfertigen[29]. Da die Kontrollfunktion unabhängig von den in Frage stehenden Betriebsgrößen erfüllt werden muß, erlaubt uns diese Betrachtung noch keine Einsicht hinsichtlich der Anwendbarkeit des Modells in unterschiedlichen Betriebsgrößen.

Betrachten wir die Organisation im Sinne Gutenbergs hinsichtlich der generellen und der fallweisen Regelung der Beziehungen der Einheiten zueinander, dann stellt das Modell des Management by Exception darauf ab, den Grundsatz der generellen Regelung nur in Ausnahmefällen durch eine fallweise Regelung zu ersetzen. „Die generelle Regelung setzt Übertragbarkeit und Speicherbarkeit voraus; nur das Formulierbare kann generell geregelt werden. Die Formulierbarkeit findet in der Komplexität sehr schnell eine Grenze[30]." Anders ausgedrückt es muß sich um formalisierbare Regelungen handeln, denn nur sie können generell geregelt werden. „Wo die Grenze des Formalisierbaren liegt, ist gegenwärtig völlig offen. Wichtig ist, daß die Grenze für ab-

---

[27] *Köhler*, R.: Informationssysteme für die Unternehmensführung, S. 36.

[28] *Bleicher*, K.: Perspektiven für Organisation und Führung von Unternehmungen, Baden-Baden und Bad Homburg von der Höhe 1971, S. 103.

[29] Vgl. *Vaterrodt*, K. F.: Management by Exception, in: Plus, ZfUf, Jg. 1967, S. 177 ff. und *Vieweg*, R.: Der Einfluß der Organisationsformen auf den Entscheidungsprozeß, in: Neue Betriebswirtschaft, Jg. 1972, S. 9.

[30] *Siebert*, W.: Zur Typologie betrieblicher Entscheidungen, in: ZfB, Jg. 1968, S. 523.

sehbare Zeit sehr eng gezogen bleiben wird und sich in einer Hinsicht auch in fernerer Zukunft nicht hinausschieben läßt[31]."

Das Problem der Anwendung dieses Modells stellt sich somit als Problem der generellen Regelbarkeit. Diese generelle Regelbarkeit wird in breitem Umfange eher in Großbetrieben anzutreffen sein als in Klein- oder Mittelbetrieben.

Theuer weist besonders darauf hin, daß dieses Modell ein geschlossenes Informationssystem zur Voraussetzung hat. „Solange alle Arbeitsabläufe perfekt funktionieren, wird keine Meldung ausgelöst. Störungen aber induzieren die relevanten Signale für das Management by Exception. Zur Funktionsvoraussetzung wird also neben der exakten Festlegung des geschlossenen Informationssystems die genaue Quantifizierung der Abweichungen erforderlich. Daß letztere darüber hinaus den laufenden Veränderungen angepaßt werden müssen, ist selbstverständlich[32]."

Damit läßt sich auch unsere eingangs aufgeworfene Frage hinsichtlich der Eignung dieses Modells für unterschiedliche Betriebsgrößen beantworten: Das Modell des Management by Exception ist eher für den Großbetrieb geeignet, da in dieser Betriebsgröße eher generelle Regelungen in breitem Umfange möglich sind. Darüber hinaus kann erst im Großbetrieb eine detaillierte Planung mit einem kontinuierlichen Soll-Ist-Vergleich durchgeführt werden, die die Ausnahmefälle erkennbar macht.

Selbstverständlich gibt es aber auch in Klein- und Mittelbetrieben Teilbereiche, die einer generellen Regelung zugänglich sind. So ist beispielsweise im Bereich der Funktion Finanzierung auch für einen Mittelbetrieb die Festlegung von Limitbeträgen nach Art und Umfang des Bedarfs an Kapital möglich, bis zu denen Sachbearbeiter selbst entschciden können[33].

3.3.3. Management by Result

3.3.3.1. Kritische Darstellung des Modells

Das Führungsmodell Management by Result oder die ergebnisorientierte Unternehmensführung „unterscheidet sich nicht wesentlich von der Führung durch Vorgabe von Zielen. Durch diese Methode soll die Zielsetzung der Unternehmung auf die jeweils besten Erfolgsmöglich-

---

[31] *Siebert*, W.: Zur Typologie betrieblicher Entscheidungen, S. 499.

[32] *Theuer*, G.: Führungsstil 70 — Akzente und Profile, in: Die Industrie, Jg. 1970, H. 1/2, S. 18.

[33] Vgl. *Bittel*, L. R.: Management by Exception, New York-San Francisco-Toronto-London 1964, S. 10 ff. Vgl. auch *Blohm*, H.: Die Management-Methoden der 70er Jahre, in: Hohenstein, G. (Hsg.), Management-Perspektiven der 70er Jahre, München 1970, S. 124.

keiten konzentriert werden. Es erfolgt eine permanente Zielrevision auf Grund der eingetretenen Ergebnisse. Hierzu werden spezifische Ziele zeitlich und inhaltlich festgelegt, kreativen Zielen Vorrang eingeräumt sowie klare Entscheidungskompetenzen und Informationen geschaffen"[34].

Das Modell geht von einer dreifachen Aufgabensetzung der Betriebsführung aus:

„Das gegenwärtig bestehende Unternehmen muß so leistungsfähig wie möglich gemacht werden.

Seine Möglichkeiten müssen erkannt und verwirklicht werden.

Es muß laufend der zukünftigen Entwicklung angepaßt werden[35]."

Im Modell des Management by Result sind folgende Gegebenheiten von seiten der Betriebsführung zu beachten[36]:

Weder die Ergebnisse noch die Kraftquellen befinden sich von vornherein im Unternehmen. Sie bestehen in der Umwelt des Unternehmens.

Erfolge werden nicht durch Lösung von Problemen, sondern durch Ausnützen der Möglichkeiten erzielt.

Die Kraftquellen des Unternehmens müssen, um Erfolge zu erzielen, auf die Möglichkeiten und nicht auf die Probleme ausgerichtet sein.

Wirtschaftliche Erfolge werden nicht durch bloße Findigkeit, sondern durch Führerschaft erzielt.

Jede Führerschaftsposition ist vergänglich.

Alles Gegenwärtige ist im Altern begriffen.

Die vorhandenen Mittel sind wahrscheinlich falsch verteilt, wenn sie nach einer Normalverteilung aufgeteilt sind.

Die Konzentration ist der Schlüssel zu echten wirtschaftlichen Ergebnissen.

3.3.3.2. Die Eignung des Modells für unterschiedliche Betriebsgrößen

Bereits im Rahmen der Darstellung dieses Modells wurde auf die enge Verwandtschaft mit dem Modell des Management by Objectives hingewiesen. Bezüglich der Eignung der Betriebsführung nach Ergebnissen kann daher auf die Ergebnisse des betreffenden Abschnittes verwiesen werden. Darüber hinaus darf noch darauf hingewiesen werden,

---

[34] *Bleicher*, K.: Perspektiven für Organisation und Führung von Unternehmungen, S. 105. Vgl. auch *Ansoff*, I.: Management Strategie, München 1966.

[35] *Liertz*, R.: Die neuen Management-Techniken zur Systematisierung und Vereinfachung der Aufgaben des Managers, S. 42.

[36] Vgl. *Drucker*, P. F.: Managing for Results, London 1966, S. 4 ff.

daß eine ergebnisorientierte Unternehmensführung eines aussagefähigen und aktuellen Rechnungswesens bedarf. Ein Tatbestand, der die Eignung dieses Modells für größere Betriebe unterstreicht.

3.3.4. Management by Delegation

3.3.4.1. Kritische Darstellung des Modells

Unter Delegation versteht man „das Abgeben von Aufgaben bzw. Kompetenzen (Befugnissen) an nachgeordnete Stellen“[37], wobei nach folgenden Kriterien zu verfahren ist[38]:

1. Delegation entsprechend den Fähigkeiten der Mitarbeiter.
2. Möglichst dauerhafte Delegation gleichartiger Aufgaben an bestimmte Mitarbeiter.
3. Delegation möglichst vollständiger Aufgaben und nicht nur von isolierten Teilaufgaben.
4. Möglichst umfassende Instruktion und Information der Stelleninhaber, an die Aufgaben delegiert werden.
5. Klare Zuteilung und Abgrenzung nicht nur von Aufgaben, sondern auch der entsprechenden Kompetenzen.

Es handelt sich bei diesem Modell um einen ganz allgemeinen Grundsatz der Organisation, also um einen Teilaspekt der implizite auch in anderen, umfassenden Führungsmodellen enthalten ist, so beispielsweise im Konzept des Management by Exception.

Die Anwendung des Management by Delegation oder die Delegation von Aufgaben der Betriebsführung, ist, wenn man dieses Modell eingeschränkt auf die Betriebsführung, unseres Erachtens kein eigentliches Führungsmodell, sondern ergibt sich vielmehr aus einem kooperativen Führungsverhalten, das seinen Niederschlag in einer dezentralen Organisation findet. Wir haben dieses Modell daher auch als Führungsmodell niederer Ordnung eingestuft. „Wenn eine dezentrale Führungsorganisation den in einem Betrieb gewählten Führungsstil bestimmen soll, dann ergibt sich die Notwendigkeit, einer klaren und weitreichenden Führungsdelegation. Diese umfaßt die Aufgabendelegation, die Weisungsdelegation, die Entscheidungsdelegation und die Verantwortungsdelegation[39].“

Hartmann kommt in einer empirischen Studie zu folgendem Ergebnis: „Im deutschen Unternehmen ist Dezentralisation selten. Auf Fragen

---

[37] *Ulrich,* H.: Delegation, in: Grochla, E. (Hsg.), Handwörterbuch der Organisation, Stuttgart 1969, Sp. 433. Vgl. auch *Anderson,* R. C.: Führungs-Strategien, Deutsche Bearbeitung von Rüschenpöhler, H. J., Stuttgart 1972, S. 35.

[38] *Ulrich,* H.: Delegation, Sp. 434.

[39] *Fischer,* G.: Führungsstil und Führungskunst, S. 78. Vgl. auch *Fischer,* G.: Führungsdelegation und Führungskontrolle, in: Personal, Jg. 1968, Heft 5, S. 134.

werden Führungskräfte wahrscheinlich die Aufgabenverteilung als eine ihrer wichtigsten Funktionen erwähnen. Man muß kein besonders kritischer Beobachter sein, um zu erkennen, daß sich dies signifikant von einer Verteilung der Verantwortung unterscheidet. Diese läßt auf eine Dezentralisation der Autorität schließen; jene bezieht sich auf die Zuteilung besonderer Aufgaben und unterstreicht eher die Zentralisation oder Monopolisierung der Autorität, selbst bei unbedeutenden Entscheidungen[40]."

Hinsichtlich der Auswirkungen der Dezentralisation liegen in jüngster Zeit interessante Ergebnisse aus Skandinavien vor. So wurden in Oslo in einer Düngemittelfabrik der Norsk Hydro autonome Arbeitsgruppen geschaffen, wobei sich folgende Ergebnisse zeigten:

„In Übereinstimmung mit ihren zunehmenden Fähigkeiten wird den Mitarbeitern mehr Verantwortung und weitgehendere Entscheidungsbefugnis übertragen. Eine positive Verhaltensänderung ist offensichtlich. Die Fähigkeit, Probleme selber zu lösen, wächst, die Produktivität hat sich erhöht, während die Absenzquote zurückgegangen ist und jetzt deutlich unter dem Unternehmungsdurchschnitt liegt. Auf Initiative der Arbeiter konnte die Zahl der Arbeitskräfte im Betrieb um 15 % reduziert werden.

Ein Experiment der beschriebenen Art vermag natürlich nicht eine Antwort auf alle Probleme zu geben oder sämtliche Konflikte in der Unternehmung zu eliminieren. Aber es zeigt, daß es bedeutend einfacher ist, in einer Atmosphäre der Zusammenarbeit Mittel und Wege zu finden, um bestehende Probleme zu lösen.

Ähnliche Versuche mit mehr oder weniger den gleichen Ergebnissen wurden übrigens in anderen Teilen der Unternehmung durchgeführt. Sie sollen nun auf sämtliche Abteilungen ausgedehnt und die Führungskräfte entsprechend geschult werden[41]."

Eine zweite Studie hat die schwedische Firma Monark Crescent Ab zum Gegenstand.

In der folgenden Tabelle sind die Ergebnisse zusammengestellt.

„Diese Zusammenstellung zeigt, daß die dezentralisierte Organisation gegenüber der zentralisierten in vier Punkten große Verbesserungen zeigt, in vier Punkten kleine Verbesserungen und in zwei Punkten keine Veränderungen.

Ohne daß man die einzelnen Messungen nach ihrem Gewicht bewertet, kann festgestellt werden, daß die dezentralisierte Organisation in

40 *Hartmann*, H.: Der deutsche Unternehmer: Autorität und Organisation, Frankfurt am Main 1968, S. 78.

41 *Linde*, Ø.: Neue Grundsätze im Mitarbeiter-Management-Verhältnis, in: Schürer, W. und Schneider, U. (Hsg.), Entwicklungstendenzen des Management in Europa, Bern und Stuttgart 1971, S. 84 f.

diesem Fall sich weitgehend rationeller gezeigt hat, als die zentralisierte. Von den verwendeten Rationalitätskriterien drücken die Effizienzkriterien die Fähigkeit zum Überleben vielleicht am besten aus. Weil das Ziel des Überlebens während der hier verfolgten drei Jahre in dezentralisierter Form besonders dominant gewesen ist, sollten die diesbezüglichen, ständigen Verbesserungen bei der Beurteilung besonders ins Gewicht fallen[42]."

[43]

Verwendete Kriterien der Rationalität		Die dez. Form zeigt im Vergleich mit der zentr.				
		Große Verb.	Kleine Verb.	Keine Veränd.	Kleine Verschl.	Große Verschl.
1	*Effektivität*					
11	Qualität der Produkte	x				
12	Menge der Produkte			x		
2	*Effizienz*					
21	Effizienz der Arbeitskraft	x				
22	Effizienz des Kapitals	x				
23	Totaleffizienz	x				
3	*Flexibilität*					
31	Marktanpassung		x			
32	Produktanpassung		x			
33	Technologische Anpassung		x			
4	*Soziale Rationalität*					
41	Arbeitslust			x		
42	Arbeitstreue		x			

Betrachten wir das Modell des Management by Delegation vom funktionellen Gesichtspunkt, dann muß festgestellt werden, daß es primär auf die Koordination von Aufgaben, Weisungsbefugnis, Entscheidungsbefugnis und Verantwortung zwischen mehreren Personen abstellt. Die übrigen Funktionen der Betriebsführung sind im Modell nicht explizite enthalten.

[42] *Harlegård*, S.: Zentralisieren oder Dezentralisieren? Eine Fallstudie am Beispiel der durchgeführten Reorganisation eines Industrieunternehmens, Bern und Stuttgart 1971, S. 80.

[43] *Harlegård*, S.: Zentralisieren oder Dezentralisieren?, S. 81. Weitere Beispiele siehe *Heinrich*, W.: Wirtschaft und Persönlichkeit, S. 121 ff.

3.3.4.2. Die Eignung des Modells für unterschiedliche Betriebsgrößen

Stellen wir das Modell des Management by Delegation nur auf die Führungsaufgaben unter Ausklammerung der Ausführung ab, dann sind folgende Voraussetzungen erforderlich[44]:

Die Mitarbeiter erhalten einen eindeutig definierten Aufgabenbereich mit den entsprechenden Kompetenzen, in dem sie selbständig handeln und entscheiden können.

Die unternehmerischen Entscheidungen werden auf die Ebenen verlagert, auf denen sie sich als notwendig erweisen.

Die mit Weisungsbefugnis ausgestatteten Führungskräfte sind allein für ihre Entscheidung verantwortlich.

Damit setzt dieses Modell als Mindestforderung eine Betriebsgröße voraus, in der die Betriebsführungsfunktionen von zwei Personen wahrgenommen werden; das heißt nicht, daß diese beiden Personen gleichrangig sind!

Betrachten wir das Modell auch hinsichtlich der Delegation von Ausführungsfunktionen, dann verringert sich die in Frage kommende Betriebsgröße überhaupt auf ein Zwei-Personen-Unternehmen.

Wir können daher zusammenfassend festhalten, daß dieses Konzept weitgehend unabhängig von der Betriebsgröße angewendet werden kann. Selbstverständlich sind die Anwendungsmöglichkeiten im Großbetrieb weiter, wie beispielsweise die Stabsabteilungen beweisen, die ausschließlich in Großbetrieben anzutreffen sind[45], wenn wir davon absehen, daß auch Kleinbetriebe „Stabs-Leistungen" beziehen können (Beispiel: Steuerberater, Werbeberater).

Zur Sicherstellung einer wirkungsvollen Aufgabendelegation bedingt dieses Modell Anforderungen an eine Formalorganisation, wie sie nur in größeren Unternehmungen gegeben sein können.

3.3.5. *Management by System*

3.3.5.1. Kritische Darstellung des Modells

Dieses Führungsmodell geht von der Tatsache der zunehmenden Verwaltungstätigkeit aus. Diese Verwaltungstätigkeit wird durch Verfahrensordnungen systematisiert und auch laufend überprüft[46].

---

[44] *Liertz*, R.: Die neuen Management-Techniken zur Systematisierung und Vereinfachung der Aufgaben des Managers, S. 26.

[45] *Hendrikson*, K. H.: Rationelle Unternehmensführung in der Industrie, Wiesbaden 1966, S. 367.

[46] Vgl. *Neuschel*, R. F.: Management by System, New York-Toronto-London 1960, S. 3 ff.

Die drei Bereiche, die im Rahmen des Management by System geordnet werden, sind die folgenden:

„(a) Verfahrensordnungen (procedures) als einer Aufeinanderfolge von Verwaltungstätigkeiten, mit denen normalerweise verschiedene Menschen in einer oder mehreren Abteilungen befaßt sind. Die Festlegung dieser Verfahrensordnungen hat den Zweck, eine einheitliche Durchführung von laufend wiederkehrenden Tätigkeiten in einem Unternehmen zu gewährleisten. Eine Verfahrensordnung legt im einzelnen fest:

— Welche Arbeit von den verschiedenen Beteiligten zu leisten ist.
— Wer diese Beteiligten sind.
— Wann die verschiedenen Abschnitte einer Aufgabe auszuführen sind, d. h. ihre Rangordnung und Terminierung.

(b) Methoden als manuelle und mechanische Mittel, mit deren Hilfe Verwaltungstätigkeiten ausgeführt werden. Methoden sagen also aus, wie eine Arbeit ausgeführt wird, aber nicht, welche Arbeiten von wem und wann durchgeführt werden.

(c) Systeme als Netzwerk von miteinander verknüpften Verfahrensordnungen im Sinne integrierter Schemata zur Durchführung der Haupttätigkeiten des Unternehmens, wie Produktion, Finanzierung etc[47]."

Dieses Modell stellt damit primär auf die Schaffung einer Formalorganisation ab, mit deren Hilfe die zunehmende Verwaltungstätigkeit bewältigt werden soll. Hinsichtlich der Führungsfunktionen ist keine Funktion ausgeprägt im Modell enthalten. Allerdings bedeutet die Formalorganisation eine Hilfe in der Wahrnehmung der Funktionen.

3.3.5.2. Die Eignung des Modells für unterschiedliche Betriebsgrößen

Die Anwendung des Management by System ist, wie bereits ausgeführt, vom Vorhandensein einer Formalorganisation abhängig. Wie wir zeigen konnten, ist erst im größeren Betrieb diese Formalorganisation gegeben, womit dieses Modell für die Anwendung im kleineren und mittleren Betrieb ausscheidet.

Diese Abhängigkeit des Management by System von einer Formalorganisation ergibt sich aus den Erfordernissen dieses Modells wie[48]:

Festlegung der einzelnen Aufgaben und Tätigkeiten.
Festlegung von Richtlinien für die Aufgabendurchführung.
Abgrenzung von Verantwortungsbereichen etc.

---

[47] *Liertz*, R.: Die neuen Management-Techniken zur Systematisierung und Vereinfachung der Aufgaben des Managers, S. 29.
[48] *Neuschel*, R. F.: Management by System, S. 40 ff.

3.3.6. Projekt Management

3.3.6.1. Kritische Darstellung des Modells

Projekt Management ist neben der Gesamtheit aller projektbezogenen, dispositiven Aufgaben und der Gruppe aller Träger dieser Aufgaben „eine Konzeption der Unternehmensführung für die Durchführung von Projekten ..., ein Führungsinstrument, das aus einer besonderen Einstellung der Unternehmensführung zu Projekten erwächst und einen spezifischen Führungsstil einschließt“[49].

Das Projekt Management „besteht darin, daß die Unternehmensführung für die Gesamtdauer des Projekts eine zentrale Projektverantwortlichkeit schafft. Diese wird in einer Stelle organisatorisch institutionalisiert, deren einzige Aufgabe die erfolgreiche Leitung des Projekts ist. Die Besonderheit dieser Stelle gegenüber anderen Stellen in der Unternehmensstruktur ist, daß sie nach Abschluß des Projekts aufgelöst wird. Der Stelleninhaber wird als Projekt-Manager bezeichnet. Er übernimmt die Verantwortung für die Erreichung der Projektziele, seine Leistung wird ausschließlich am Erfolg des Projekts gemessen. Seine Aufgabe ist es, zu gewährleisten, daß alle Teilvorgänge des Projekts unabhängig von Abteilungsgrenzen zwischen den ausführenden Einheiten so gut wie möglich aufeinander abgestimmt und auf die Projektziele ausgerichtet werden“[50].

Unseres Erachtens wird hier von Schröder das Projekt Management zu einseitig auf ein Unternehmen abgestellt. Projekt Management ist, wie die Praxis beispielsweise in der Bauwirtschaft zeigt, auch als Konzept im Rahmen der zwischenbetrieblichen Kooperation möglich.

Ein Projekt ist somit „jede Aufgabe, die einen definierbaren Anfang und einen definierbaren Abschluß hat und den Einsatz eines oder mehrer Produktionsfaktoren für jeden der einzelnen, miteinander verbundenen und wechselseitig voneinander abhängigen Teilvorgänge fordert, die ausgeführt werden müssen, um das dieser Aufgabe vorgegebene Ziel zu erreichen“[51].

Zur Planung von Projekten erweisen sich die Verfahren der Netzwerktechnik als besonders geeignet.

---

[49] *Schröder*, H. J.: Projekt-Management, Eine Führungskonzeption für außergewöhnliche Vorhaben, Wiesbaden 1970, S. 24 f.

[50] *Schröder*, H. J.: Projekt-Management, S. 28.

[51] *Martino*, R. L.: Project Management and Control, New York 1964/65, Vol. I., Finding the Critical Path, S. 17, übersetzt von: *Schröder*, H. J.: Projekt-Management, S. 15 f.

3.3.6.2. Die Eignung des Modells für unterschiedliche Betriebsgrößen

Wir wollen die Eignung dieses Modells für unterschiedliche Betriebsgrößen an den Voraussetzungen untersuchen. Als solche Voraussetzungen für ein erfolgreiches Projekt Management werden angeführt[52]:

1. Das Projekt Management erfordert hochqualifizierte Mitarbeiter.
2. Klare Zielformulierung des Projekts und präzise Aufgabenstellung für die Mitarbeiter.
3. Rechtzeitige Nominierung eines Projektleiters.
4. Unterstützung des Projekt Management durch die Betriebsführung.
5. Umfangreiche Erziehung im gesamten Unternehmen.
6. Entsprechende Personalpolitik.

Von den genannten Voraussetzungen ausgehend, kann gefolgert werden, daß dieses Modell weitgehend betriebsgrößenunabhängig angewendet werden kann, da die primäre Voraussetzung in der Person des Projekt-Leiters gegeben ist. Wir müssen hier jedoch unterscheiden zwischen:

1. Projekt Management als innerbetriebliches Führungsmodell. Hier zeigt sich die Eignung eher für den Mittel- und Großbetrieb[53],
2. Projekt Management als überbetriebliches Führungsmodell, als zwischenbetriebliches Kooperationsmodell.

Beispiele aus den USA zeigen, daß die Verfahren der Netzwerktechnik auch von Klein- und Mittelbetrieben im Rahmen von Projekten angewendet werden. Die Beherrschung und die Anwendung von Netzwerken ist dort sogar eine der Voraussetzungen für Regierungsaufträge[54].

Das Modell des Projekt Management könnte beispielsweise von Klein- und Mittelbetrieben angewendet werden zur Lösung der Fragen der Umweltzerstörung, im Rahmen des Zu- und Unterlieferersystems und bei Erfahrungsaustauschgemeinschaften[55].

---

[52] *Schröder*, H. J.: Projekt-Management, S. 112 ff.

[53] Vgl. *Siegwart*, H. und *Menzl*, A.: Aufbau eines Projektmanagements in der Forschung und Entwicklung — ein Erfahrungsbericht, in: Betriebswirtschaftliche Mitteilungen, Heft 50, Bern 1970.

[54] Vgl. *Hartmann*, B.: Elektronische Datenverarbeitung für Klein- und Mittelbetriebe, Freiburg im Breisgau ³1966, S. 207.

[55] Vgl. *Hruschka*, E.: Aktuelle Möglichkeiten der Förderung der Klein- und Mittelbetriebe in Österreich, in: Jubileumnummer van de Kroniek van het Ambacht, Klein- en Middenbedrijf, Jg. 25 (1971), Nr. 5 - 6, S. 365 ff.

3.3.7. *Matrix Management*

3.3.7.1. Kritische Darstellung des Modells

Als Matrix Management wird ein Modell bezeichnet, das einen zwei- oder mehrdimensionalen, effizienten Entscheidungs-, Koordinations- und Kommunikationsprozeß sicherstellt.

Ein zweidimensionales Matrix Management Modell zeigt nachfolgende Darstellung[56]:

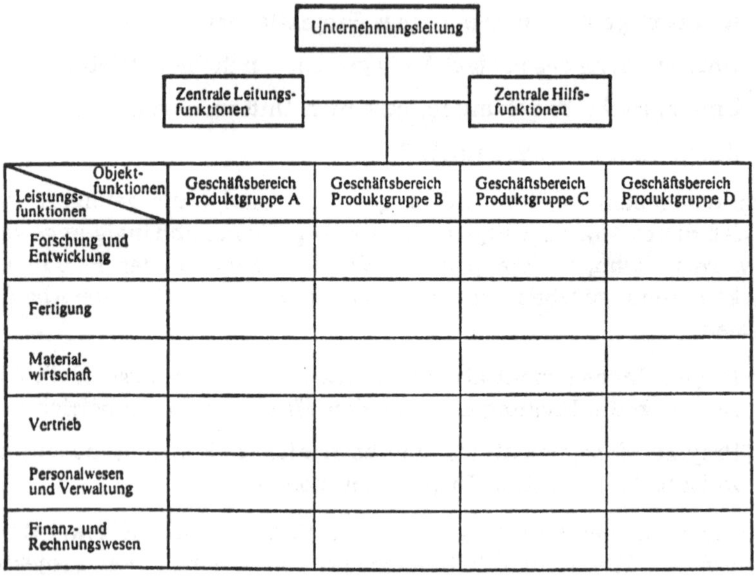

Die Dimensionen, die obenstehende Matrix enthält, sind die Funktionen und die Produktgruppen.

Führt man in diesem Modell als weitere Dimension die Betriebshierarchie ein, entsteht nachfolge Darstellung (siehe Seite 137)[57].

Eine Ausweitung des Matrix Management durch Einführung weiterer Dimensionen ist möglich, läßt sich aber graphisch nicht mehr darstellen.

Matrix Management ist, wie auch obige Darstellungen zeigen, ein Organisationsmodell, eine Weiterentwicklung der Linien- und der Stablinienorganisation.

---

[56] *Timmermann*, M.: Matrix-Management, S. 317.
[57] *Timmermann*, M.: Matrix-Management, S. 318.

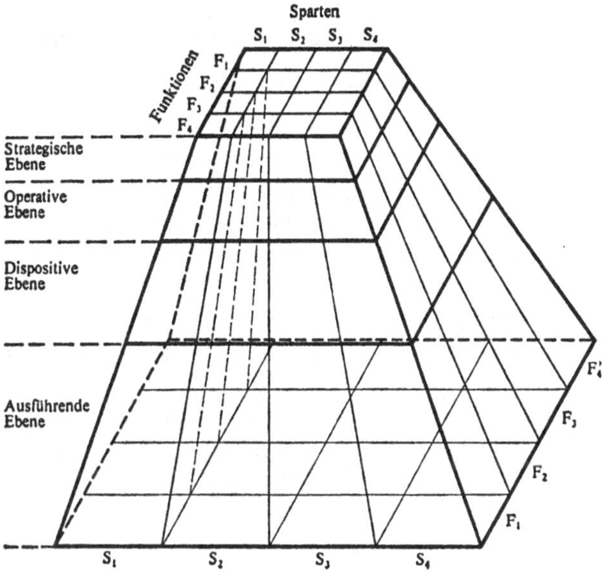

3.3.7.2. Die Eignung des Modells für unterschiedliche Betriebsgrößen

Matrix Management ist eine Organisationsform für den Großbetrieb, die im Rahmen der amerikanischen Raumfahrtvorhaben entwickelt wurde[58].

Die Eignung dieses Modells ausschließlich für den Großbetrieb oder Großvorhaben geht auch daraus hervor, daß es ein Rechnungswesen bedingt, das Ergebnisse für alle Dimensionen der Matrix liefert. In diesem Zusammenhang sei auf das in den USA entwickelte PPBS (planning - programming - butgeting - system) verwiesen, das in Verbindung mit der Matrix-Organisation ein integriertes Programm — Planungs- und Budgetierungsprogramm — darstellt[59]. So könnte das Matrix Management die Organsationsstruktur für ein Bundesamt für Klein- und Mittelbetriebe (nach dem Vorbild der Small BusinessAdministration) darstellen[60].

---

[58] Vgl. *Dullien*, M.: Flexible Organisation, Praxis, Theorie und Konsequenzen des Projekt- und Matrix-Management, Opladen 1972, S. 17.

[59] Vgl. *Dullien*, M.: Flexible Organisation ... S. 75.

[60] Vgl. *Hruschka*, E.: Betriebswirtschaftlicher Teil des Mittelstandsprogramms der österreichischen Bundesregierung, Maschinmanuskript, Wien 1969 und *Chini*, L. W.: Ansätze zu einer Theorie der betriebswirtschaftlichen Wirkungen der Förderung von Unternehmungen durch die staatliche Aktivität, Dissertation Hochschule für Welthandel, Wien 1972, S. 69 ff.

3.4. Zusammenfassung der Führungsmodelle niederer Ordnung (Management-Führungsmodelle)

Wenngleich hier nur ausgewählte „Management"-Führungsmodelle behandelt wurden, können wir folgende Schlüsse ableiten:

Betrachten wir die Modelle daraufhin, ob sie den Betriebsführungsfunktionen gerecht werden, kann gesagt werden, daß kein Modell explizite sämtliche Führungsfunktionen herausstellt; diese Modelle im Sinne unserer Begriffsbestimmung daher als Modelle niedriger Ordnung zu bezeichnen sind.

So liegt der Schwerpunkt beim Management by Objectives in der Zielfunktion, der des Management by Exception in der Kontrollfunktion.

Hinsichtlich der Eignung der Modelle für unterschiedliche Betriebsgrößen konnten wir feststellen, daß, vermutlich auch durch die in der Praxis begründete Entstehung der Modelle in Großbetrieben, auch ihre Anwendung weitgehend auf den Großbetrieb zielt.

3.5. Ausgewählte Führungsmodelle höherer Ordnung

3.5.1. Harzburger Modell

3.5.1.1. Kritische Darstellung des Modells

Dieses Modell wird von der „Akademie der Führungskräfte" in Bad Harzburg als Grundlage von Schulungen verwendet. Es stellt sich, nach Ansicht seines geistigen Vaters Höhn als Führungsmodell dar, das im Gegensatz zum autoritär geführten Unternehmen, die Verwirklichung der Führung im Mitarbeiterverhältnis ermöglicht. Als Führungsmittel verwendet das Modell die allgemeine Führungsanweisung und die Stellenbeschreibung[61].

Die autoritär geführte Unternehmung stellt nach Höhn die in Deutschland traditionelle Form der Betriebsführung dar. Die Leitbilder für diese Führung sind zu finden im absoluten Staat, in der Gutsherrschaft, in der Handwerksordnung, im Heereswesen, in der staatlichen Verwaltung usw.[62]. Diese autoritäre Führung ist für die moderne Wirtschaft als Führungskonzeption nicht geeignet, da die steigende Betriebsgröße und die wachsende Arbeitsteilung zu einer Durchbrechung füh-

[61] *Höhn,* R. und *Böhme,* G.: Stellenbeschreibung und Führungsanweisung, Die organisatorische Aufgabe moderner Unternehmensführung, Bad Harzburg [4]1970, S. V. Vgl. auch *Volk,* H.: Führung im Mitarbeiterverhältnis nach dem Harzburger Modell, in: Fortschrittliche Betriebsführung, Jg. 1968, S. 56 f. und vgl. *Renner,* H.: Führungstechniken nach dem Harzburger Modell, in: Deutsches Malerblatt, Jg. 1971, S. 627 f. und vgl. *Bataillard,* V.: Führungsmodelle als Herausforderung, in: Neue Zürcher Zeitung vom 23. und 24. 7. 1971.

[62] *Höhn,* R.: Die Stellvertretung im Betrieb. Ein Führungs- und Organisationsproblem im modernen Unternehmen, Bad Harzburg 1964, S. 1 ff.

ren[63]. Dieser autoritären Führung wird die Führung im Mitarbeiterverhältnis entgegengesetzt, die wie folgt gekennzeichnet ist[64]:

Die betrieblichen Entscheidungen werden nicht mehr lediglich von einem oder einigen wenigen Männern an der Spitze des Unternehmens getroffen, sondern jeweils von den Mitarbeitern auf den Ebenen, zu denen sie ihrem Wesen nach gehören.

Die Mitarbeiter werden nicht mehr durch einzelne Aufträge vom Vorgesetzten geführt. Sie haben vielmehr einen bestimmten Bereich, in dem sie selbständig handeln und entscheiden.

Die Verantwortung wird nicht mehr auf die oberste Spitze konzentriert, sondern wird mit den Aufgaben und den dazugehörigen Kompetenzen auf die Ebene übertragen, die sich damit zu beschäftigen hat.

Das Unternehmen wird nicht mehr, wie dies typisch für die absolutistische Denkweise ist, „von oben nach unten aufgebaut, indem die vorgesetzte Instanz nur das abgibt, was ihr zuviel wird, sondern von unten nach oben, indem die vorgesetzte Instanz der untergeordneten nur diejenigen Entscheidungen abnimmt, die die untere Instanz beim besten Willen nicht mehr allein zu fällen vermag“[65].

Einen sehr wesentlichen Teil dieses Modells stellt die Delegation dar, wie auch nachfolgende Darstellung der Grundsätze des Harzburger Modells zeigt[66]:

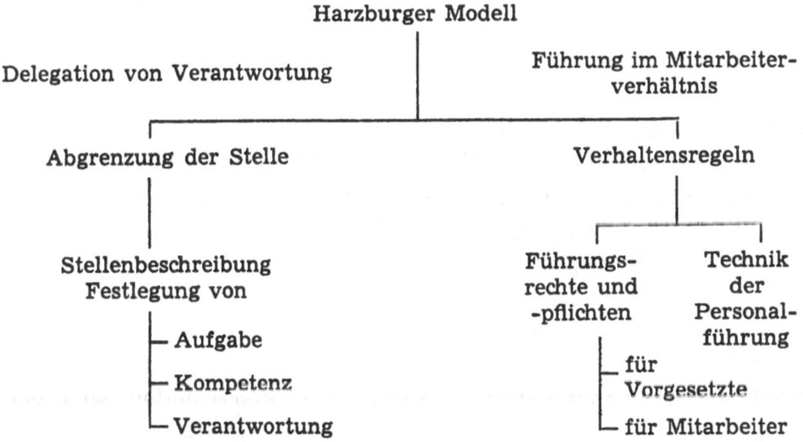

[63] *Höhn*, R.: Die Stellvertretung im Betrieb ... S. 5.

[64] *Höhn*, R.: und *Böhme*, G.: Stellenbeschreibung und Führungsanweisung, S. 9.

[65] *Mellerowicz*, K.: Betriebswirtschaftslehre der Industrie, 1957, S. 158, sowie *Wöhe*, G.: Einführung in die allgemeine Betriebswirtschaftslehre, ^{6}1964, S. 94 ff., zitiert nach *Höhn*, R. und *Böhme*, G.: Stellenbeschreibung und Führungsanweisung, S. 9.

[66] *Schinnerer*, K.: Grundsätze der Führung industrieller Unternehmen, deren Entwicklung und Darstellung in Management-Techniken und Führungsmodellen, Dissertation Hochschule für Welthandel, Wien 1970, S. 136.

Die Delegation von Verantwortung im Harzburger Modell stellt wie die Delegation im allgemeinen darauf ab, daß die nachstehenden Bereiche bei jeder Stelle im Unternehmen übereinstimmen[67]:

Die Aufgaben, die mit der Stelle verbunden sind.

Die Befugnisse oder Kompetenzen, die sich aus der Stelle ergeben und die Verantwortung, die sich aus den Aufgaben und Befugnissen ergibt.

Aus dem Prinzip der Delegation ergibt sich im Harzburger Modell als nächster Schritt die Abgrenzung der einzelnen Stellen im Rahmen der Betriebshierarchie, die in der Folge ihren schriftlichen Niederschlag in Stellenbeschreibungen findet. Die Stellenbeschreibung an sich ist noch kein Kennzeichen für die Führung im Mitarbeiterverhältnis, da sie auch als Instrument eines autoritären Führungsmodells verwendet werden kann. Nach dem Harzburger Modell ist im Rahmen der Stellenbeschreibung wie folgt zu verfahren[68]:

das Ziel festzulegen, das im Rahmen der Gesamtzielsetzung des Unternehmens mit einer bestimmten Stelle verbunden ist;

den Aufgabenbereich mit den dazu gehörigen Befugnissen zu bestimmen, den der Mitarbeiter zur Erreichung dieses Zieles wahrzunehmen hat, in dem er also selbständig zu handeln und zu entscheiden verpflichtet ist;

diesen Bereich sinnvoll abzugrenzen gegenüber dem Delegationsbereich der nächsten, über ihm stehenden Stufe, also gegenüber dem seines Vorgesetzten;

soweit der Mitarbeiter gleichzeitig Vorgesetzter ist, seinen Delegationsbereich gegenüber den Bereichen seiner Mitarbeiter abgrenzen;

ihn ebenfalls abzugrenzen gegenüber den Delegationsbereichen benachbarter Bereiche auf der gleichen Ebene (Kollegen) sowie denen der zugeordneten Stäbe;

festzulegen, mit welchen anderen Stellen es der Mitarbeiter bei der Erfüllung seiner Aufgaben zu tun hat (Linie, Stäbe, Dienstleistungsstellen);

das Unterstellungsverhältnis zu regeln, d. h. klarzustellen, wem der Stelleninhaber untersteht, wer ihm also als Vorgesetzter gegenübertritt;

das Überstellungsverhältnis festzulegen, d. h. zu bestimmen, wer dem Mitarbeiter untersteht, wer ihm also als Vorgesetzter gegenübertritt;

klarzustellen, wie im Verhinderungsfall seine Aufgaben wahrgenommen werden: ob in echter oder begrenzter Stellvertretung, ob ein

---

[67] *Höhn*, R.: Führungsbrevier der Wirtschaft, Bad Harzburg 1969, S. 10.

[68] *Höhn*, R. und *Böhme*, G.: Stellenbeschreibung und Führungsanweisung, S. 59.

Platzhalter oder ein Ersatzmann tätig werden soll oder ob der Delegationsbereich es zuläßt, daß die Tätigkeit für die Zeit der Abwesenheit des Stelleninhabers eingestellt werden kann;

zu bestimmen, welche Aufgaben er im Verhinderungsfall anderer wahrnimmt (seine eigene Vertretungstätigkeit);

zu entscheiden, ob der Stelleninhaber in Linien-, Stabs- oder Dienstleistungsfunktion tätig wird.

Die nach dem Harzburger Modell hier dargestellte Stellenbeschreibung[69] ist unseres Erachtens kein Kennzeichen für ein bestimmtes Führungsverhalten, sondern nur der schriftliche Niederschlag der Formalorganisation. Die Stellenbeschreibung nach dem Harzburger Modell gibt nur den Grundsatz der Delegation wieder, ohne auf ein bestimmtes Führungsverhalten einzugehen; sie könnte daher ebenso in einem Unternehmen, das durch eine autoritäre Führung gekennzeichnet ist, angewendet werden. In diesem Zusammenhang kommen Hofmann und Guserl in einer empirischen Studie, die auf einer Erhebung in dreizehn deutschen und schweizerischen Großbetrieben, die nach dem Harzburger Modell arbeiten, basiert, unter anderem zu dem Ergebnis, daß sich mit dem Harzburger Modell keine Änderung des in einem Unternehmen praktizierten Führungsstils erreichen läßt[70].

Ein weiterer Einwand gegen die Stellenbeschreibung ergibt sich aus dem Tatbestand der Formalisierung von Stellen, die vielfach zu einer Scheinrationalität führten und sich negativ auf die Motivationen der Mitarbeiter auswirkten[71].

Die Führung im Mitarbeiterverhältnis nach dem Harzburger Modell benutzt zu ihrer Realisierung neben dem Instrument der Stellenbeschreibungen noch das Instrument von Verhaltensregeln, die in der allgemeinen Führungsanweisung ihren Niederschlag finden. Diese allgemeine Führungsanweisung beinhaltet dabei[72]:

Darstellung des Wesens der Führung im Mitarbeiterverhältnis und Abgrenzung von der autoritären Führung;

Kennzeichnen der Delegation von Verantwortung als Kernstück der Führung im Mitarbeiterverhältnis;

Festlegung der Pflichten der Mitarbeiter im Rahmen der Führung;

Festlegung der Pflichten der Vorgesetzten gegenüber ihren Mitarbeitern;

---

[69] Zur Stellenbeschreibung vgl. *Schwarz*, H.: Arbeitsplatzbeschreibungen, Freiburg im Breisgau, [3]1970.

[70] *Hofmann*, M. und *Guserl*, R.: Harzburger Modell: Bürokratie statt Kooperation, in: Manager Magazin, Jg. 1972, Nr. 2, S. 60.

[71] *Fuchs*, R.: Stellenplan und Planstellen, in: ZfbF, Jg. 1972, S. 168.

[72] *Höhn*, R. und *Böhme*, G.: Stellenbeschreibung und Führungsanweisung, S. 22 ff.

Darstellung der Verantwortung;
Festlegung der Grundsätze der Dienstaufsicht;
Grundsätze der Erfolgskontrolle;
Grundsätze der Information von Vorgesetzten durch Mitarbeiter, von Mitarbeitern durch Vorgesetzte, sowie der gegenseitigen Information auf gleicher hierarchischer Ebene;
Grundsätze für die Gestaltung von Mitarbeitergesprächen und -besprechungen;
Grundsätze für die Führung von Dienstgesprächen und -besprechungen;
Grundsätze für die Ausübung der Kritik gegenüber Mitarbeitern durch Vorgesetzte, sowie Anerkennung;
Grundsätze für das Verhältnis von Linie und Stab, sowie der Stäbe untereinander[73];
Grundsätze für das Zusammenspiel von Stelleninhaber und Stellvertreter;
Grundsätze der Platzhalterschaft;
Richtlinien für Einzelaufträge von Vorgesetzten an Mitarbeiter;
Grundsätze des Dienstweges;
Grundsätze für die Einsetzung von Fachvorgesetzten;
Grundsätze für Disziplinarmaßnahmen;
Festlegung von Beschwerden.

Auch die in den hier dargestellten allgemeinen Führungsanweisungen enthaltenen Grundsätze gewährleisten unseres Erachtens keineswegs die Erreichung der angestrebten Führung im Mitarbeiterverhältnis, da sie mit Ausnahme eines Punktes auch in einem autoritären Führungsmodell Gültigkeit haben. Darüber hinaus führt die Vielzahl von Grundsätzen und Normen zu einer Bürokratisierung. Ein Tatbestand, der im Zusammenhang mit ausgebauten Stellenbeschreibungen zu einer Überorganisation führt. Dies wird noch dadurch verstärkt, daß diese allgemeine Führungsanweisung noch durch spezielle Führungsanweisungen ergänzt werden[74]. Die bereits angeführte empirische Studie kommt zu nachstehenden kritischen Einwendungen gegen das Harzburger Modell[75].

---

[73] Vgl. *Höhn*, R.: Die Führung mit Stäben in der Wirtschaft, Bad Harzburg 1961

[74] *Höhn*, R. und *Böhme*, G.: Stellenbeschreibung und Führungsanweisung, S. 40 f.

[75] *Hofmann*, M. und *Guserl*, R.: Harzburger Modell: Bürokratie statt Kooperation, S. 60 ff.

Grobe Vereinfachung des autoritären Führungsstils;

mit dem Harzburger Modell läßt sich keine Änderung des Führungsstils erreichen;

der formalistische Charakter des Harzburger Modells erzeugt Bürokratie;

der Eindruck des Universalismus trügt;

das Prinzip der Delegation ist ein Gemeinplatz.

Vom Standpunkt der Funktionen der Betriebsführung aus betrachtet, sind sämtliche Funktionsbereiche im Harzburger Modell enthalten, weshalb wir es auch als Modell höherer Ordnung bezeichnet haben.
Die von uns dargestellten kritischen Einwendungen bedürfen noch einer weiteren Differenzierung im Hinblick auf die Eignung des Modells für unterschiedliche Betriebsgrößen.

3.5.1.2. Die Eignung des Modells für unterschiedliche Betriebsgrößen

Unsere bisherige Untersuchung hat ergeben, daß die Einführung des Harzburger Modells in einem Betrieb noch keine Führung im Mitarbeiterverhältnis begründet[76]. Es verbleiben somit noch die Probleme der Formalorganisation des Harzburger Modells: einerseits das Problem der Stellenbeschreibung und andererseits die Frage der Führungsanweisungen, die wir in der Folge im Hinblick auf ihre Eignung für unterschiedliche Betriebsgrößen untersuchen wollen.

Wir stellen hier die These auf, daß die Probleme der Stellenbeschreibung und Führungsanweisung erst in einer Betriebsgröße, in der sich die Notwendigkeit der Delegation von Führungsaufgaben ergibt, auftreten. So ist ja z. B. der Kleinstbetrieb durch seine unmittelbare Überschaubarkeit durch den Unternehmer gekennzeichnet, der sämtliche Führungsfunktionen vereint[77].

Diese Form der personalen individuellen Führung[78] kommt sehr deutlich in der Begriffsbestimmung des Gewerbes, das einen Großteil der Klein- und Mittelbetriebe umfaßt, zum Ausdruck, wonach Gewerbe

[76] *Steinbuch* vertritt die Meinung, daß alle industriellen Produktionsformen auf Arbeitsteilung und eingeschränkter Freiheit des Verhaltens beruhen; auch in der Zukunft müssen die übergeordneten Instanzen der Hierarchie mit Autorität ausgestattet sein. *Steinbuch*, K.: Die Verantwortung des Managers für die Zukunft, in: Die Industrie, Jg. 1972, Heft 13, S. 6 ff.

[77] *Hruschka*, E.: Aufdeckung und Beseitigung betrieblicher Verlustquellen, S. 34 f.

[78] *Bleicher* bezeichnet diesen Tatbestand als personal-paternalistische Führung: *Bleicher*, K.: Perspektiven für Organisation und Führung von Unternehmungen, S. 67 ff.

„auf unmittelbar persönlichen Leistungen, meistens Einzelleistungen beruht, um damit vorzugsweise differenzierte Bedürfnisse zu befriedigen“[79].

Stellenbeschreibungen und Führungsanweisungen ergeben nach dem Harzburger Modell zusammen die Formalorganisation eines Unternehmens, die dazu dient, die Kommunikation im Unternehmen nach vorgegebenen Bahnen ablaufen zu lassen. Neben der Notwendigkeit für eine derartige Formalorganisation, die sich erst im größeren Betrieb ergibt, sprechen auch die Kosten der Einrichtung einer derartigen Formalorganisation für den Großbetrieb. Auch die bereits angeführte empirische Untersuchung von Hofmann und Guserl zeigt hinsichtlich der Betriebe, die mit dem Harzburger Modell arbeiten, eine großbetriebliche Struktur[80].

Die Notwendigkeit zur Formalorganisation im Großbetrieb ergibt sich unter anderem auch aus der Zahl der Beschäftigten in einem derartigen Unternehmen und den damit verbundenen Beziehungen untereinander.

Zahl der Gruppen-mitglieder	Zahl der Beziehungen	Zunahme der Beziehungen bei jeder Vergrößerung der Gruppe
2	1	—
3	3	2
4	6	3
5	10	4
6	15	5
7	21	6
8	28	7
9	36	8
10	45	9
15	105	—
20	190	—
50	1 225	—

[79] *Gutersohn*, A.: Das Gewerbe in der freien Marktwirtschaft, Bd. I., Das Wesen des Gewerbes und die Eigenart seiner Leistungen, Zürich und St. Gallen 1954, S. 133. Vgl. auch *Gutersohn*, A.: Das Gewerbe in der freien Marktwirtschaft, Bd. II., Die betriebswirtschaftlichen Eigentümlichkeiten, Die gewerblichen Verbände, Die Verflechtungen des Gewerbes mit dem Markt, Zürich und St. Gallen 1962.

[80] In Österreich arbeitet unter anderem die E. Schrack AG mit einem modifizierten Harzburger Modell; N. N.: Rendezvous mit dem Chef, in: Die Industrie, Jg. 1972, Heft 13, S. 14 f.; eine Befragung der American Management Association ergab ein ähnliches Bild, vgl. *Dale* E.: Organization, American Management Association 1967, S. 244.

Die Häufigkeit der Interaktionen in Abhängigkeit von der Zahl der Beschäftigten macht vorstehende Darstellung deutlich (siehe Seite 144)[81].

3.5.2. *ÖPZ-Modell*

3.5.2.1. Kritische Darstellung des Modells[82]

Das ÖPZ-Modell (abgekürzt für: Österreichisches Produktivitäts-Zentrum-Modell) entstand aus einer Zusammenarbeit zwischen dem Österreichischen Produktivitäts-Zentrum und dem Schweizerischen Institut für höhere kaufmännische Bildung (in der Folge SIB abgekürzt). Inhaltlich deckt sich das ÖPZ-Modell weitgehend mit dem SIB-Modell[83].

Das SIB-Modell seinerseits zeigt große Übereinstimmung mit dem DIB/MAM (Deutsches Institut für Betriebswirtschaft e. V., Frankfurt am Main und Management — Akademie München) — Modell, weshalb wir uns auf die Kritik des ÖPZ-Modells beschränken können[84].

Das ÖPZ-Modell stellt eine Grundlage für die Schulung und Weiterbildung dar, indem es einen möglichen Weg aufzeigt, die Unternehmensführung innerhalb der Organisation eines bestehenden Unternehmens zu gestalten. Insofern wird es dem Tatbestand gerecht, daß es keine von der zugehörigen Organisation losgelösten Führungsmodelle gibt[85], wobei wiederum gilt, daß auch die Organisation ihrerseits nicht als Abstraktum existiert, ohne das Vorhandensein der ihr nachgeordneten Leistungsbereiche. Mit anderen Worten ist ein Führungsmodell ex definitione nur denkmöglich in einem existenten Unternehmen. So betrachtet, stellt das ÖPZ-Modell kein Führungsmodell, sondern ein Schulungsmodell dar[86].

Das ÖPZ-Modell besteht insgesamt aus mehreren Teilmodellen, von denen wir hier das Teilmodell I, Regelkreis der Unternehmensführung,

---

[81] *Barnard*, C. I.: Die Führung großer Organisationen (The Functions of the Executive), übersetzt von *Boettcher*, K. W., Essen 1970, S. 97.

[82] Vgl. *Fuchs*, W., *Battaillard*, V. und *Stieger*, L.: ÖPZ Führungsmodell I, Regelkreis der Unternehmensführung, Österreichisches Produktivitäts-Zentrum, Seminarunterlagen vom 23. und 24. 2. 1970.

[83] Vgl. *Schinnerer*, K.: Grundsätze der Führung industrieller Unternehmen, S. 158.

[84] Vgl. *Britt*, A.: Übersicht über marktgängige Führungsmodelle, in: Industrielle Organisation, Jg. 1971, S. 494, und *Deyhle*, A.: Die Konzeption des DIB/MAM-Management-Systems, in: Industrielle Organisation, Jg. 1971, S. 508 ff.

[85] *Rühle von Lilienstern*, H.: Führungsmodelle gestern, heute und morgen, Eine kritische Analyse der Elemente eines Führungsmodells und seiner Position in der Lehre der Unternehmensführung, in: Industrielle Organisation, Jg. 1971, S. 495.

[86] Bezüglich der in Österreich durchgeführten Managementausbildung verweisen wir auf: *Ortner*, G. E.: Managementausbildung in Österreich, Eine empirische Untersuchung als Grundlage für ein österreichisches Managementausbildungskonzept, Wien, Freiburg, Basel 1971, S. 51 ff.

kritisch darstellen. Die auf diesem Teilmodell I aufbauenden übrigen Teilmodelle können aus Raumgründen hier nicht betrachtet werden. Das Teilmodell I seinerseits besteht aus folgenden Hauptabschnitten[87]:

Führung mit Zielvorgabe;

Zielorientierte Organisationsstruktur;

Prinzip der koordinierten Führung;

Führungshandbuch und Führungsrichtlinien;

Funktionsbeschreibung (Stellenbeschreibung);

Stäbe, Projekt- und Arbeitsgruppen;

Informationswesen;

Kontrolle im betriebswirtschaftlichen Regelkreis;

Mitarbeiterbeurteilung und Mitarbeiterschulung.

Vergleichen wir diese Hauptabschnitte mit den vorher aufgestellten Funktionen der Betriebsführung, dann ergibt sich, daß die Hauptabschnitte sämtliche Funktionen der Betriebsführung und teilweise nachgeordnete Funktionen behandeln. Wir können im Sinne unserer Kriterien dieses Modell somit als Führungsmodell höherer Ordnung bezeichnen.

Der Abschnitt Führung mit Zielvorgabe geht von einem Leitbild des Unternehmens (management by ideas) aus, aus dem für jeden Teilbereich Funktionsziele (management by system) und Leistungsziele (management by objectives) abgeleitet werden. Die sich daraus ergebenden Zielsetzungen werden mit den Mitarbeitern vereinbart und von diesen akzeptiert. Die Istergebnisse führen zu einer laufenden Ausführungskontrolle (management by controll) und zu allfälligen Abweichungskorrekturen (management by exceptions). Die Ergebnisse werden periodisch kontrolliert (management by results). Diese Vorgänge werden im ÖPZ-Modell wie folgt schaubildlich dargestellt (siehe Seite 147)[88].

Diese Zusammenstellung macht die von uns bereits aufgestellte These deutlich, daß die Management by exception, — by delegation, — by system etc. Führungsmodelle nur Teilaspekte oder Teilfunktionen der Betriebsführung beachten, sie somit funktionell betrachtet die Betriebsführung nicht vollständig wiedergegeben und von uns daher als Modelle niedriger Ordnung bezeichnet werden. Festzuhalten ist ferner, daß auch das ÖPZ-Modell Funktionsbeschreibungen, sowie ein ausgedehntes Rechnungswesen, das die Ausführungskontrolle und die periodische Ergebniskontrolle sicherstellt, fordert. Es stellt damit wieder auf Be-

---

[87] *Fuchs*, W., *Bataillard*, V. und *Stieger*, L.: ÖPZ Führungsmodell I, Regelkreis der Unternehmensführung, S. 3 und 4.

[88] *Fuchs*, W., *Bataillard*, V. und *Stieger*, L.: ÖPZ-Führungsmodell I, Regelkreis der Unternehmensführung, S. 109.

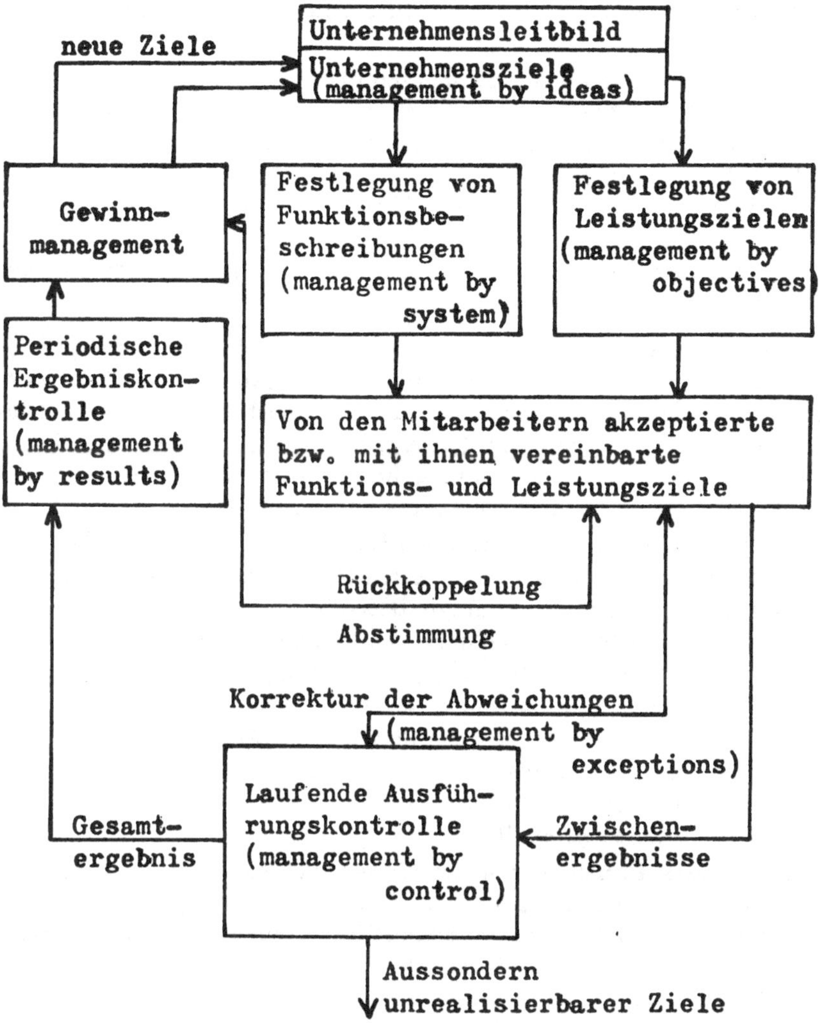

triebsgrößen ab, die derartige formalorganisatorische Bedingungen wirtschaftlich einsetzen können.

Im Abschnitt zielorientierte Organisationsstruktur werden die allgemeingültigen Grundsätze der Gestaltung der Aufbau- und Ablauforganisation eines Unternehmens wie Analyse der Istorganisation durch Aufnahme der Aufbauorganisation, Untersuchung der informellen Beziehungen und Untersuchung der Funktionsabläufe und daraus aufbauende Durchsetzung der Sollorganisation behandelt. Hinsichtlich der Gestaltung der Aufbauorganisation wird die „Funktional-Team-Organisation" vorgeschlagen, die eine Gliederung nach drei Schlüsselfunktionen vorsieht:

1. Funktionen der Unternehmenspolitik:
   Zentrale Festlegung, Koordinierung und Kontrolle der Ziele, sowie der Beziehungen innerhalb und außerhalb des Unternehmens.
2. Mittelfunktionen:
   Steuerung und Kontrolle des Mitteleinsatzes.
3. Prozeßfunktionen:
   Zeitlicher Zyklus aller mit dem Produkt beziehungsweise der Dienstleistung zusammenhängenden Funktionen.

Diese Gliederung nach den Schlüsselfunktionen deckt sich weitgehend mit der Gliederung von Ulrich in unternehmungsbezogenen Funktionsbereich, betriebsmittelbezogenen Funktionsbereich und marktleistungsbezogenen Funktionsbereich[89]. Kritisch festzuhalten ist, daß hinsichtlich der Funktionen keinerlei Ordnung im ÖPZ-Modell enthalten ist, die Funktionen stehen vielmehr gleichrangig ungeordnet nebeneinander.

Die Funktional-Team-Organisation findet für die Gestaltung der Aufbauorganisation hinsichtlich der Betriebsgröße dort ihre untere Anwendungsmöglichkeit, wo zumindestens für die drei Schlüsselfunktionen Teams in einem Unternehmen gebildet werden können.

Der Abschnitt Prinzip der koordinierten Führung beinhaltet die gegenseitige Abstimmung der einzelnen Funktionen im Hinblick auf die Unternehmensziele. Dabei werden durch dieses Prinzip die Führungsrichtlinien und die Organisationsstruktur zentralisiert, sowie die Verantwortung und die Kompetenz dezentralisiert. Wiederkehrende Abläufe werden durch generelle Regelungen erfaßt.

Auch dieses Prinzip der koordinierten Führung kann unseres Erachtens ab einer Betriebsgröße zur Anwendung gelangen, ab der sich die Betriebsführung als interindividuelles Problem stellt. Im übrigen werden hier im ÖPZ-Modell ähnlich wie im Harzburger Modell unter dem Begriff der Führung im Mitarbeiterverhältnis insbesondere die Probleme der generellen und fallweisen Regelung sowie die Fragen der Delegation behandelt.

Das Führungshandbuch und die Führungsrichtlinien stellen zusammen mit den Funktionsbeschreibungen die Formalorganisation dieses Modells dar. Ein Tatbestand, der sich auch im Harzburger Modell zeigte. Das Führungshandbuch zerfällt in einen allgemeinen Teil (Firmenleitbild, Unternehmensziel, unternehmenspolitische Grundsätze, Organisationsrichtlinien, Personalbesetzungsplan, Stellvertretungsplan, zentrale Organisationsrichtlinien und Grundsatzentscheidungen) und einen speziellen Teil (Funktionsbeschreibung des Stelleninhabers, Funk-

[89] *Ulrich*, H.: Die Unternehmung als produktives soziales System, S. 46 ff.

tionsbeschreibungen der direkt unterstellten Mitarbeiter, Jahresleistungsziel, Budget, Informations- und Kontrollpläne, Ablaufdiagramme und funktionsmäßig begrenzte Organisationsanweisungen). Die Führungsrichtlinien als Teil des Führungshandbuches enthalten die Elemente des in einer Unternehmung gültigen Führungsstils wie im Harzburger Modell.

Die Funktionsbeschreibung enthält die generelle Regelung von wiederkehrenden Aufgaben, sowie aufbauorganisatorische Regeln, wobei folgende Teilgebiete enthalten sind: Funktionsbezeichnung, Funktionsziel, Fähigkeitsanforderungen an den Stelleninhaber, Hauptaufgaben, Informationspflichten, Kontrollpflichten, Befugnisse etc.

Im Abschnitt Stäbe, Projekt- und Arbeitsgruppen werden die Fragen der Stäbe, der Linien, der Zusammenarbeit zwischen Stäben und Linien, der internen und externen Stäbe, sowie der Projektteams und Arbeitsgruppen traditionell behandelt.

Das Informationswesen nach dem ÖPZ-Modell umfaßt:

Sollwertvorgabe,
Istwerterfassung,
Rückkoppelungsaktivität und
Koordination.

Dieses Informationswesen setzt somit ein sehr ausgebautes Rechnungs- und Informationswesen voraus, das neben der Erfassung der Istdaten auch eine Sollvorgabe enthält; ein Tatbestand, der die Eignung dieses Modells eher für den Großbetrieb bedingt.

Die Kontrolle im betriebswirtschaftlichen Regelkreis dient dem besseren Erreichen der gesetzten Ziele. Die Kontrolle kann dabei sein:

Selbstkontrolle,
Ausführungskontrolle,
Ergebniskontrolle und
Führungs- und Organisationsinventur.

Auch die Auslegung der Kontrollfunktion erscheint großbetrieblich orientiert.

Die Mitarbeiterbeurteilung erfolgt auf Grund von Soll-Ist-Vergleichen für jeden einzelnen Mitarbeiter nach folgenden vier Phasen:

Zielsetzung,
laufende Überprüfung während der Periode,
periodische Leistungsbilanz und
Verwertung der Ergebnisse für zukünftige Zielsetzungen.

Betrachten wir die Mitarbeiterbeurteilung im Hinblick auf das sie bedingende Rechnungswesen, muß gefolgert werden, daß hier ein nach Ist- und Soll- oder Planzahlen aufgebautes Rechnungswesen erforderlich ist, wenn die Mitarbeiterbeurteilung wirklich alle Mitarbeiter umfassen soll.

Auch der letzte Fragenkreis der Mitarbeiterschulung wird vom ÖPZ-Modell auf den Großbetrieb abgestellt, da die Mitarbeiterschulung vom Klein- und Mittelbetrieb nur auf kooperativer Basis wegen der damit verbundenen hohen Kosten gelöst werden kann.

3.5.2.2. Die Eignung des Modells für unterschiedliche Betriebsgrößen

Betrachten wir das ÖPZ-Modell als Schulungsmodell unter dem Aspekt der Eignung für unterschiedliche Betriebsgrößen, so muß seine großbetriebliche Eignung herausgestellt werden. Dies wird nachstehend wie folgt begründet:

Funktionsziele und Leistungsziele setzen ein Rechnungswesen für ihre Kontrolle voraus, das im Klein- und Mittelbetrieb aus wirtschaftlichen Gründen nicht gegeben ist.

Funktionsbeschreibungen sind Teil einer Formalorganisation, die dem größeren Betrieb vorbehalten ist.

Die Gliederung in drei Bereiche von Schlüsselfunktionen der Betriebsführung setzt zumindestens einen Mittelbetrieb voraus, in dem die Betriebsführung auf zumindestens drei Personen aufgeteilt ist.

Dasselbe gilt sinngemäß für das Prinzip der koordinierten Führung.

Hinsichtlich des Führungshandbuches und der Führungsrichtlinien gelten die Ausführungen über die Funktionsbeschreibungen.

Das Informationswesen nach dem ÖPZ-Modell fußt auf einem großbetrieblichen Rechnungswesen mit Sollwertvorgaben

Von den vier Bereichen der Kontrolle bleibt zumindestens die Führungs- und Organisationsinventur dem Großbetrieb vorbehalten.

Die Mitarbeiterbeurteilung im ÖPZ-Modell setzt wiederum ein Rechnungswesen mit Sollwerten voraus.

Die Mitarbeiterschulung kann vom Klein- und Mittelbetrieb nur auf kooperativer Basis gelöst werden.

VII. Die Determinanten des Betriebes als Voraussetzung für die Anwendung der einzelnen Führungsmodelle

1. Das Problem

Im Rahmen unserer bisherigen Ausführungen zeigten wir bereits einzelne Voraussetzungen für Führungsmodelle. So konnte nachgewiesen werden, daß die Führungsmodelle unter ceteris paribus Bedingungen eine unterschiedliche Eignung für einzelne Betriebsgrößen aufweisen. Auch wurde herausgestellt, daß die Führungsfunktionen in den einzelnen Modellen eine unterschiedliche Ausprägung aufweisen und mittels dieses Kriteriums Modelle niederer und höherer Ordnung unterscheiden. Die bisher explizit behandelten Determinanten betreffen zuletzt das Vorhandensein einer Formalorganisation als Voraussetzung bestimmter Führungsmodelle.

Wir sind der Ansicht, daß neben den oben angeführten Determinanten noch weitere bestehen, die auf die Anwendung von Führungsmodellen entscheidenden Einfluß haben. Es darf hier schon darauf hingewiesen werden, daß diese Determinanten selbstverständlich interdependent sind, wir jedoch einzelne Determinanten herausgreifen, wobei die übrigen Determinanten konstant gehalten werden. Diese Vorgangsweise, ausgehend von bestimmten Determinanten, erlaubt auch das Aufstellen neuer Führungsmodelle, für diejenigen Bereiche, die die bisherigen Modelle nicht umfassen. Darüber hinaus kommt unserem Unterfangen auch praktische Bedeutung zu, da damit die Voraussetzungen aufgezeigt werden, die nach Art und Umfang gegeben sein müssen, um ein bestimmtes Führungsmodell in einem Unternehmen anzuwenden. Dieser Gesichtspunkt wird noch dadurch unterstrichen, daß ein Führungsmodell bei Anwendung in einem Unternehmen den Charakter einer Investition hat.

2. Die Determinanten im einzelnen

Ohne hier auf die Probleme der Interdependenzen zwischen den einzelnen Determinanten einzugehen, werden in unserer Untersuchung nachstehende Determinanten behandelt:

Betriebsgröße,
Führungsfunktionen,

Formalorganisation,
Managementeignung und
Zielsystem.

Da wir die Fragen der Interdependenz ausklammern, ist auch die Reihung der Determinanten eine willkürliche.

Auch die aufgezählten Determinanten erheben keinen Anspruch auf Vollständigkeit, sondern sind nur exemplarisch.

2.1. Die Betriebsgröße

Zur Messung der Eignung einzelner Führungsmodelle für die von uns verwendeten fünf Betriebsgrößen, bedienen wir uns nachstehender Ordinalskala:

+ 2 sehr geeignet
+ 1 geeignet
0 indifferent oder betriebsgrößenneutral
− 1 bedingt geeignet
− 2 ungeeignet

Die Tabelle im Anhang enthält die Ergebnisse unserer bisherigen Untersuchung über die Eignung der Führungsmodelle für unterschiedliche Betriebsgrößen, ausgedrückt in obiger Ordinalskala.

Festzuhalten ist, daß sämtliche von uns aus der Literatur ausgewählten Führungsmodelle für den Kleinbetrieb, unsere Betriebsgröße I, entweder ungeeignet oder nur bedingt geeignet sind. Andererseits zeigt sich, daß die Eignung der Modelle mit wachsender Betriebsgröße steigt. Daraus läßt sich folgern, daß alle Führungsmodelle eine großbetriebliche Struktur zur Voraussetzung haben und diese Modelle umgekehrt im Kleinbetrieb nicht angewendet werden können.

An Modellen, die für das kleine und mittlere Unternehmen geeignet sind, bieten sich an:

1. Modelle, die eine Aufteilung der Führungsaufgaben auf mehrere Unternehmungen zum Gegenstand haben, von uns als Unternehmensführung durch Kooperation bezeichnet;

   Als Beispiel sei hier der Hersteller-Ring[1] angeführt, dem folgende Gedanken zugrunde liegen:

   aa) Jeder, der im Hersteller-Ring zusammengeschlossenen Betriebe, hat Verantwortung, Risiko und Erfolgsmöglichkeiten nur in dem Bereich, für den der Betriebsführer und die leitenden An-

[1] *L'Orange*, R.: Der Hersteller-Ring, Ein Weg, den Klein- und Mittelbetrieben die Vorteile des Großbetriebes zu sichern, jedoch dessen Nachteile zu vermeiden, Stuttgart 1942, S. 129 ff.; vgl auch *König*, R.: Das Hersteller-Ring-System, ein Weg zur Stärkung von Klein- und Mittelbetrieben, Dissertation Hochschule für Welthandel, Wien 1969.

gestellten durch ihre Begabung und Ausbildung, der Betrieb durch seine Einrichtungen besonders geeignet ist.

bb) Die Kopffirma repräsentiert nach außen hin die Gesamtheit des Hersteller-Ringes; sie tritt nach außen hin gegenüber der Kundschaft und beim Einkauf als geschlossene Einheit auf.

cc) Innerhalb der im Hersteller-Ring zusammengeschlossenen Betriebe ist der jeweilige Betriebsführer allein verantwortlich; er erhält von der Kopffirma keinerlei innerbetriebliche Anordnungen. Die Kopffirma steuert den Austausch von Erfahrungen, Maschinen, Rohstoffen, flüssigen Mitteln und in Sonderfällen auch von Arbeitskräften zwischen den Betrieben.

dd) Die Administrationsarbeit zwischen der Kopffirma und den einzelnen Hersteller-Betrieben erfolgt nach den auch in Großbetrieben üblichen Formen der innerbetrieblichen Anweisung.

ee) Die einzelnen Hersteller-Betriebe sind vertraglich verpflichtet, Bestellungen der Kopffirma bevorzugt durchzuführen; es besteht aber keine Verpflichtung des Hersteller-Betriebes ausschließlich für die Kopffirma zu arbeiten, wenn die Aufträge der Kopffirma die Kapazität des Hersteller-Betriebes nicht voll auslasten.

ff) Die Kopffirma ihrerseits ist vertraglich verpflichtet, die Produktionsarbeit bevorzugt an die Hersteller-Betriebe zu vergeben; ist die Kapazität der Hersteller-Betriebe ausgelastet, kann die Produktion auch anderweitig vergeben werden. Die Kopffirma selbst unterhält keine eigene Produktion. Produktionsanlagen der Kopffirma dienen für Entwicklungsarbeiten.

Ein weiteres Beispiel ist das Zu- und Unterlieferersystem[2].

2. Modelle, die eine externe Beratung in Führungsaufgaben zum Gegenstand haben, von uns als Unternehmensführung durch Beratung bezeichnet.

Im Beratungswesen kann auf die von den Rationalisierungsreferaten der Kammern der gewerblichen Wirtschaft in Österreich durchgeführten Beratungen verwiesen werden. Die allein vom Rationalisierungsreferat der Bundeskammer, also ohne Landeskammern, durchgeführten Betriebsberatungen verteilen sich auf folgende Betriebsgrößen, mit nachstehenden, korrigierten (zeitlich berichtigten) Beschäftigtenzahlen, wie folgende Tabelle zeigt[3]:

---

[2] Vgl. *Hruschka*, E.: Betriebswirtschaftliche und allgemeine Gewerbeförderung, S. 116 f. und vgl. auch *Pollak*, P.: Das Zu- und Unterlieferersystem, Eine Form zwischenbetrieblicher Arbeitsteilung, Wien 1970.

[3] *Bundeskammer der gewerblichen Wirtschaft, Wirtschaftsförderungsinstitut:* Bericht über die Tätigkeit des Rationalisierungsreferates im Jahr 1969, Maschinmanuskript, Wien 1970, S. 2.

Unternehmungen mit einer korrigierten Beschäftigtenzahl von	in % der Gesamtzahl 1967	1968	1969
0 - 4,9	28,0	25,1	26,6
5 - 9,9	19,7	27,0	28,6
10 - 25	20,7	21,2	20,6

Aus dieser Tabelle ist ersichtlich, daß ein großer Teil der Beratungstätigkeit auf Kleinbetriebe entfällt.

3. Modelle, die die Realität in der Mehrzahl der kleinen und mittleren Betriebe zum Gegenstand haben, von uns als Unternehmungsführung durch Improvisation (Management by Improvisation) bezeichnet.

Das Modell der Unternehmensführung durch Kooperation (Management by Cooperation), die Betriebsführung durch Zusammenarbeit erscheint unseres Erachtens nur für den Klein- und Mittelbetrieb geeignet. Für den Großbetrieb kommt die Zusammenarbeit mit anderen Betrieben nicht in den Fragen der Betriebsführung, wohl aber in den ausführenden Bereichen zum Tragen.

Das Modell der Unternehmensführung durch Beratung (Management by Consulting) ist unseres Erachtens unabhängig von der Determinante Betriebsgröße anwendbar. Allerdings ist die Art der Beratung wiederum abhängig von der Betriebsgröße.

Das Modell der Unternehmensführung durch Improvisation (Management by Improvisation) stellt kein Modell im Sinne eines Vorbildes dar, gibt aber unseres Erachtens die Wirklichkeit wieder und muß daher als zumindestens bedingt geeignet für den Klein- und Mittelbetrieb angesprochen werden.

2.2. Die Führungsfunktion

Die Determinante der Führungsfunktionen wurde in unseren bisherigen Ausführungen im Rahmen der einzelnen Führungsmodelle bereits untersucht, wobei wir die Führungsfunktionen Zielfunktion, Entscheidungsfunktion, Realisationsfunktion, Koordinationsfunktion, Kontrollfunktion und Informationsfunktion herausgestellt haben.

Zur Darstellung der Intensität der Ausprägung der einzelnen Führungsfunktionen in den einzelnen Modellen bedienen wir uns nachstehender Ordinalskala:

+ 2 sehr ausgeprägt
+ 1 ausgeprägt
− 1 kaum vorhanden
− 2 nicht vorhanden

Unsere Übersicht im Anhang bringt die Zusammenstellung der Intensität der Ausprägung der einzelnen Führungsfunktionen in den Führungsmodellen. Es zeigt sich, daß in den von uns dargestellten „Management“ Modellen die Führungsfunktionen sehr unterschiedlich ausgeprägt vorhanden sind. Stellen wir allein auf die Determinante Führungsfunktionen ab, sind die Modelle des Management by Objectives und des Management by Result als diejenigen zu bezeichnen, in denen die Zielfunktion am stärksten ausgebildet ist. Die Modelle des Projekt-Management und des Matrix-Management stellen mehr auf besondere Organisationsprobleme ab. Die Führungsfunktionen sind daher in diesen Modellen kaum vorhanden. Im Modell des Management by System sind die Führungsfunktionen ebenfalls kaum ausgeprägt. Das Modell Management by Exception zeigt eine besonders starke Betonung der Kontrollfunktion, wobei die übrigen Funktionen kaum ausgeprägt sind. Der Schwerpunkt des Management by Delegation liegt in der Koordinationsfunktion. Die Schulungsmodelle zeigen verhältnismäßig ausgeprägte Führungsfunktionen.

Daraus läßt sich zusammenfassend ableiten, daß unter Bedachtnahme der Determinante Führungsfunktionen mit Ausnahme der von Schulungsinstitutionen angebotenen Modelle alle übrigen Modelle eine stark unterschiedliche Ausprägung der einzelnen Funktionen aufweisen. Sämtliche der von uns behandelten Management-Modelle haben somit funktionell betrachtet, einerseits Schwerpunktfunktionen und vernachlässigen andererseits die übrigen Führungsfunktionen. Vom Standpunkt der ganzheitlichen Betriebswirtschaftslehre ist ein Führungsmodell zu fordern, das sämtliche Funktionen der Betriebsführung ausgeprägt enthält. Die einzelnen Funktionen sind nach ganzheitlicher Auffassung hierarchisch geordnet, in dem Sinne, daß auch innerhalb der Führungsfunktion vorgeordnete und nachgeordnete Leistungen zu unterscheiden sind. So betrachtet, ergibt sich die Forderung nach einem funktionalen Führungsmodell in dem sämtliche Führungsfunktionen in nachstehender rangmäßiger Ordnung ausgeprägt enthalten sind:

1. Zielfunktion,
2. Entscheidungsfunktion,
3. Realisationsfunktion,
4. Koordinationsfunktion,
5. Kontrollfunktion und
6. Informationsfunktion.

Ein derartiges Modell wollen wir als funktionales Management-Modell bezeichnen.

2.3. Die Formalorganisation

Unter Formalorganisation wollen wir im Sinne Gutenbergs das „Kompetenzsystem, die offenen und gebundenen Formen kooperativer Zusammenarbeit, das Informationssystem und das Substitutionsgesetz"[4] verstehen, das in mehr oder weniger starker Ausprägung in jedem Betrieb vorhanden ist. Neben dieser, von der Geschäftsleitung bewußt geschaffenen oder tradierten Formalorganisation, steht die informelle Organisation, die von der Geschäftsleitung keinesfalls bewußt geschaffen ist, sondern ihren Ursprung in spontanen, individuellen, zwischenmenschlichen Beziehungen hat.

Betrachten wir die Formalorganisation als Determinante für Führungsmodelle, so muß darauf verwiesen werden, daß auch diese Formalorganisation wiederum von Determinanten bestimmt wird. Als solche sind unter anderen anzuführen: Die Betriebsgröße, die Branche, das Wirtschaftssystem, das Gesellschaftssystem, die Rechtsordnung etc[5].

Die Formalorganisation ist wie bereits ausgeführt in verschiedenen Ausprägungen in den Betrieben vorhanden, wobei die Form und Intensität der Ausprägung wiederum abhängig ist von den oben exemplarisch angeführten Determinanten, die die Soll-Formalorganisation eines Betriebes bestimmen. Liegt die Ausprägung der Ist-Formalorganisation eines Unternehmens unter der Soll-Formalorganisation, spricht man im allgemeinen Sprachgebrauch von Unterorganisation und im umgekehrten Falle von Überorganisation.

Wir wollen die Ausprägung der Formalorganisation als Determinante der Führungsmodelle dadurch darstellen, daß wir verschiedene Intensitätsstufen der Ausprägung der Formalorganisation aufstellen und diese Stufen den Führungsmodellen zuordnen.

Wir bedienen uns dabei wiederum einer Ordinalskala, die wir nachstehend wiedergeben:

+ 2 sehr ausgeprägt
+ 1 ausgeprägt
— 1 vorhanden
— 2 kaum vorhanden

Wie oben ersichtlich, reicht die Ordinalskala von + 2 als einer sehr ausgeprägten bis — 2 als einer kaum vorhandenen Formalorganisation. Zur Illustration dieser Ordinalskala sei für eine sehr ausgeprägte Formalorganisation, also mit der Benotung + 2, ein Unternehmen angeführt, das vollinhaltlich nach dem Harzburger Modell mit Stellenbeschreibungen und Führungsanweisungen organisiert ist, angeführt. Wie

---

[4] *Gutenberg*, E.: Grundlagen der Betriebswirtschaftslehre, 1. Band: Die Produktion, S. 280. Vgl. auch *Luhmann*, N.: Funktionen und Folgen formaler Organisation, Berlin [2]1972, S. 29 ff.

[5] Vgl. *Mayntz*, R.: Die soziale Organisation des Industriebetriebes, S. 30 ff.

in der Kritik des Harzburger Modells dargelegt wurde, birgt eine ausgeprägte Formalorganisation die Gefahr der Bürokratisierung und damit der Schwerfälligkeit und Unwirksamkeit der Organisationsstruktur in sich, da die Formalorganisation in ihrem Istzustande vielfach die erforderliche Sollorganisation übersteigt. Der zweite Extrempunkt der Ordinalskala, − 2 kaum vorhandene Formalorganisation, sei durch einen steuerpauschalierten Betrieb illustriert.

Unseres Erachtens ist die Formalorganisation wie wir auch im Rahmen der Behandlung der einzelnen Betriebsgrößen zeigen konnten, eindeutig in ihrer Ausprägung abhängig von der Betriebsgröße, und zwar insofern als die Ausprägung der Formalorganisation zwangsweise mit steigender Betriebsgröße wächst.

Wie unsere Tabelle im Anhang zeigt, haben sämtliche Führungsmodelle eine ausgeprägte bis sehr ausgeprägte Formalorganisation zur Voraussetzung. Die Begründung dafür liegt in der weitgehend großbetrieblichen Orientierung der Führungsmodelle. Ein Tatbestand, der bei der Besprechung der Determinante Betriebsgröße ausführlich behandelt wurde.

Soll die Determinante Formalorganisation, wenn wir unsere Ordinalskala zu Grunde legen, niedrig gehalten werden, also zwischen den Werten − 1 und + 1 liegen, bietet sich eine starke Betonung der informellen Organisation an. Diese informelle Organisation umfaßt das Netzwerk sozialer Beziehungen, das auf den persönlichen Sympathien und Gemeinsamkeiten der Mitglieder eines Unternehmens aufbaut, die durch ihre Herkunft und ihre außerbetrieblichen Rollen begründet sind[6]. Die durch die informelle Organisation begründeten zwischenmenschlichen Beziehungen und die damit verbundenen Informations- und Kommunikationsprozesse ersetzen in einem solchen Fall zumindest teilweise die in der formellen Organisation begründeten und normierten Informations- und Kommunikationsprozesse. Wir gehen hier von der durch die soziologische und sozialpsychologische Forschung begründeten These der Wechselwirkung zwischen formeller und informeller Organisation aus[7]. Diese informale Organisation ist allerdings an Bedingungen geknüpft, von denen vor allem das Fehlen von räumlichen und sozialen Distanzfaktoren zu nennen ist[8]. Inhaltlich decken sich diese Bedingungen mit den im Gesetz der kleinen Gemeinschaften formulier-

---

[6] Vgl. *Kazmier*, L.: Einführung in die Grundsätze des Management, programmiert, deutsche Bearbeitung *Riedmann*, W., München ²1972, S. 165 ff. *Ziegler*, R.: Organisation, informale, in: Grochla, E. (Hsg.), Handwörterbuch der Organisation, Sp. 1095 *Coenenberg*, A. G.: Die Kommunikation in der Unternehmung, Wiesbaden 1966, S. 133 ff.

[7] Vgl. *Bartram*, P.: Die innerbetriebliche Kommunikation, Ihre organisatorische Gestaltung und ihre ungeregelte Entwicklung im Betriebsgeschehen, Berlin 1969, S. 28 f.

[8] Vgl. *Bartram*, P.: Die innerbetriebliche Kommunikation, S. 110.

ten Voraussetzungen[9]. Die Wirksamkeit der informalen Organisation für die Kommunikationsprozesse setzt somit eine dezentrale Organisationsform voraus, wie sie Schmalenbachs Modell der pretialen Wirtschaftslenkung[10], das Bata Führungsmodell[11], das japanische System der selbständigen Abteilungsführung[12] und andere in unserer Arbeit bereits angeführte dezentrale Organisationsmodelle aufweisen. Angewandt auf die Probleme der Betriebsführung und auf das Problem eines Führungsmodells, das eine gering ausgeprägte Formalorganisation aufweist und dafür die in der informellen Organisation bestehenden Kommunikationsprozesse nutzt, erscheint uns das Modell des Team-Management oder der Betriebsführung im Team diesen Anforderungen gerecht zu werden. Dieses Modell des Team-Management erscheint auch der aufgestellten Forderung nach einer Organisationsstruktur, die sich aus den innovatorischen Aufgaben des Unternehmens ergeben, eher gerecht werden zu können, als es unseres Erachtens rascher auf Änderungen im Markt und anderen Bereichen reaktionsfähig ist. Die zunehmend kürzere Reaktionsnotwendigkeit auf externe Daten sei an nachstehendem graphischen Beispiel aus dem Bereich der Produktentwicklung illustriert, das die für die Entwicklung beispielsweise eines

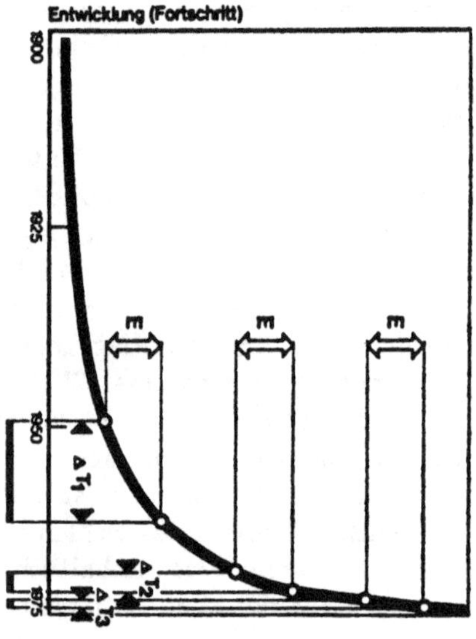

[9] Vgl. *Heinrich*, W.: Wirtschaft und Persönlichkeit, S. 209 f.

[10] Vgl. *Schmalenbach*, E.: Pretiale Wirtschaftslenkung, Band 2, Pretiale Lenkung des Betriebes, Bremen-Horn 1948.

[11] Vgl. *Vlcek*, J.: Das Bata-Führungssystem, in: Industrielle Organisation, Jg. 1971, Heft 11, S. 515 ff.

[12] Vgl. *Bruns*, T.: Neuerung und Veraltern — Unternehmensführung als Lernsystem, in Neuerungsorientierte Unternehmensführung, Bern 1972, S. 65.

Erzeugungsverfahrens verfügbare Zeit (T_1, T_2, T_3) bei jeweils gleicher Entwickungsspanne (E) für einzelne Jahre dieses Jahrhunderts zeigt[13].

2.4. Managementeignung

Unter der Determinante Managementeignung wollen wir die Eignung der Manager als denjenigen Personenkreis, der ein Unternehmen führt, oder anders ausgedrückt, der die Führungsfunktionen wahrnimmt, behandeln. Unser Managementbegriff deckt sich somit keineswegs mit demjenigen des Eigentümerunternehmers, wenngleich er ihn einschließt. Dieser unser Managementbegriff deckt sich somit inhaltlich mit dem Terminus Führungskraft. Um eine Führungskraft oder einen Manager abzugrenzen, bedient man sich üblicherweise der hierarchischen Zuordnung in der zwischen Top-, Middle- und Lower-Management unterschieden wird und damit eine Abgrenzung von dem ausführenden Personenkreis geschaffen wird. Eine andere, auf differenzierteren Abgrenzungskriterien aufbauende Unterscheidung stellt auf die persönliche Führungsreichweite, den finanziellen Einflußrahmen und die zeitliche Reichweite der Entscheidungen ab[14].

Unter dem Begriff der Eignung[15] wollen wir alle Fähigkeiten, das Wissen und die Bereitschaft, die sich aus der Betriebsführung ergeben, verstehen.

Wie bereits ausgeführt, stehen diesen Eignungen des Individuums sachliche Anforderungen[16] gegenüber, die wiederum bestimmt werden durch die betriebsindividuellen Determinanten der Betriebsgröße, der Branche etc. Dies weist wiederum auf die gegenseitigen Abhängigkeiten der Determinante Managementeignung von anderen Determinanten hin.

Die Managereignung wird im allgemeinen als Eigenschafts- oder als Anforderungsprofil, je nachdem ob die Betrachtung vom Individuum oder von den Sacherfordernissen des Betriebes ausgeht, dargestellt, das im allgemeinen folgende Punkte enthält[17]:

---

13 *Gasser*, C.: Neuerungsorientierte Unternehmungsführung in der Industrie, in: Neuerungsorientierte Unternehmungsführung, Bern 1972, S. 41.

14 Vgl. *Forschungs- und Förderungsgesellschaft zur Deckung des Managementbedarfs in Österreich:* Bericht und Voranalyse über die erste Teilstufe des Forschungsvorhabens zur Deckung des Managementbedarfes in Österreich, Wien, im Juni 1971, S. 20 ff.

15 Hinsichtlich der physischen und psychischen Eignung von Führungskräften verweisen wir auf: *Hausmann*, J. P.: Der überlastete Manager.

16 Vgl. *Kuhnke*, H. H.: Inhalt und Grenzen einer wirtschaftswissenschaftlichen Fundierung der Unternehmensführung, Baden-Baden 1960, S. 8 ff.

17 Vgl. *Fuchs*, K. und *Haas*, R.: Industrielles Management-Development, Ideenskizze, Maschinmanuskript, Wien 1971, S. 16 und *Forschungs- und Förderungsgesellschaft zur Deckung des Managementbedarfs in Österreich*, S. 29 und *Gubser*, S.: Inwieweit sind „Führungseigenschaften" graphologisch faßbar?, in: Industrielle Organisation, Jg. 1972, Nr. 4, S. 149 f. und *Schmid*, F. W.: Psychodiagnostische Beurteilung von Führungskräften, in: Industrielle Organisation, Jg. 1972, Nr. 4, S. 159 ff.

I. Kognitiver Bereich oder Bereich des erlernbaren Wissens und der erlernbaren Fähigkeiten

1. Führungswissen und Führungsfähigkeiten z. B. nach Funktionen:
   Zielfunktion,
   Entscheidungsfunktion,
   Realisationsfunktion,
   Koordinationsfunktion,
   Kontrollfunktion und
   Informationsfunktion.

   nach Disziplinen:
   volkswirtschaftliche,
   ökonomische
   betriebswirtschaftliche,
   soziologische,
   technische,

2. Wissen und Fähigkeiten des Sachbereiches z. B. nach Funktionen:
   Rechnungswesen,
   Marketing,
   Finanzierung,
   Beschaffung,
   Lagerhaltung,
   Transport,
   Erzeugung,
   Schadensverhütung und Versicherung.

   nach Disziplinen:
   volkswirtschaftliche,
   ökonomische
   betriebswirtschaftliche,
   soziologische,
   technische.

II. Affektiver Bereich oder Bereich der Haltungen und Einstellungen zum Beispiel:

Initiative, Mobilität, Reaktion, Risikobereitschaft, Verantwortungsbereitschaft, Belastbarkeit, Kontakt- und Kooperationsbereitschaft, Kreativität.

Die bereits zitierte empirische Studie über die Deckung des Managementbedarfs in Österreich brachte unter anderem eine Bestätigung, daß die Eigenschaftsprofile von Führungskräften branchen- und betriebsgrößenabhängig sind. So ergaben sich beispielsweise für die Geschäftsleitung folgende Eigenschaftsprofile:

1. Produktionsbetrieb mit ca. 1 000 Beschäftigten[18]:

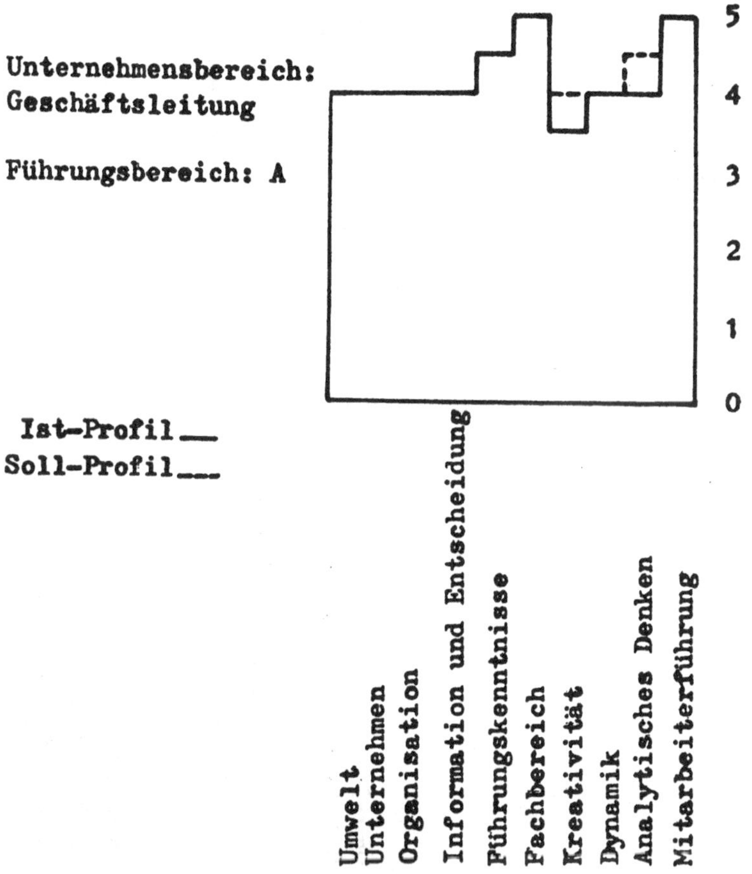

Eigenschaftsprofil

Der kognitive Bereich des Eigenschaftsprofils wurde im Rahmen der zitierten Untersuchung aufgefächert in:

Umwelt,
Unternehmungsbereich,
Organisation,
Information und Entscheidung,
Führungskenntnisse und
Fachbereich.

[18] *Forschungs- und Förderungsgesellschaft zur Deckung des Management-bedarfs in Österreich*, S. 80.

2. Produktionsbereich mit ca. 300 Beschäftigten[19]:

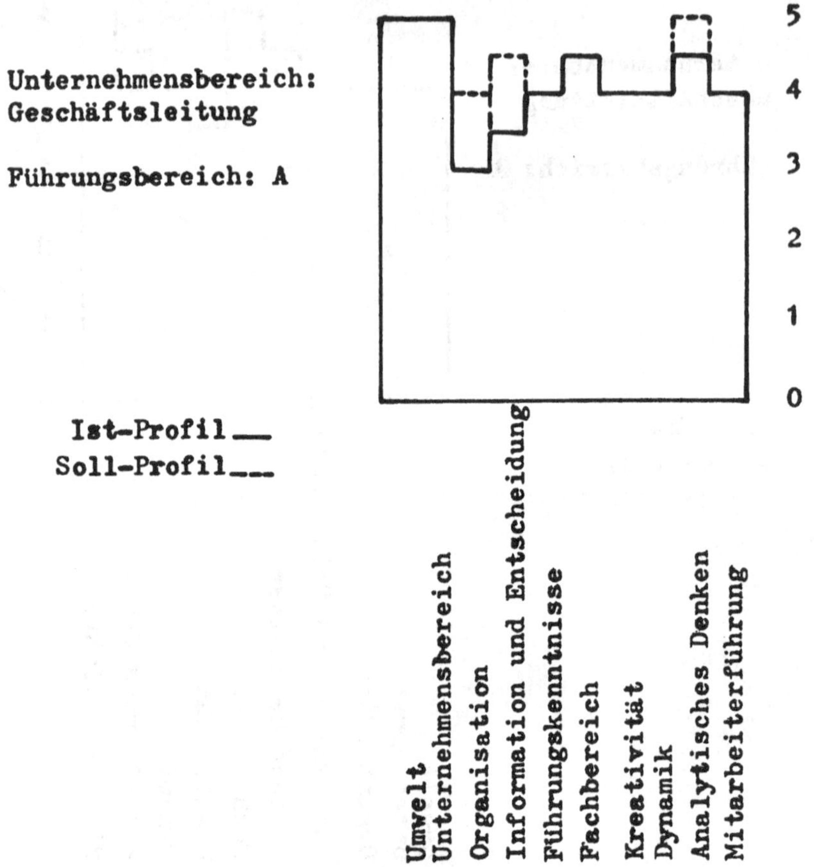

Eigenschaftsprofil

Der Bereich der Haltungen und Einstellungen beinhaltet:

Kreativität,
Dynamik,
analytisches Denken und
Mitarbeiterführung.

Die im Rahmen der Unteruchung verwendete Ordinalskala zur Messung der graduellen Abstufungen der einzelnen Anforderungsbereiche zeigt folgendes Bild:

---

[19] *Forschungs- und Förderungsgesellschaft zur Deckung des Managementbedarfs in Österreich*, S. 82.

3. Handels- und Dienstleistungsbetrieb mit ca. 100 Beschäftigten[20]:

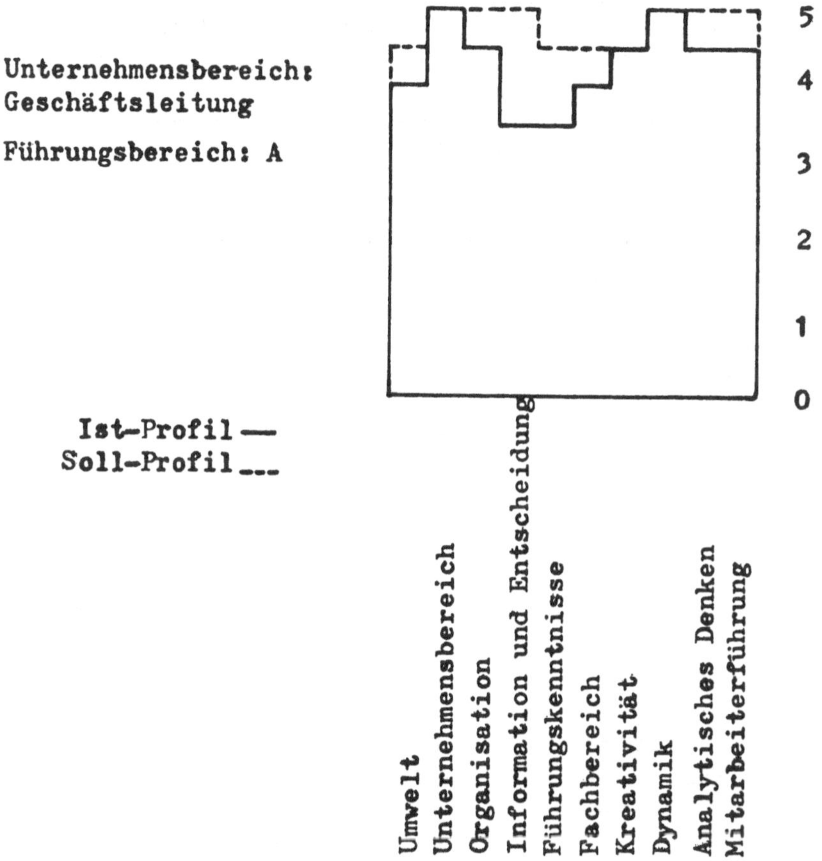

Eigenschaftsprofil

1. fast nicht erforderlich bzw. vorhanden;
2. in geringem Umfang;
3. durchschnittlich — gemessen an den subjektiven und objektiven Erfordernissen im jeweiligen Betrieb;
4. in höherem Maße;
5. in sehr hohem Maße.

---

[20] *Forschungs- und Förderungsgesellschaft zur Deckung des Managementbedarfs in Österreich*, S. 84.

Da die angeführte Studie nur Eigenschaftsprofile für die drei dargestellten unterschiedlichen Betriebe enthält, andere empirische Forschungen auf diesem Gebiete nicht greifbar sind, stützen wir uns bei den folgenden Ausführungen auf diese Ergebnisse. Eine tabellarische Zusammenfassung der Anforderungsprofile für die drei Betriebe ergibt folgendes:

Anforderungsprofil (Soll)	Produktionsbetrieb mit ca. 1 000 Beschäftigten	Produktionsbetrieb mit ca. 300 Beschäftigten	Handels- und Dienstleistungsbetrieb mit ca. 100 Beschäftigten
1. Kognitiver Bereich			
Umwelt	4	5	4,5
Unternehmensbereich	4	5	5
Organisation	4	4	5
Information u. Entscheidung	4	4,5	5
Führungskenntnisse	4,5	4	4,5
Fachbereich	5	4,5	4,5
2. Affektiver Bereich			
Kreativität	4	4	4,5
Dynamik	4	4	5
analytisches Denken	4,5	5	5
Mitarbeiterführung	5	4	5

Es zeigen sich sowohl hinsichtlich der Branche, als auch hinsichtlich der Betriebsgröße Unterschiede in den Anforderungsprofilen, wobei allerdings diese Unterschiede nur einzelne Anforderungen betreffen, die eine je nach Betriebsgröße und je nach Branche verschiedene Ausprägung haben.

Interessant erscheinen ferner die Unterschiede, die sich aus den Soll- und Istprofilen ergeben, die eindeutig auf Ausbildungslücken hinweisen und besonders stark bei den Handels- und Dienstleistungsunternehmen ausgeprägt sind.

Weitergehende Schlüsse aus dieser empirischen Arbeit zu ziehen, erscheint uns problematisch, da die der Arbeit zu Grunde liegende Stichprobe verhältnismäßig gering (73 auswertbare Interviews), ist.

Die Small Business Administration in Washington hat für Unternehmer von Klein- und Mittelbetrieben aus den Anforderungen, die sich für Unternehmer derartiger Betriebe ergeben, einen Fragebogen entwickelt, der hier wiedergegeben werden soll, da er beispielgebend für ähnliche Vorhaben in Österreich sein könnte[21]:

Questions to Consider

Are You the Type?	Yes	No
1. Have you rated your personal traits such as leadership, organizing ability, perseverance, and physical energy?	____	____
2. Have you had some friends rate you on them?	____	____
3. Have you considered getting an associate whose strong points will compensate for your weak traits?	____	____
What Are Your Chances for Success?		
4. Have you had any actual business experience?	____	____
5. Do you have special technical skills, such as those needed by a plumber, electrician, mechanic, or radio repairman?	____	____
6. Have you obtained some basic management experience working for someone else?	____	____
7. Have you analyzed the recent trend of business conditions (good or bad)?	____	____
8. Have you analyzed business conditions in the city and neighborhood where you want to locate?	____	____
9. Have you analyzed conditions in the line of business you are planning?	____	____
10. Have you determined what size business you plan to establish (dollar sales per year)?	____	____
11. Have you built up a detailed set of figures on how much capital you will need to launch the business?	____	____
12. Have you figured how much time you will need until the business income equals the expenses?	____	____
13. Have you planned what net profit you believe you should make?	____	____
14. Will the net profit divided by the investment result in a rate of return which compares favorably with the rate you can obtain from other investment opportunities?	____	____

[21] *Steinmetz,* L. L., *Kline,* J. B. and *Stegall,* R. P.: Managing the Small Bussiness, Homwood. Illinois, USA 1968, S. 53 ff.

	Yes	No
How Much Capital Will You Need?		
15. Have you worked out what income from sales or services you can reasonably expect in the first 6 months? The first year? The second year?	———	———
16. Do you know what net profit you can expect on these volumes?	———	———
17. Have you made a conservative forecast of expenses including a regular salary for yourself?	———	———
18. Have you compared this income with what you could make working for someone else?	———	———
19. Are you willing to risk uncertain or irregular income for the next year? Two years?	———	———
20. Have you counted up how much actual money you have to invest in your business?	———	———
21. Do you have other assets which you could sell or on which you could borrow?	———	———
22. Have you some other source from which you could borrow money?	———	———
23. Have you talked to a banker?	———	———
24. Is he favorably impressed with your plan?	———	———
25. Do you have a financial reserve for unexpected needs?	———	———
26. Does your total capital, from all sources, cover your best estimates of the capital you will need?	———	———
Should You Share Ownership With Others?		
27. Do you lack needed technical or management skills which can be most satisfactorily supplied by one ore more partners?	———	———
28. Do you need the financial assistance of one or more partners?	———	———
29. Have you checked the feature of each form or organization (individual proprietorship, partnership, corporation) to see which will best fit your situation?	———	———
Where Should You Locate?		
30. Do you know how much space you will need?	———	———
31. Do you know what type of building you will need?	———	———
32. Do you know of any special features you require in lighting, heating, ventilating, air conditioning, or parking facilities?	———	———
33. Have you listed the tools and equipment you need room for?	———	———
34. If the proposed location does not meet nearly all your requirements, is there a sound reason why you should not wait and continue seeking a more ideal location?	———	———

	Yes	No
35. Have you checked the U. S. Census Bureau population figures?		

Should You Buy a Going Business?

	Yes	No
36. Have you considered the advantages and disadvantages of buying a going business?		
37. Have you compared what it would take to equip and stock a new business with the price asked for the business you are considering?		
38. Have you learned why the present owner wants to sell?		
39. Have you checked the owner's claims about the business with reports from an independent accountant's analysis of the figures?		
40. Have you checked with the company's suppliers to obtain their ideas of the value of the business?		
41. Do the suppliers think well of the proposition?		
42. Is the stock of merchandise a questionable buy? (Would a large proportion of it have to be disposed of at a loss? Is any of it out of data, unsalable, or not usable?)		
43. Are the physical facilities old or in poor condition and, hence, overvalued?		
44. Are you sure the accounts receivable are worth the asking price?		
45. Is the present company's good will fairly valued?		
46. Are you prepared to assume the liabilities, and are the creditors agreeable?		
47. Has your lawyer checked to see if the title is good and if there is any lien against the assets?		
48. Are there any back taxes to pay?		
49. Have the sales been temporarily increased by conditions which are not likely to continue?		

Are You Qualified to Supervise Buying and Selling?

	Yes	No
50. Have you estimated your total stock requirements?		
51. Do you know in what quantities users buy your product or service?		
52. Do you know how often users buy your product or service?		
53. Have you made a sales analysis to determine major lines to be carried?		
54. Have you decided what characteristics you will require in your goods?		
55. Have you set up a model stock assortment to follow in your buying?		

Yes No

56. Have you investigated whether it will be cheaper to buy large quantities infrequently or in small quantities frequently?
57. Have you weighed price differentials for large orders against capital and space tied up?
58. Have you decided what merchandise to buy direct from manufacturers?
59. Will you make your account more valuable to your suppliers by concentrating your buying with a few of them?
60. Have you worked out control plans to insure stocking the right quantities?

How Will You Price Your Products and Services?

61. Have you determined what prices you will have to charge to cover your costs and obtain profit?
62. Do these prices compare favorably with prices of competitors?

What Selling Methods Will You Use?

63. Have you studied the sales promotional methods used by competitors?
64. Have you outlined your own sales promotion policy?
65. Have you studied why customers buy your product (service, price, quality, distinctive styling, other)?
66. Will you do outside selling?
67. Will you advertise in the newspapers?
68. Will you do direct mail advertising?
69. Will you use posters and handbills?
70. Will you use radio and television advertising?

How Will You Manage Personnel?

71. Will you be able to hire satisfactory employees, locally, to supply skills you lack?
72. Do you know what skills are necessary?
73. Have you checked the prevailing wage scales?
74. Have you clear-cut idea of what you plan to pay?
75. Have you considered hiring someone now employed by a competitor?
76. Have you checked on the pros and cons of doing so?
77. Have you planned your training procedures?

What Records Will You Keep?

78. Have you a suitable bookkeeping system ready to operate?
79. Have you planned a merchandise control system?

Yes No

88. Have you seen your lawyer for advice on how to
80. Have you obtained standard operating ratios for your type of business to use as guides? ______ ______
81. Have you provided for additional records as necessary? ______ ______
82. Have you a system to use in keeping a check on costs? ______ ______
83. Do you need any special forms? ______ ______
84. Have you made adequate provision for having your record keeping done? ______ ______

What Laws Will Affect You?

85. Have you investigated what, if any, licenses to do business are necessary? ______ ______
86. Have you checked the health regulations? ______ ______
87. Are your operations subject to interstate commerce regulations? ______ ______
88. Have you seen your lawyer for advice on how to meet your legal responsibilities? ______ ______

What Other Problems Will You Face?

89. Have you worked out a system for handling your tax requirements? ______ ______
90. Have you arranged for adequate insurance coverage? ______ ______
91. Have you worked out a way of building a management team? ______ ______
92. Does your family (if any) agree that your proposed venture is sound? ______ ______
93. Do you have enough capital to carry accounts receivable? ______ ______
94. Will you sell for credit? ______ ______
95. Have you worked out a definitive returned goods policy? ______ ______
96. Have you considered other management policies which must be established? ______ ______
97. Have you planned how you will organize and assign the work? ______ ______
98. Have you make a work plan for yourself? ______ ______

Will You Keep Up To Date?

99. Have you a plan for keeping up with new developments in your line of business? ______ ______
100. Have you a small group of qualified advisors from whom you can get help in solving new problems? ______ ______

Zur Messung der graduellen Abstufung des von den einzelnen Führungsmodellen geforderten funktionellen Wissens und der funktionellen Fähigkeiten bedienen wir uns nachstehender Ordinalskala:

+ 2 in sehr ausgeprägtem Maß erforderliches Führungswissen und Führungsfähigkeiten

+ 1 in ausgeprägtem Maß erforderliches Führungswissen und Führungsfähigkeiten

− 1 kaum erforderliches Führungswissen und Führungsfähigkeiten

− 2 nicht erforderliches Führungswissen und Führungsfähigkeiten.

Unsere tabellarische Übersicht ergibt, daß die Führungsmodelle im selben Ausmaße, wie sie die einzelnen Führungsfunktionen ausgeprägt beinhalten, auch ein entsprechend ausgeprägtes funktionell unterschiedliches Führungswissen voraussetzen.

Wir können daher bezüglich der Determinante Managementeignung des kognitiven Bereiches auf die Behandlung der Determinante Führungsfunktionen verweisen. Somit ist auch hier die Forderung nach einem funktionalen Management-Modell, das wie bereits ausgeführt, die Führungsfunktionen in ihrer vorrangigen Stellung zueinander enthält, aufzustellen.

Die von uns untersuchten Führungsmodelle stellen an die Führungskräfte jedoch auch Anforderungen, die den affektiven Bereich, den Bereich der Haltungen und Einstellungen betreffen. Dieser affektive Bereich umfaßt beispielsweise die Kooperationsbereitschaft, die Initiative, die Mobilität, die Verantwortungsbereitschaft, die Kreativität u. a. Wir wollen aus diesem Bereich die Kooperations- und Verantwortungsbereitschaft herausgreifen.

Zur Messung der graduellen Abstufung der aus dem affektiven Bereich erforderlichen Haltungen und Einstellungen bedienen wir uns folgender Ordinalskala:

+ 2 in sehr hohem Maße erforderliche Haltungen und Einstellungen (hier: Kooperations- und Verantwortungsbereitschaft)

+ 1 in ausgeprägtem Maße erforderliche Haltungen und Einstellungen (hier: Kooperations- und Verantwortungsbereitschaft)

− 1 kaum erforderliche Haltungen und Einstellungen (hier: Kooperations- und Verantwortungsbereitschaft)

— 2 nicht erforderliche Haltungen und Einstellungen (hier: Kooperations- und Verantwortungsbereitschaft)

Das Modell des Management by Objectives stellt auf eine gemeinsame Zielfestlegung ab. Die Voraussetzung von der diese gemeinsame Zielformulierung abhängt, liegt in der Kooperationsbereitschaft der an der Zielformulierung beteiligten Mitarbeiter. Wir können somit die Kooperationsbereitschaft als Determinante dieses Führungsmodells festhalten.

Da der Zielformulierungsprozeß in der Betriebshierarchie einen Kommunikationsprozeß von oben und auch von unten zur Voraussetzung hat, da nur auf diesem Wege die für das Führungsmodell notwendigen Gesamtziele und Teilziele herausgestellt und erarbeitet werden können, ist Kooperationsbereitschaft zumindest in ausgeprägtem Maße erforderlich.

An die Formulierung gemeinsamer Unternehmensziele schließt sich die Realisationsphase an, die wiederum mit einer Kontrolle der Zielerreichung durch die Verwirklichung abschließt. Diese Kontrollphase beinhaltet den Vergleich der gesetzten Ziele mit dem erreichten Ist und allenfalls eine Revision der gesetzten Ziele. Es läßt sich daraus folgern, daß dieses Modell auch eine in zumindestens ausgeprägtem Maße vorhandene Verantwortungsbereitschaft der Mitarbeiter voraussetzt.

Das Führungsmodell des Management by Exception stellt insbesondere ein Instrument zur Wahrnehmung der Kontrollfunktion dar. Ist das für seine Funktion erforderliche Informationssystem vorhanden, das die über festzulegende Toleranzgrenzen hinausgehenden Abweichungen signalisiert, ist dieses Modell weitgehend unabhängig von der Kooperations- und Verantwortungsbereitschaft der Mitarbeiter anwendbar. Allerdings muß das Informationssystem und der Inhalt dessen was als Ausnahme zu gelten hat, laufend dem Betriebsgeschehen angepaßt werden. Diese laufende Anpassungsnotwendigkeit des Informationssystems erfordert aber wiederum Kooperations- und Verantwortungsbereitschaft. Da diese Anpassung aber nicht ein expliziter Bestandteil des Modells ist, können wir folgern, daß die Kooperations- und Verantwortungsbereitschaft für das Modell kaum erforderliche Haltungen und Einstellungen des affektiven Bereiches darstellen.

Da, wie wir ausgeführt haben, das Modell des Management by Result große Übereinstimmung mit dem Management by Objectives aufweist, können wir auch hinsichtlich des affektiven Bereichs auf unsere obigen Ausführungen verweisen und die erforderliche Kooperations- und Verantwortungsbereitschaft als zumindestens in ausgeprägtem Maße erforderlich einordnen.

Das Abgeben von Aufgaben im Management by Delegation setzt für die delegierende Stelle die Bereitschaft voraus mit der Stelle, die die Delegation aufnimmt, zusammenzuarbeiten. Mangelnde Kooperationsbereitschaft ist vielfach der Grund, warum dieser Organisationsgrundsatz nicht angewendet wird. Die Delegation beinhaltet u. a. auch die Abgabe der Verantwortung. Dieser Tatbestand erfordert für die, die Delegation aufnehmende Stelle die Bereitschaft, die Verantwortung zu übernehmen. Verantwortungsbereitschaft und Kooperationsbereitschaft sind damit entscheidende Voraussetzungen für das Management by Delegation.

Das Modell des Management by System ist im wesentlichen gekennzeichnet durch Verfahrensordnungen, die eine systematische Durchführung insbesondere der administrativen Aufgaben sicherstellen. Es stellt damit kaum Anforderungen an die Mitarbeiter hinsichtlich ihrer Kooperations- und Verantwortungsbereitschaft.

Das Projekt-Management, sowohl als über- als auch als innerbetriebliches Modell, setzt sehr hohe Anforderungen an die Kooperations- und Verantwortungsbereitschaft der Mitarbeiter. Die Begründung dafür liegt in der meist sehr komplexen Natur der Projekte, die einen vielfach komplexen interdisziplinären Informationsgewinnungsprozeß und gemeinsame Entscheidungen verlangen und damit sehr hohe Anforderungen an die Verantwortungsbereitschaft und die Kooperationsbereitschaft der Mitarbeiter stellen[22].

Auch das Matrix-Management stellt hohe Anforderungen an die Kooperations- und Verantwortungsbereitschaft der Mitarbeiter, da die überlappenden Zuständigkeiten geradezu „bewußte Konflikte" erzeugen, „die der besseren Problemlösung dienen und damit im Endeffekt integrierend wirken sollen"[23].

Die beiden Hauptgrundsätze des Harzburger Modells beinhalten die Delegation von Verantwortung und die Führung im Mitarbeiterverhältnis. Was die Delegation von Verantwortung betrifft, so setzt diese Verantwortungsbereitschaft bei den, die Delegation aufnehmenden Stellen voraus. Wie bereits im Rahmen des Management by Delegation ausgeführt wurde, wird damit die Verantwortungsbereitschaft zur entscheidenden Voraussetzung für das Modell. Die Führung im Mitarbeiterverhältnis impliziert einen kooperativen Führungsstil, der wiederum direkt abhängig ist von der im Betrieb vorhandenen Kooperationsbereitschaft der Mitarbeiter. Kooperations- und Verantwortungsbereitschaft stellen damit entscheidende Voraussetzungen für das Harzburger Modell dar.

Das ÖPZ-Modell stellt unseres Erachtens ebenfalls hohe Anforderungen an die Kooperations- und Verantwortungsbereitschaft. Dies läßt sich insbesondere nachweisen durch die im Modell enthaltene Führung mit Zielvorgabe auf die unsere Ausführungen im Rahmen des Management by Objectives zutreffen. Aus dem Prinzip der koordinierten Führung lassen sich weitere Nachweise hinsichtlich des hohen Maßes an Kooperations- und Verantwortungsbereitschaft ableiten.

2.5. Zielsystem

Chandler kommt in einer wirtschaftshistorischen Untersuchung einer Reihe von amerikanischen Unternehmungen zu dem Ergebnis der Abhängigkeit der Unternehmensstruktur von der Unternehmensstrategie.

---

[22] Vgl. *Dullien*, M.: Flexible Organisation, S. 105 ff.
[23] *Dullien*, M.: Flexible Organisation, S. 90.

„Structure has been the design for integrating the enterprise's existing resources to current demand; strategy has been the plan for the allocation of resources to anticipated demand[24]."

Diese Abhängigkeit der Struktur von der Strategie hat sich nach Chandler in vier aufeinander folgende Stufen entwickelt.

Stufe 1: Ansammlung von Mitteln:

> „To be sure of more certain outlet for their goods, the administrators of enlarged enterprises built their own distributing and marketing (usually wholesaling) organization; to be assured of essential materials, they obtained control over supplies[25]."

Stufe 2: Rationalisierung des Mitteleinsatzes:

> „In this second period, this pressing task was twofold. First, unit costs had to be reduced by rationalizing, the several functional activities and second, these flunctional activities had to be closely integrated to market fluctuations. The first task led to the definition of lines of authority and communication within a single functional department; the second brought a structure for the enterprise as a whole. With the first came the systematizing and improving of the processes and techniques of marketing, manufacturing, and the procurement of raw materials[26]."

Stufe 3: Weiterer Mittelausbau:

> „The first step was to develop a full line of comparable products. Steel and aluminium firms had ‚warehouse' lines and special ones for specific industries beside their orders made to customer spezifications.... At the same time, these enterprises intensified their drive to cover the domestic and international market. Expansion overseas often meant the setting up of manufacturing and purchasing as well as marketing facilities. ... More significant than either the filling out of the major line or the move overseas was the development of new products that were often sold to quite different sets of customers[27]."

Stufe 4: Rationalisierung der erweiterten Mittel:

> „Channels of communication and authority as well as the information flowing through these channels grew more and more

[24] *Chandler*, A. D.: Strategy and Structure, Chapters in the History of the Industrial Enterprise, Massachusetts Institute of Technology, Cambridge, Massachusetts 1962, S. 383.

[25] *Chandler*, A. D: Strategy and Structure, S. 384 ff.

[26] *Chandler*, A. D.: Strategy and Structure, S. 388.

[27] *Chandler*, A. D.: Strategy and Structure, S. 391.

inadequate. The wants of different customers varied, and demand and taste fluctuated differently in different markets.... In time, then, each major product line came to be administrated through a separate, integrated autonomous division. Its manager became responsible for the major operating decisions involved in the coordination of functional activities to changing demand and taste. Expansion into new regions encouraged the formation of comparable divisions for comparable reasons. Yet, as the different geographical markets become more homogeneous..., the regionally defined divisions in petroleum, dairy products, and container enterprises tended to combine into a single unit for one line of products[28]."

Wenngleich die Untersuchung Chandlers auf amerikanische Unternehmen abstellt und in statistischem Sinne nicht repräsentativ ist, kann dennoch auf eine Abhängigkeit zwischen Strategie und Struktur von Unternehmungen geschlossen werden. Die Führungsstruktur oder das Modell, nach dem ein Unternehmen geführt wird, ist ein integrierender Bestandteil der Gesamtstruktur des Betriebes. Diese Führungsstruktur bezeichnet Chandler als „the structure, by which a firm has been managed"[29]. Wir können daher folgern, daß diese Führungsstruktur von der Unternehmensstrategie abhängt.

Aus den Ausführungen Chandlers läßt sich ferner die von uns bereits aufgestellte These erhärten, daß sich die Probleme des Aufbaues einer Formalorganisation erst in einer bestimmten Betriebsgröße stellen; bei Chandler erst in der Stufe 2. Die geschaffene Formalorganisation wird in Stufe 3 beibehalten und erst in Stufe 4 stellen sich wiederum die Probleme der Neuordnung der Formalorganisation. Im Wachstumsprozeß eines Unternehmens kommt der Formalorganisation somit der Charakter einer langfristigen Investition zu, die erst dann eine Änderung erfährt, wenn eine bestimmte Betriebsgröße erreicht wird[30].

Wir können unterstellen, daß die Unternehmensstrategie eine notwendige Konsequenz der unternehmerischen Ziele ist und damit folgern, daß die Führungsstruktur wesentlich beeinflußt wird von dem Zielsystem. Diese Prämisse liegt auch der entscheidungsorientierten Betriebswirtschaftslehre zu Grunde, nach der die betriebswirtschaftliche Forschung „von einer empirischen und theoretischen Analyse der betriebswirtschaftlichen Ziele auszugehen" hat, „die den Entscheidungen der in der Praxis tätigen Menschen zugrunde liegen. Sodann sind die

---

28 *Chandler*, A. D.: Strategy and Structure, S. 393.
29 *Chandler*, A. D.: Strategy and Structure, S. 383.
30 Eine ähnliche Gliederung von Wachstumsphasen findet sich bei: *Nederlands Paedagogisch Instituut, NPI International, Institute for Organization Development:* A summary of some basic concepts used in management seminars, Zeist, Holland 1969, S. 18 ff.

wichtigsten betrieblichen Entscheidungstatbestände (Instrumentalvariablen) zu ermitteln und zu systematisieren, die der Entscheidung unterliegen und deren Veränderung Mittel zur Erreichung der betriebswirtschaftlichen Ziele ist. Sind Ziele und Entscheidungstatbestände bekannt, so bedarf es Erklärungsmodelle, die eine Prognose der Konsequenzen der alternativ möglichen Festlegungen der Entscheidungstatbestände hinsichtlich der Erreichung der gesetzten Ziele ermöglichen. Das Wissenschaftsprogramm gipfelt schließlich in der Entwicklung von Entscheidungsmodellen"[31].

Unter einem Zielsystem versteht Schmidt-Sudhoff „eine strukturierte Menge vom Unternehmer für eine oder mehrere Wirtschaftsperioden simultan verfolgter Ziele"[32]. Diese Begriffsbestimmung erscheint uns zu sehr auf den Unternehmerbetrieb abgestellt und berücksichtigt nicht die Probleme, die sich aus dem Zielformulierungsprozeß in einem Großbetrieb ergeben. Wir wollen daher unter Zielsystem eine strukturierte Menge der vom Unternehmen für eine oder mehrere Wirtschaftsperioden simultan verfolgter Ziele vertehen. Dieses Zielsystem enthält eine inhaltliche, eine zeitliche und eine intensitätsmäßige Dimension, da es enthalten muß, was, wie lange und bis zu welchem Ausmaße anzustreben ist[33]. Die Anforderungen formaler und materieller Art, die an ein derartiges Zielsystem zu stellen sind, gehen aus nachstehender graphischer Darstellung hervor (siehe Seite 176)[34].

Formale Anforderungen:

Hinsichtlch dier *Zeitfestlegung* gilt die Forderung an das Zielsystem die einzelnen Teilziele zu terminieren. Das Kriterium der *Formulierung* beinhaltet die klare Formulierung der angestrebten Ziele. Die Anforderung der *Elastizität* ergibt sich aus der Anpassungsnotwendigkeit des Zielsystems an wechselnde wirtschaftliche Gegebenheiten.

Materielle Anforderungen:

Der Begriff der *Kompatibilität* der einzelnen Ziele des Zielsystems beinhaltet die Widerspruchsfreiheit. Die Beziehungen zweier Ziele zueinander können grundsätzlich sein[35]:

---

[31] *Kirsch*, W.: Die entscheidungs- und systemorientierte Betriebswirtschaftslehre, in: Eberlein, G. L. und Kroeber-Riel, W. (Hsg), Wissenschaftstheorie und Betriebswirtschaftslehre, Düsseldorf 1972, S. 158 f.

[32] *Schmidt-Sudhoff*, U.: Unternehmerziele und unternehmerisches Zielsystem, S. 22.

[33] Vgl. *Heinen*, E.: Industriebetriebslehre als Entscheidungslehre, in: Heinen, E. (Hsg.), Industriebetriebslehre, Entscheidungen im Industriebetrieb, Wiesbaden 1972, S. 41.

[34] *Schmidt-Sudhoff*, U.: Unternehmerziele und unternehmerisches Zielsystem, S. 112.

[35] *Heinen*, E.: Industriebetriebslehre als Entscheidungslehre, S. 45 f. und *Schmidt-Sudhoff*, U.: Unternehmerziele und unternehmerisches Zielsystem, S. 118 ff.

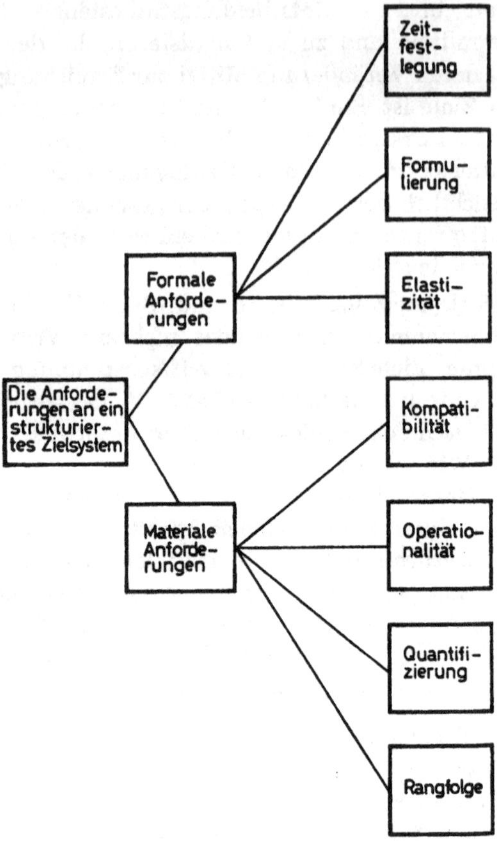

a) Konfliktär, wenn die Erreichung des einen Zieles die Erreichung des anderen Zieles hindert;
b) komplementär, wenn die Erreichung des einen Zieles die Erreichung des anderen Zieles fördert;
c) indifferent, wenn die Erreichung des einen Zieles die Erreichung des anderen Zieles nicht beeinflußt;
d) ident, wenn das eine Ziel mit dem anderen Ziel übereinstimmt;
e) antinomisch, wenn die Erreichung des einen Zieles die Erreichung des anderen Zieles ausschließt.

Das Kriterium der Kompatibilität kann grundsätzlich bei konfliktären und antinomischen Zielbeziehungen nicht erfüllt werden, es sind daher derartige Zielbeziehungen im Zielsystem um der Anforderung nach Kompatibilität Rechnung zu tragen, auszuschalten.

Die *Operationalität* von Zielen wird dann als Anforderung an das Zielsystem erfüllt, wenn das Ausmaß der Erreichung der einzelnen

Ziele des Systems überprüft werden kann. Die *Quantifizierung* der Ziele als Anforderungskriterium beinhaltet die quantitative Formulierung der Ziele. Die *Rangfolge* der Ziele ergibt eine Ordnung der einzelnen Ziele hinsichtlich Ober- und Unter- oder Subzielen. Diese hierarchische Ordnung wird auch als vertikales Zielsystem[36] bezeichnet.

Das Zielsystem der Unternehmung, das eine Determinante der Führungsmodelle darstellt, ist seinerseits wieder eine Folge des Betriebstyps, denn dieses Zielsystem ist wiederum eine Folge des Wirtschaftssystems, der Betriebsgröße, der Branche etc. Wir wollen jedoch diese Tatbestände hier nicht näher untersuchen und nur einen Hinweis auf die Bedingtheit des Zielsystems durch die Wirtschaftsordnung geben[37].

Zur Messung des graduellen Ausmaßes der Ausprägung der Determinante Zielsystem für die einzelnen Führungsmodelle, inwieweit also ein Führungsmodell auf ein mehr oder weniger ausgeprägt existentes Zielsystem abstellt, bedienen wir uns folgender Ordinalskala:

+ 2 ausgeprägtes, den formalen und materiellen Anforderungen genügendes Zielsystem erforderlich;
+ 1 kaum ausgeprägtes, den formalen und materiellen Anforderungen bedingt genügendes Zielsystem erforderlich;
0 indifferent im Hinblick auf das Zielsystem.

Management by Objectives stellt geradezu auf den Zielformulierungsprozeß ab und erfordert somit ein den formalen und materiellen Anforderungen genügendes Zielsystem, das in der Folge als Maßgröße für die Leistungsbeurteilung dient.

Wie bereits ausgeführt, setzt das Management by Exception die Vergabe operationaler Ziele voraus, zielt damit direkt auf eine der materiellen Anforderungen, die Operationalität des Zielsystems. Da unseres Erachtens die Anforderung der Operationalität eines Zielsystems nicht isoliert von den anderen Anforderungen betrachtet werden kann und sich vielmehr die Operationalität eines Zielsystems erst dann erweisen kann, wenn die übrigen Anforderungen der Zeitfestlegung, der Formulierung, der Elastizität, der Kompatibilität, der Quantifizierung und der Rangfolge erfüllt sind, kann geschlossen werden, daß Management by Exception ein ausgeprägtes, den formalen und materiellen Anforderungen genügendes Zielsystem erfordert. Allerdings bedarf diese unsere Aussage einer Einschränkung insoweit, als dieses Führungsmodell auch in Teilbereichen eines Unternehmens angewendet werden kann. In diesem Fall können einzelne Anforderungen wie die Kompatibilität und die Rangfolge im Zielsystem unter Umständen wegfallen, da für Teil-

[36] *Chmelik*, G. und *Kappler*, E.: Konstitutive Entscheidungen, in: Heinen, E. (Hsg.), Industriebetriebslehre, Entscheidungen im Industriebetrieb, S. 150.

[37] Vgl. *Castan*, E.: Typologie der Betriebe, Stuttgart 1963, S. 30 ff.

bereiche auch die Vorgabe nur eines, zeitlich festgelegten, formulierten, elastischen, operationalen und quantifizierten Zieles genügt.

Für das Modell des Management by Result gelten inhaltlich die Aussagen für das Management by Objectives.

Management by Delegation ist im Hinblick auf das Zielsystem der Unternehmung insoferne indifferent, als es grundsätzlich nur auf die Übertragung von Aufgaben, Weisungsbefugnis und Verantwortung abstellt. Selbstverständlich kann diese Delegation dann wirksamer durchgeführt werden, wenn ein Zielsystem vorliegt, mit dessen Hilfe die Leistungsbeurteilung der Aufgabenerfüllung überprüft werden kann. Dieses Zielsystem ist aber keine Voraussetzung für die Anwendung des Management by Delegation.

Auch das Management by System verhält sich hinsichtlich der Existenz der Determinante Zielsystem indifferent, da es im wesentlichen durch die Aufstellung von Verfahrensordnungen die zunehmenden Verwaltungstätigkeiten rationell gestalten will und diese Verfahrensordnungen nicht die Existenz eines Zielsystems voraussetzen.

Projekt-Management erfordert eine klare Formulierung der Ziele des Projektes. Es stellt damit zumindestens Anforderungen an die Zeitfestlegung, die Formulierung, die Elastizität, die Operationalität und die Quantifizierbarkeit. Liegen mehrere Ziele vor, so treten noch die Anforderungen der Kompatibilität sowie der Rangfolge hinzu. Je nach der Zahl der durch das Projekt zu realisierenden Ziele ergibt sich damit eine Ausprägung der Determinante Zielsystem zwischen + 1 und + 2.

Durch die sich überlappenden Zuständigkeiten im Modell des Matrix-Management ergeben sich Konflikte zwischen den einzelnen Stellen, die nicht nur zu einer Problemlösung zwischen den Zielen und den vorhandenen Mitteln umgewandelt werden können[38], sondern auch die Lösung von konfliktären und antinomischen Zielsetzungen ermöglichen. Matrix-Management setzt demnach nur ein den formalen und materiellen Anforderungen bedingt genügendes Zielsystem als Determinante voraus.

Das Zielsystem der Unternehmung hat im Harzburger Modell instrumentalen Charakter insofern, als aus diesem die einzelnen Ziele für die Stellenbeschreibung abgeleitet werden. Das Zielsystem ist damit eindeutig eine Determinante, die vom Harzburger Modell als existent vorausgesetzt wird. Auf Grund der sehr formal-organisatorischen Ausprägung des Harzburger Modells, das im wesentlichen auf die Stellenabgrenzung und das Aufstellen von Verhaltensregeln für Mitarbeiter abzielt, ist zur Einführung der erforderlichen Formalorganisation sogar

[38] *Dullien*, M.: Flexible Organisation, S. 91.

ein ausgeprägtes, den formalen und materiellen Anforderungen genügendes Zielsystem erforderlich.

Das ÖPZ-Modell basiert auf einem aus dem Leitbild der Unternehmung abgeleiteten Zielsystem mit Funktions- und Leistungszielen. Es kann daher die Determinante Zielsystem als ausgeprägt erforderlich qualifiziert werden.

VIII. Folgerungen für die Gestaltung der Führung in unterschiedlichen Betriebsgrößen

1. Kleinbetrieb und Mittelbetrieb (Betriebsgrößen I und II)

Aus der These Heinrichs, daß „besonders innige gesellschaftliche Gebilde ... zu einer Beschränkung ihrer Größe, also zur Kleinheit" neigen, somit „Qualität und Quantität ... in dieser Hinsicht umgekehrt proportional"[1] sind, läßt sich für den Klein- und Mittelbetrieb als soziales Gebilde eine besonders innige zwischenmenschliche Beziehung ableiten.

Die Führung dieses sozialen Gebildes Klein- und Mittelbetrieb liegt beim Eigentümer-Unternehmer, der die zentrale Stelle einnimmt. So stellt Wernet für das Handwerk fest:

„Wir müssen vielmehr zu einer Formulierung kommen, die zwar ebenfalls von der Person als der Zentralfigur der Handwerkswelt ausgeht, den allgemeinen Grundsachverhalt aber mit einem ganz allgemeinen, wertneutralen, die Verquickung mit Persönlichkeit und Qualität vermeidenden Ausdruck erfaßt. Der Begriff ‚personal' statt ‚persönlich' dürfte dafür am geeignetsten sein. Personal bedeutet: auf die Person bezogen, von der Person hergeleitet, um die Person kreisend, in der Person wurzelnd. Personal ist ein rein formaler Begriff, ohne bestimmte inhaltliche Ausgestaltung, die in der geschichtlichen Verwirklichung des Personalen erst hinzutritt oder hinzugefügt wird. Die vom Handwerker geübte Wirtschaftsweise — Art des Wirtschaftens — ist, der zentralen Stellung der Person als Einzelner, als Individuum folgend, als personales Wirtschaften zu bezeichnen; der Grundzug der Handwerksexistenz ist die Personalität[2]."

Zu ähnlichen Aussagen kommt auch Gutersohn:

„Wir möchten unsererseits bestätigen, daß das Handwerk vergleichsweise viel stärkere personalistische Züge als die Industrie trägt. Nicht

[1] *Heinrich*, W.: Betrachtungen über die Größe sozialer Gebilde, S. 41.

[2] *Wernet*, W.: Gegenstand und Aufgaben der Handwerksforschung, Beiträge zur Handwerksforschung, Band 1, Handwerkswissenschaftliches Institut Münster, Westfalen (Hsg.), Münster, Westfalen 1959, S. 59. Vgl. auch: *Derselbe:* Grundzüge der Handwerkswirtschaft, in: Deutsches Handwerksinstitut e. V. (Hsg.), Das Handwerk in der modernen Wirtschaft und Gesellschaft, Bad Wörishofen 1966, S. 35.

zufällig fördern auch alle Betriebsvergleiche maßgebende Auswirkungen der Persönlichkeit des, Patrons' und seines Einsatzes zutage[3]."

Wir können die These des personalen Wirtschaftens, die Wernet speziell für den Bereich des Handwerksbetriebes aufgestellt hat, im allgemeinen für den Klein- und Mittelbetrieb übernehmen.

Diese zentrale Stellung des Unternehmers des Klein- und Mittelbetriebes wird besonders durch die von Hruschka herausgestellten, qualitativen Abgrenzungskriterien der Klein- und Mittelbetriebe von den Großbetrieben, nämlich der persönlichen Selbständigkeit, des umfassenden Risikos und der unmittelbaren Überschaubarkeit unterstrichen[4]. Die Betriebsführung stellt sich funktionell in den Grundfunktionen der Zielsetzung, der Entscheidung, der Veranlassung und der Kontrolle sowie in der Hilfsfunktion der Information dar.

Unter Information als Mittel der Informationsfunktion wollen wir zweckorientiertes Wissen verstehen[5]. Dieses zweckorientierte Wissen oder die Information wird in der Kommunikation übermittelt. Kommunikation ist damit Informationsübermittlung oder der Prozeß der

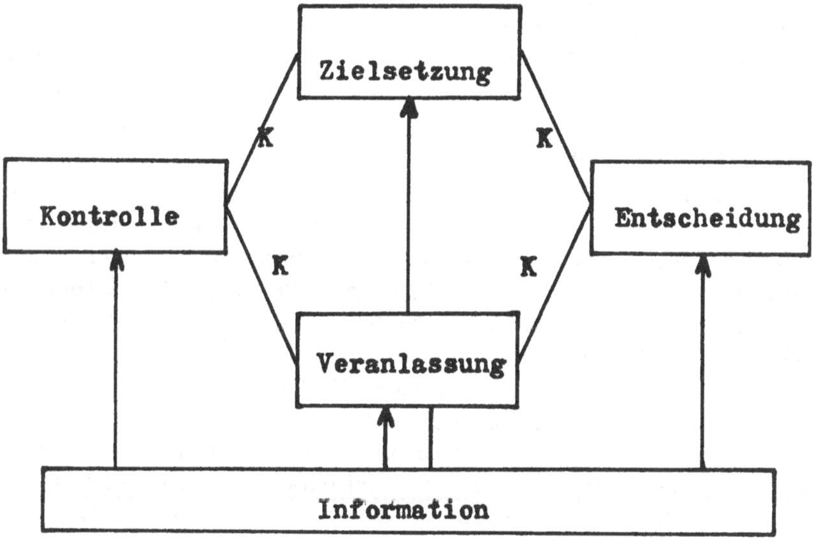

K = Kommunikation

[3] *Gutersohn*, A.: Handwerksbegriff und Personalität, in: Führungsprobleme personenbezogener Unternehmen, Festschrift Rössle, K. F., Stuttgart 1968, S. 58.

[4] *Hruschka*. E.: Aufdeckung und Beseitigung betrieblicher Verlustquellen, S. 34.

[5] Vgl. *Wittmann*, W.: Unternehmung und unvollkommene Information, Unternehmerische Voraussicht — Ungewißheit und Planung, Köln und Opladen 1959, S. 14 und *Derselbe:* Information, in: Grochla, E. (Hsg.), Handwörterbuch der Organisation, Stuttgart 1969, Sp. 699.

Informationsfunktion[6]. Die Informationsfunktion ihrerseits stellt eine Begleit- oder Hilfsfunktion der Grundfunktionen der Betriebsführung dar (siehe Graphik Seite 181).

Der Prozeß der Informationsfunktion, die Kommunikation umfaßt die Übermittlung von Informationen zwichen dem Unternehmer und den Mitarbeitern oder allgemein formuliert, zwischen Sendern und Empfängern. Die Verbindung zwischen dem Sender und dem Empfänger ist der Kommunikationskanal.

Das Kommunikationssystem im Betrieb kann in zwei grundsätzlichen Ausprägungen auftreten, wobei beide Ausprägungen idealtypisch sind. Das freie oder offene Kommunikationssystem läßt jeden Kommunikationskanal zwischen allen Mitarbeitern zu, während im geschlossenen oder gebundenen Kommunikationssystem die Kommunikationskanäle festgelegt sind. Auch in einem gebundenen Kommunikationssystem sind nicht alle Kommunikationskanäle festgelegt, da ja auch im Rahmen der informalen Organisation Kommunikationen bestehen[7].

Der Klein- und Mittelbetrieb stellt ein relativ offenes Kommunikationssystem dar, da sowohl der Unternehmer, der die Betriebsführung darstellt, als auch die Mitarbeiter im allgemeinen nicht über festgelegte Kommunikationskanäle verbunden sind. Das weitgehende Fehlen formaler Kommunikationskanäle und damit der Austausch von Informationen durch informale Kanäle ist beim Vorliegen einer echten Betriebsgemeinschaft im Klein- und Mittelbetrieb ein entscheidender Vorteil.

Die einzelnen Kommunikationskanäle sind durch ihre Richtung in der Hierarchie der Unternehmung festgelegt. Es ergeben sich dabei vertikale, horizontale und diagonale Kommunikationswege[8]. Für den Klein- und Mittelbetrieb entfallen im allgemeinen die diagonalen Kommunikationswege und es ergeben sich nachstehende Kommunikationswege (siehe Seite 183).

Die vertikalen Kommunikationswege, die Verbindung zwischen dem Unternehmer und den ausführenden Mitarbeitern, dienen der Übermittlung von Informationen des Unternehmers an die Mitarbeiter und umgekehrt. Dabei sind im Klein- und Mittelbetrieb diese Kanäle meist zweiseitig ausgebildet, insofern, als der Informationsfluß sowohl von oben nach unten als auch in umgekehrter Richtung möglich ist. Die vertikale Verbindung zwischen dem Unternehmer und den ausführenden Mitarbeitern kann durch singulare oder plurale Kommunikations-

---

[6] Vgl. *Luhmann*, N.: Kommunikation, in: Grochla, E. (Hsg.), Handwörterbuch der Organisation, Sp. 831.

[7] Vgl. *Gutenberg*, E.: Grundlagen der Betriebswirtschaftslehre, Band I: Die Produktion, S. 273 und *Bartram*, P.: Die innerbetriebliche Kommunikation, S. 57 f.

[8] *Bartram*, P.: Die innerbetriebliche Kommunikation, S. 61 ff.

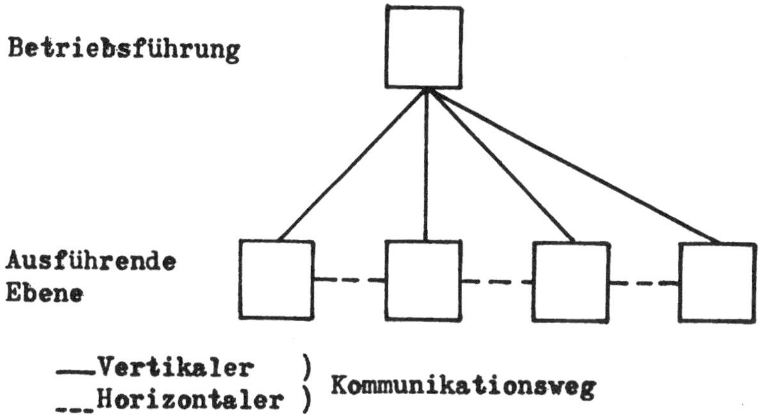

kanäle erfolgen, je nachdem, ob der Unternehmer gleichzeitig mit einem oder mehreren Mitarbeitern Informationen austauscht.

Hinsichtlich der einseitigen und zweiseitigen Kanäle ist festzuhalten:

„1. Der einseitige Kommunikationsweg bewirkt eine erheblich höhere Geschwindigkeit der Informationsübertragung als der zweiseitige, da eine Unterbrechung durch den Empfänger ausgeschlossen ist.

2. Der zweiseitige Kommunikationsweg bietet dagegen die Möglichkeit einer größeren Genauigkeit der Informationsübertragung, da der Empfänger Mißverständnisse durch Rückfragen klären bzw. der Sender die richtige Informationsaufnahme durch Kontrollfragen prüfen kann.

3. Die an einem zweiseitigen Informationskanal beteiligten Empfänger haben aufgrund der genaueren Informationsübermittlung eher ein Gefühl der Sicherheit bezüglich ihres Urteils über die Richtigkeit der aufgenommenen Informationen.

4. Der Sender befindet sich beim zweiseitigen Informationsweg unter einem psychologischen Druck, eine vom Empfänger erkannte fehlerhafte Sendeleistung kann nämlich sofort ihm gegenüber kritisiert werden. Damit besteht die Gefahr persönlicher Differenzen, die die Übertragungsleistung des zweiseitigen Kanals mindern.

5. Der zweiseitige Kommunikationsweg unterliegt einer gewissen Unordnung und Störungsgefahr, die aus der Möglichkeit des Empfängers resultieren, den Sender dauernd zu unterbrechen[9].“

Die Ausführungen über die ein- und zweiseitigen Kommunikationswege hinsichtlich der Durchlässigkeit der Kanäle betreffen neben den vertikalen auch die horizontalen und diagonalen Verbindungen.

---

[9] *Bartram*, P.: Die innerbetriebliche Kommunikation, S. 67.

Aus der Verbindung zwischen dem Sender und dem Empfänger der Information ergeben sich direkte und indirekte Kommunikationskanäle wie folgende Graphik zeigt[10]:

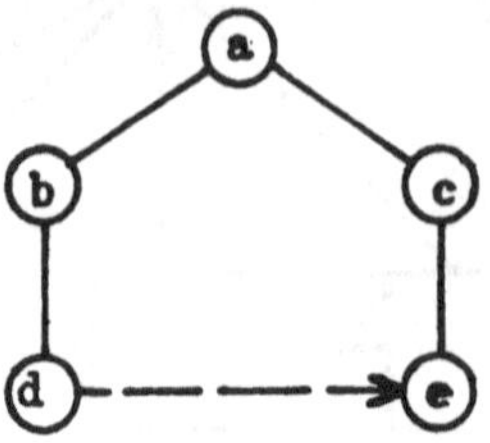

direkter Kanal

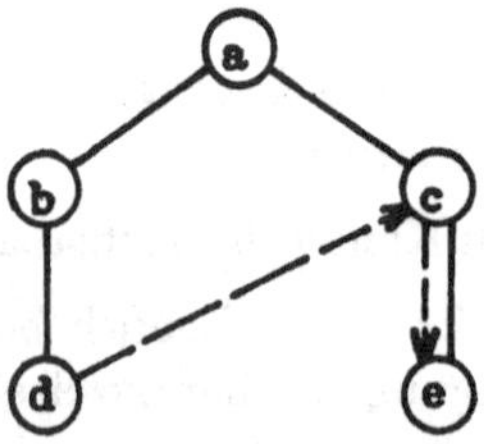

teilweise indirekter Kanal

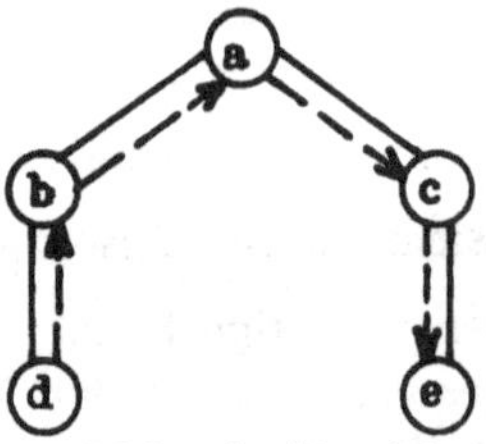

völlig indirekter Kanal

Der Kleinbetrieb ist im allgemeinen durch direkte Kanäle gekennzeichnet, die eine rasche Übermittlung der Informationen gewährleisten.

Betrachtet man die Kommunikationsbeziehungen im Rahmen der Organisationsstruktur, ergeben sich folgende Grundmodelle (siehe Seite 185)[11].

Im Klein- und Mittelbetrieb wird allgemein das Grundmodell der Radial-Serialverbindungen anzutreffen sein, wobei die Führungsfunktionen vom Unternehmer wahrgenommen werden, wie auch aus der Begriffsbestimmung des personalen Wirtschaftens hervorgeht. Es ergibt sich dabei folgendes Bild (siehe Seite 186).

Aus dieser Vereinigung der Führungsfunktionen in einer Person ergibt sich die bereits dargestellte mangelnde Eignung der Führungsmodelle niederer und höherer Ordnung für diese Betriebsgröße. Soll die Betriebsführung in einer dieser Betriebsgrößen verbessert werden können daher entweder die Eignung zur Betriebsführung gesteigert werden oder/und die Anforderungen an die Betriebsführung gesenkt werden.

---

[10] *Kosiol,* E.: Organisation der Unternehmung, Wiesbaden 1962, S. 151.
[11] *Haire,* M.: Modern Organization Theory, London 1965, S. 223.

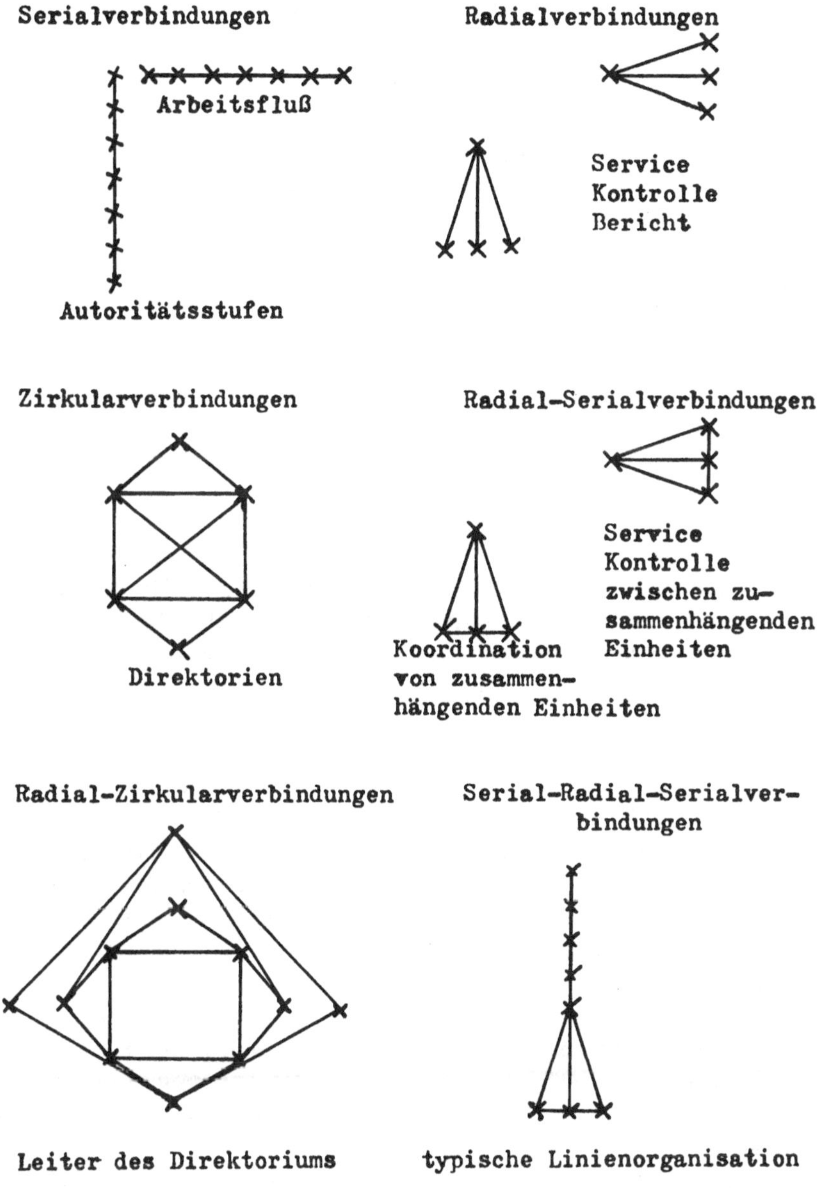

Ein Führungsmodell, das der Erfüllung der Führungsfunktionen durch eine Person gerecht wird, kann auch als Pionier-Führungsmodell bezeichnet werden, wobei sich folgende Charakteristika ergeben[12]:

[12] *Nederlands Paedagogisch Instituut, NPI International, Institute for Organization* Development: A summary of some basic concepts used in management seminars, S. 19 f.

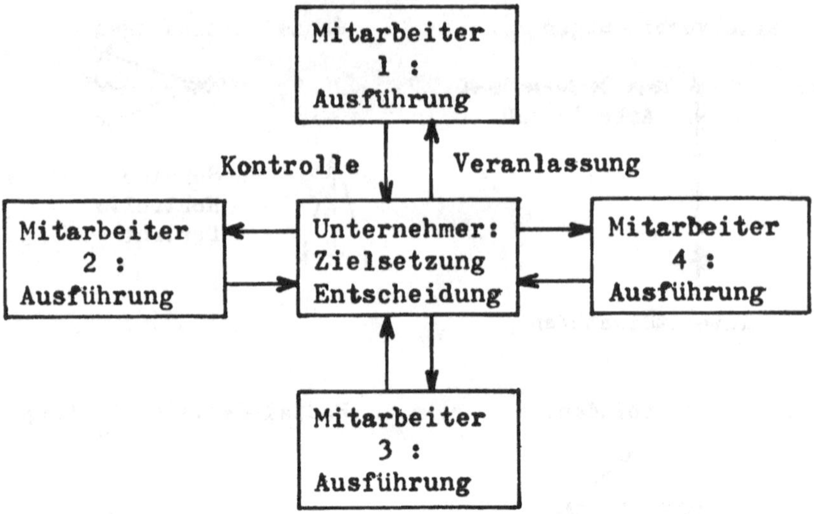

— Leadership is clear. The pioneer is the captain. He is the idea man. He takes the initiative. He is the innovator. He has a clear idea of what he wants although sometimes he finds it hard to verbalize all of this. His leadership is autocratic but completely accepted because of his high prestige.

— There are clear goals for output. Control is immediate and human, (think for example of a garage or small contractor) and directly to the needs, satisfaction or dissatisfaction of the customer.

— Workmotivation is positive because the goals are clear and the feed back about end-results is immediate. Most of all however a productive attitude is created by the smooth, informal organization. Everyone is able to function according to his abilities and preferences.

— Labour is at this stage an external production tool or a commodity. Hiring and firing takes place according to needs. Efficiency is possible because the pioneer creates the opportunities for development. Those with abilities and initiative make rapid progress.

— The pioneering stage of development is highly dynamic, inside and outside. There is little specialisation. Supervision and execution of work are interconnected and allow for improvisation and experiment. Planning is usually nonexistent. The same holds true for inventory. Standardisation of products is not yet accomplished. Products are tailor-made and the work process is laid out to suit the needs of customers.

Die Tatsache, in wieweit derartige Pionier-Unternehmer den oben skizzierten Anforderungen gerecht werdend ausgebildet werden können, muß kritisch beurteilt werden[13]. Hinsichtlich der Organisation dieses Führungsmodells des Pionierunternehmers entspricht diese der von uns herausgestellten Unternehmensführung durch Improvisation, insofern, als die Führung an die Person des Unternehmers gebunden ist, eine Formalorganisation nicht vorhanden ist und aus der raschen Anpassungsfähigkeit an Änderungen sich die Notwendigkeit zur Improvisation ergibt.

Der hier angeführte Pionierunternehmer muß sämtliche Fähigkeiten eines politischen Systems in seiner Person vereinen[14]:

1. die kybernetische Fähigkeit;
2. die Fähigkeit der effizienten Machtausübung;
3. die Fähigkeit, Machtressourcen und Unterstützung zu mobilisieren;
4. die Fähigkeit, für die politischen Entscheidungen und Maßnahmen einen Konsens mit den Betroffenen beziehungsweise den relevanten Unterstützern zu bilden.

Was die übrigen der für den Klein- und Mittelbetrieb herausgestellten Führungsmodelle, neben der Unternehmensführung durch Improvisation, die auf die Organisation abgestellt ist, betrifft, so sind die Modelle der Unternehmensführung durch Kooperation und durch Beratung in sämtlichen Funktionsbereichen denkbar. Das Management by Delegation findet im Klein- und Mittelbetrieb sehr oft praktische Anwendung dadurch, daß es zu einer Aufteilung der Aufgabengebiete zwischen dem Unternehmer und seiner mittätigen Ehefrau kommt. Durch die Verbindung des Unternehmers mit seiner mittätigen Ehefrau, sowohl in der Hauswirtschaft als auch in der Betriebswirtschaft ergibt sich bei Vorliegen der Voraussetzung einer konfliktlosen Zusammenarbeit meist eine wirkungsvolle Betriebsführung.

Organisation im Sinne der Regelung des Aufbaus und des Ablaufes eines Unternehmens wird in dieser Betriebsgröße ersetzt durch die Improvisation durch den Unternehmer, der sämtliche Führungsfunktionen in seiner Person vereint.

---

[13] Vgl. *Heinrich*, W.: Wirtschaft und Persönlichkeit, S. 157 f.

[14] *Kirsch*, W.: Betriebswirtschaftspolitik und geplanter Wandel betriebswirtschaftlicher Systeme, Vortrag auf der Tagung des Verbandes der Hochschullehrer für Betriebswirtschaft in Innsbruck, Pfingsten 1972, zitiert nach: *Theuer*, G.: „Geplanter Wandel", Zur Tagung des Verbandes der Hochschullehrer für Betriebswirtschaft, in: Die Industrie, Jg. 1972, Heft 25, S. 14.

2. Mittelgroßbetrieb (Betriebsgröße III)

Stand in der oben angeführten Betriebsgröße die Persönlichkeit des Unternehmers für die Organisation, so zwingt in dieser Betriebsgröße die Aufteilung der Führungsfunktionen zu einer Regelung durch die Organisation. Dieser Tatbestand kann jedoch auch schon beim Mittelbetrieb dann zum Tragen kommen, wenn sich die Notwendigkeit zu einer Änderung der Betriebsführung ergibt. Hier sei beispielhaft angeführt[15]:

1. Die Nachfolge. Der Pionierunternehmer kann den ganzen Betrieb noch von innen her steuern, weil er alles in seinem Entstehen mitgestaltet und dem ganzen Betrieb den Stempel seiner Persönlichkeit aufgedrückt hat. Für den Nachfolger ist der Betrieb nicht mehr überschaubar.
2. Die Betriebsvergrößerung. Sowohl die Zahl der Beschäftigten als auch der Umfang der Produktion oder des Marktes können Anlaß sein, daß der Unternehmer nicht mehr im bisherigen Stil das Unternehmen überschauen kann.
3. Durch Spezialisierung. Wenn der Produktionsprozeß oder eine andere Seite des Betriebsgeschehens so kompliziert werden, daß Spezialisten notwendig sind, wird bald deutlich, daß die einfache Organisationsstruktur und die bisherige Art und Weise, miteinander zu verkehren, ungeeignet sind, diese Spezialisten zu ihrem Recht kommen zu lassen.
4. Durch Kapitalmangel. Das Wachstum der Unternehmung verlangt zunehmende Investitionen, die der Pionierunternehmer in einem bestimmten Moment nicht mehr aus eigenen Mitteln aufbringen kann. Das nötigt ihn oft, die allzusehr an seine Person gebundene Unternehmung Dritten zu öffnen, wodurch auch eine neue Entwicklung in der Betriebsführung eingeleitet wird.
5. Durch Emanzipation der Untergebenen. Wenn die ursprünglichen Mitarbeiter des Pioniers anderen Platz gemacht haben, während der Pionierstil geblieben ist, wird unter Umständen die patriachalisch-autokratische Führung nicht mehr akzeptiert und von unten geht ein Änderungsimpuls aus.
6. Die Notwendigkeit zur rationalen Planung. Die Entwicklungen auf dem Markt, in der Technik etc. können es notwendig machen, daß weiter vorausgeschaut und Pläne auf längere Termine gemacht werden müssen, als in dem „von Auftrag zu Auftrag" improvisierenden Stil möglich ist.

---

[15] Vgl. *Lievegoed,* B. C. J.: Entwicklungsgesetzmäßigkeiten in Organisationen, Arbeitspapier des NPI, Zeist 1967, S. 3 zitiert nach: *Jegge,* D.: Mitgliederdienst der Gesellschaft zur Förderung der Sozial- und Betriebspädagogik, S. 30 ff.

Grundsätzlich handelt es sich hier darum, daß „infolge Vergrößerung oder Vermehrung der geführten Abteilungen die Erfüllung der Führungsaufgaben qualitativ absinkt, also der Betrieb zu groß wird, um überschaubar und damit leitbar zu bleiben (leitungsmäßige Optimalitätsgrenze)"[16].

Aus dem Überschreiten der leitungsmäßigen Optimalitätsgrenze für die Pionier-Betriebsführung folgt, daß der Mittelgroßbetrieb grundsätzlich anders geführt werden muß als der Klein- und Mittelbetrieb. Aus der Mehrzahl der an der Betriebsführung beteiligten Personen folgt, daß die Kommunikationskanäle in dieser Betriebsgröße zumindestens teilweise festgelegt sein müssen. Das Kommunikationssystem des Mittelgroßbetriebes zeigt im Vergleich zu dem des Klein- und Mittelbetriebes mehr Züge eines geschlossenen Systems. Neben den horizontalen und vertikalen Kommunikationswegen ergeben sich meist auch diagonale wie nachstehendes Bild zeigt[17]:

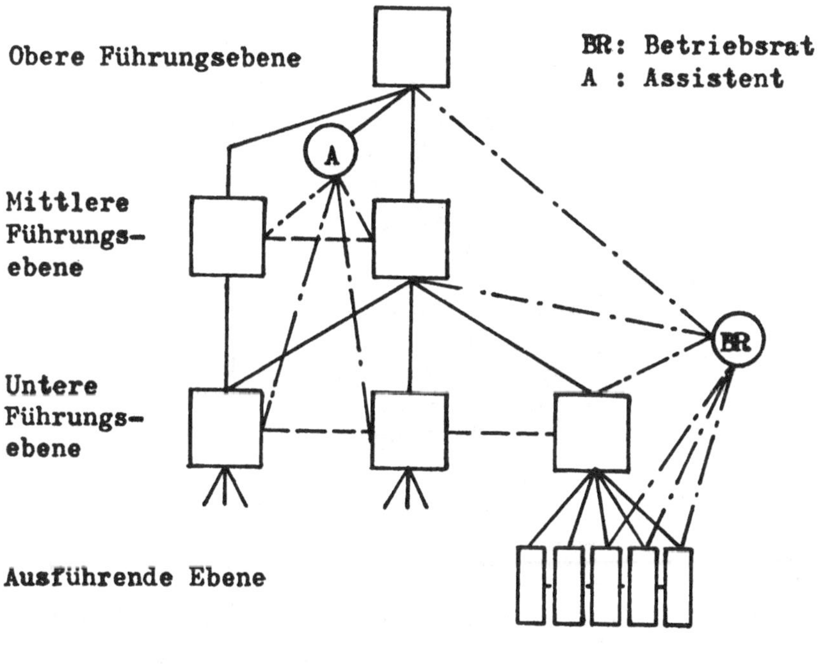

—— Vertikaler
--- Horizontaler
-·- Diagonaler

Kommunikationsweg

[16] *Heinrich*, W.: Wirtschaftspolitik, 2. Band, Zweite Hälfte, S. 208.

[17] Teilweise übernommen von: *Bartram*, P.: Die innerbetriebliche Kommunikation, S. 66.

Neben dem im Klein- und Mittelbetrieb anzutreffenden Grundmodell der Radial-Serialverbindungen in den Kommunikationsbeziehungen treten im Mittelgroßbetrieb im allgemeinen bereits sämtliche andere Grundmodelle auf. So ergeben sich Serialverbindungen in der Hierarchie von oben nach unten und auf den einzelnen hierarchischen Ebenen, Radialverbindungen auf Grund der Mehr-Personenunterstellungen und Zirkularverbindungen beispielsweise in der Betriebsführung.

Die Funktionen der Betriebsführung werden im Mittelgroßbetrieb von mehreren Personen wahrgenommen, wodurch sich folgendes Schaubild ableiten läßt:

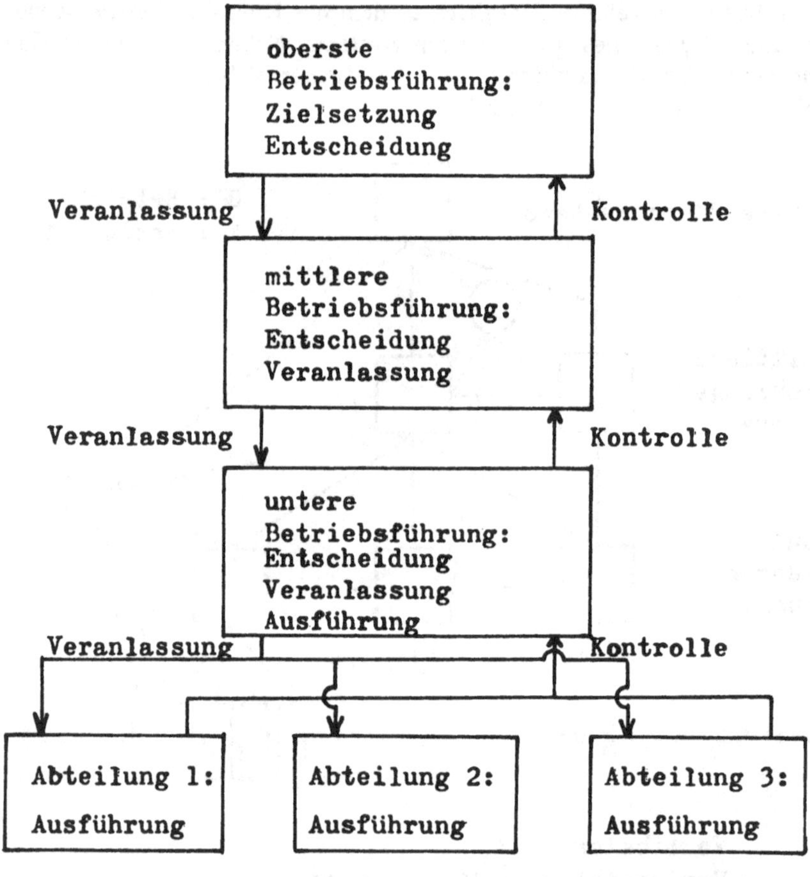

Die Organisation wird in dieser Betriebsgröße ein Instrument, das die vom Pionier-Unternehmer getragene Improvisation ersetzt. Daher sind auch in dieser Betriebsgröße sämtliche Führungsmodelle niederer und höherer Ordnung bereits mehr oder weniger geeignet, wie unsere vorige Untersuchung ergab. Die Grundsätze der Betriebsführung sind dabei:

„The principle of mechanisation was not new, but it gained momentum when the principle of standardisation was applied. Batch-order production of equal parts became possible and the productivity of machine output was accelerated (quantity production).

The principle of standardisation and normalization yielded surprising results and was also applied to the workers. They became involved in a process which has been called the mechanization of the organization. Interchangeable standard-parts and standard quality norms, standardized function descriptions, standardized achievement-norms, standardized classefication and appraisal procedures, standard instructions, interchangeable functions etc., appear on the scene.

By applying this principle throughout, the complicated pattern of activity within a company becomes predictable and can be rigidly controlled. By initiating norms, future action is fixed. This explains why planning — which in fact is essentially the controlling of time — is becoming all important in the second phase. Often planning becomes predominant and the real objective of the organization is obscured. The real objective — after all — is to satisfy the needs of customers. Compare this state of affairs with the pioneer who was so to speak in daily touch witch his customers! The danger of the second phase is that the real needs of the customer — fixed in products produced by a mechanistic organization — tends to be forgotten. To meet the norms of planning is the all important goal of functions and divisions now.

Specialisation is the third important characteristic of this phase.

— functional specialisation: all purchasing activities, accounting, production, research, sales etc. are coordinated.
— specialisation in fixed levels: operating organizing and policy-making management level.
— specialisation in the work flow: planning, execution and control.
— specialisation in technology and science.

The founders of scientific management understood quite well that the centrifugal forces of differentiation could seriously damage the construction of the second phase. Consequently they introduced the fourth principle, that of coordination. The most important characteristics are:

— the one boss principle: this principle already in operation at the first phase of development can be maintained in spite of the increase in organizational levels. A problem however arises with the increasing number of specialists.

The „solution" is found by introducing the „staff-line" notion. Specialists are attached to staff departments giving „advice" to the line. The line has the exclusive prerogative of command.

— the span of control: each manager should have a limited number of subordinates in order to control and coordinate their work personally.
— controlled wages by incentives: introduction of achievement norms and relating achievement and renumeration makes it possible to mobilize human energy for the enterprise by appealing to „own interests". It boils down to the „money and motivation philosophy".
— communication methods: a complicated network of information distribution is needed to inform management about the work activities of employees in order to see whether they meet the prescribed standards of planning and to inform the employees about norms and plans made by management.
— instruction and training: labour needs to be trained to carry out the work prescribed by the organization[18]."

Das Führungsmodell, das alle unsere Modelle niederer und höherer Ordnung umfaßt und in dieser Betriebsgröße zum Tragen kommt, könnte als Modell der organisierten Betriebsführung bezeichnet werden.

3. Großbetrieb (Betriebsgrößen IV und V)

Der Großbetrieb ist, wie unsere Untersuchung zeigte, für sämtliche Führungsmodelle niederer und höherer Ordnung geeignet. Es kann also der bereits in der vorigen Betriebsgröße beginnende Ordnungsprozeß fortgesetzt werden. Allerdings ergibt sich damit die Gefahr der Erstarrung insofern, als die organisatorischen Regelungen Investitionscharakter haben und die geschaffene Organisationsstruktur an Marktänderungen nicht rasch genug angepaßt werden kann. Die Gefahren lassen sich wie folgt fassen[19]:

1. Erstarrung. Der Ausgangspunkt sind mehr oder weniger statische Märkte, Produkte und Menschen. Standardisierung und Spezialisierung scheinen auf die Dauer zur Verbeamtung und Erstarrung zu führen. Diese Organisationsform enthüllt ihre schwache Seite, wenn Dynamik und Beweglichkeit gefordert werden.

2. Führung und Koordination. Die Abteilungen wachsen immer weiter auseinander, haben kein Verständnis mehr für die Aufgaben der anderen und können sich nicht mehr verständigen, weil der Zusam-

---

[18] *Bos*, A. H.: Development Principles of Organizations, in: Management International Review, Jg. 1969, Nr. 1, S. 19 f.

[19] *Lievegoed*, B. C. J.: Entwicklungsgesetzmäßigkeiten in Organisationen, Arbeitspapier des NPI, Zeist 1967, S. 6 f., zitiert nach: *Jegge*, D.: Mitgliederdienst zur Förderung der Sozial- und Betriebspädagogik, S. 38 ff.

menhang mit dem Oberziel nicht mehr erkennbar ist. Die Abteilungen suchen also ihr Ziel in sich selbst und kapseln sich ab, wodurch die Koordination zwischen den Abteilungen schwieriger wird.

3. Motivierung. Das ernsthafteste Symptom ist der abnehmende Arbeitseinsatz. Die Ursachen sind mannigfaltige: Man fühlt sich in seiner Arbeit geistig „sterilisiert" und erlebt dadurch qualitativen Leerlauf; man fühlt sich als Nummer, d. h. als Verlängerungsstück einer Maschine oder eines mechanistischen Organisationssystems; man sieht die Zusammenhänge nicht mehr und verliert dadurch auch die Möglichkeit, einen Sinn in der Arbeit zu sehen.

Als weiteres Problem der organisierten Betriebsführung muß unseres Erachtens angeführt werden, daß durch die Schaffung festgelegter Kommunikationskanäle Konflikte geschaffen werden dadurch, daß die vom Unternehmen geschaffene Organisationsstruktur immer mehr auseinanderklafft von der informalen Organisationsstruktur.

Als Auswege, die diese Mängel der „organisierten" Betriebsführung vermeiden, bieten sich unseres Erachtens an:

„Die Herstellung eines dezentralistischen Betriebsgefüges, das allen Abteilungen und Abteilungsleitern, aber auch den einzelnen Gruppen von Verrichtungsträgern, ja selbst dem einzelnen Betriebsglied ein möglichst ausgeprägtes Eigenleben gewährt.... Auch hier gilt der Grundsatz, daß der Feldherr mit den stärksten Bataillonen auch der stärkste ist: also der Grundsatz der Dezentralisierung des Betriebes und der Verselbständigung der Mitarbeiter. Gerade diese ist oft eine Frage der Selbstdisziplin des Betriebsführers, seiner Menschenkenntnis und Fähigkeit bei der Auswahl seiner Mitarbeiter, vor allem seiner Bereitwilligkeit, Aufgaben zu delegieren und schließlich auch rechtzeitig für den Mitarbeiternachwuchs zu sorgen.... Es gilt ... den Menschen im Betrieb personenhaft — individualisierend — qualitativ, vom Standpunkt einer synthetischen Persönlichkeitspsychologie und von jenem der Soziologie zu sehen. Dann ist der Mensch immer ein lebendiges Wesen und kein abstrakter Verrichtungsträger, ein lebendiges Glied innerhalb der Gemeinschaft des Betriebes und innerhalb vieler anderer gesellschaftlicher Gruppen[20]."

Eine interessante diesbezügliche Lösung, die auf Ergebnissen des amerikanischen Institute for Social Research beruht, präsentiert Likert[21]:

---

[20] *Heinrich*, W.: Wirtschaftspolitik, 2. Band, Zweite Hälfte, S. 200 f.

[21] *Likert*, R.: Neue Ansätze der Unternehmensführung, Bern und Stuttgart 1972, S. 197 ff.

„I. Merkmale der Organisation

A. System

Die Unternehmungsführung bildet ein integriertes, in sich geschlossenes System...

B. Struktur

Die Organisationsform der ineinandergreifenden Gruppen scheint den Erfordernissen, wie sie das Prinzip der unterstützenden Beziehungen beinhaltet, am besten zu entsprechen. Dazu kommt — zahlreiche Forschungsergebnisse beweisen —, daß die Kommunikations- und Beeinflussungsprozesse in den Gruppen, zu denen sich die Mitglieder stark hingezogen fühlen, am wirkungsvollsten sind. Die von der neuen Theorie der Unternehmungsführung geforderten hochentwickelten Kommunikations- und Beeinflussungsprozesse setzen eine Organisationsstruktur voraus, die diese Vorgänge erleichtert. Aufgrund der gemachten Erkenntnisse entspricht die Organisationsform der ineinandergreifenden Gruppen diesen Anforderungen besser als jede andere bis heute bekannte Organisation. Sie bildet denn auch die Grundlage der neuen Theorie der Unternehmungsführung.

C. Arbeitsgruppen

Bei den Arbeitsgruppen handelt es sich um sehr leistungsfähige Gruppen mit entsprechenden Leistungsmerkmalen.

D. Leitung

Die Leitung verfügt über die üblichen technischen und Führungsqualitäten. Außerdem weist sie jene Fähigkeiten auf, die notwendig sind, um ein System der gegenseitigen Beeinflussung, das aus sehr leistungsfähigen Gruppen besteht, aufzubauen und zu erhalten.

E. Arbeitsklima

Um im Sinne des Prinzips der sich gegenseitig unterstützenden Beziehungen zu funktionieren, schafft die Unternehmung eine Atmosphäre, in welcher sich die Mitarbeiter geschätzt und geachtet fühlen und wo sich Vertrauen entwickeln kann.

F. Mitarbeiter

Die Unternehmung ist mit Mitarbeitern ausgestattet, welche die zur Ausübung ihrer Funktion erforderlichen Fähigkeiten und notwendige Ausbildung besitzen. Außerdem sind sie fähig, zwischenmenschliche und Gruppenbeziehungen aufzubauen. Sie haben Verständnis für die Reaktionen der Mitarbeiter und beherrschen ihre Rolle als Gruppenmitglied bzw. Gruppenleiter genügend, um ein gutes Funktionieren der miteinander in Beziehung stehenden Gruppen zu gewährleisten.

G. Zusammenarbeit

In einem freundlichen und förderlichen Arbeitsklima bestehen zwischen den Mitgliedern der einzelnen Gruppen und Abteilungen genügend Interaktionen, um ein hohes Vertrauensniveau und einen wirksamen Informationsfluß sicherzustellen. Das setzt allerdings eine gewisse Stabilität im Mitarbeiterstab voraus; ein zu rascher Wechsel erschwert eine wirkungsvolle Zusammenarbeit.

H. Messungen

Den Mitarbeitern stehen laufend exakte Daten zur Verfügung, welche den internen Zustand der Unternehmung, die relevanten Umweltvorgänge sowie das Leistungsniveau widerspiegeln. Diese Meßresultate sind all jenen Organisationsmitgliedern zugänglich, deren Entscheide die verschiedenen Variablen beeinflussen. Auf diese Weise können Entscheide auf der Basis exakter, objektiver Informationen getroffen werden und damit „die Autorität der Tatsachen" und „das Gesetz der Situation" Oberhand haben.

II. Arbeitscharakteristiken

A. Das der neuen Theorie zugrundeliegende Prinzip der unterstützenden Beziehungen beinhaltet u. a. die Voraussetzungen für einen ungehinderten Fluß der relevanten Informationen in allen Richtungen — aufwärts, abwärts, zwischen Gleichgestellten — durch die ganze Organisation hindurch. Damit erhalten alle Stellen der Unternehmung die für ihre Arbeit — Erfassen der Probleme, Fällen der Entscheide, Einsatz richtiger Maßnahmen — notwendigen exakten Angaben.

B. Das Prinzip der unterstützenden Beziehungen verlangt ein Beeinflussungssystem, welches mit dem Informationsstrom verglichen werden kann. In Unternehmungen, welche die neue Theorie wirksam anwenden, hat infolgedessen jeder Mitarbeiter zurecht das Gefühl, die Entscheide und das Verhalten all jener beeinflussen zu können, mit denen er in mehr oder weniger regelmäßigem Kontakt steht. Auf diese Weise übt er mindestens etwas Einfluß auf die ganze Unternehmung aus. Mitarbeiter von Unternehmungen, die die neue Theorie anwenden, haben — im Vergleich zu den meisten übrigen Betrieben — mehr Einfluß auf das Unternehmungsgeschehen; das gilt für die Angehörigen sämtlicher hierarchischer Stufen. Entsprechend besser können solche Unternehmungen ihre Möglichkeiten im Hinblick auf die Erreichung der gesteckten Ziele ausschöpfen.

C. Die erwähnten Informations- und Beeinflussungssysteme sind nicht ohne Auswirkungen auf die Entscheidungsbildung. Alle relevanten Informationen, Ideen, Erfahrungen und das in der Unternehmung vorhandene technische Wissen bezüglich eines gegebenen Problems fließen normalerweise zu der Stelle, wo die diesbezüglichen Entscheide getroffen werden. Entsprechend „gesündere" Entscheide können gefällt werden. Dazu kommt, daß dank dem ständigen Fluß von exakten Informationen sämtliche Stellen der Organisation frühzeitig auf Probleme aufmerksam werden und entsprechend prompt und wirksam handeln können.

Die durch den Beeinflussungsprozeß ermöglichte Partizipation hat wichtige Konsequenzen: Die Unternehmungsziele beinhalten die Wünsche und Bedürfnisse der Mitarbeiter sowie der mit der Unternehmung irgendwie verbundenen Personen, wie Konsumenten, Aktionäre und Lieferanten. Außerdem stimmen die allgemeinen Unternehmungsziele, die Bestrebungen der verschiedenen Abteilungen und der Mitglieder der einzelnen Arbeitsgruppen miteinander überein.

D. Ein hohes Ausmaß an wirksamer, koordinierter Motivation wird erreicht. Sie ergänzt die die positive Einstellung begleitenden motivierenden Kräfte und setzt sie voll ein.

1. Die Unternehmungsziele werden von den Mitarbeitern angenommen. Jeder bemüht sich, zu ihrer Erreichung beizutragen, da er sich bei deren Formulierung mindestens indirekt beteiligt weiß, so daß sie seine eigenen Wünsche und Bedürfnisse widerspiegeln.
2. Das Entlöhnungssystem der Unternehmung beruht — wie ihre Ziele — auf einem Interaktions- und Beeinflussungsprozeß. Auf diese Weise kann mit großer Wahrscheinlichkeit erreicht werden, daß a) die Entlöhnung aller Betroffenen als gerecht erscheint, b) das Entlöhnungssystem zur Bildung sehr leistungsfähiger Gruppen beiträgt und c) das Verhalten honoriert wird, welches dazu beiträgt, daß die Unternehmung die ihr gestellten Aufgaben erfüllt.
3. Jeder Mitarbeiter erkennt, daß der Grad der Erfüllung der persönlichen Wünsche vom Ausmaß abhängt, in dem die Ziele der Unternehmung erreicht werden. Das führt dazu, daß die Mitarbeiter ihrer Arbeitsgruppe und sich selbst hohe Leistungsziele stecken, was wiederum die Freisetzung aller Motivationskräfte sehr leistungsfähiger Gruppen bewirkt.

III. Allgemeine Leistungsmerkmale

Eine Unternehmung mit fähigen Mitarbeitern, mit einer Führung, welche die Entstehung sehr leistungsfähiger Gruppen fördert und die Organisationsstruktur der ineinandergreifenden Gruppen realisiert, die ferner eine gut spielende Kommunikation und gegenseitige Beeinflussung, eine dezentralisierte und koordinierte Entscheidungsbildung schafft sowie hohe Leistungsziele, verbunden mit entsprechenden Motivationen, setzt, eine solche Unternehmung sollte hervorragende Leistungen erzielen. In sie können folgende Erwartungen gesetzt werden: große Produktivität, gute Qualität, niedrige Kosten, wenig Ausschuß, geringe Personalfluktuationen und Absenzen, große Anpassungsfähigkeit, Begeisterungsfähigkeit und Zufriedenheit auf Seiten der Mitarbeiter, Kunden und Aktionäre sowie gute Beziehungen zu den Gewerkschaften. Kurz, das Modell, welches auf der neuen Theorie der Unternehmungsführung basiert, scheint vollkommen zu sein. Jede Unternehmung sollte sich zum Vorteil aller Beteiligten bemühen, diesem Modell möglichst nahe zu kommen. Tatsächlich ist das der Weg, den die erfolgreichsten Führungskräfte beschritten haben."

IX. Zusammenfassung

Es konnte nachgewiesen werden, daß die Anfänge der Betriebswirtschaftslehre als Führungslehre historisch bis in die Zeit der Handlungswissenschaften zurückreichen, wo bereits Ansätze einer Führungslehre zu finden sind.

Im Rahmen der verschiedenen Ansätze der Betriebswirtschaftslehre erfährt die Unternehmensführung eine unterschiedliche Interpretation, wobei wir uns eines funktionalen Ansatzes bedienen, da sich damit unseres Erachtens die verschiedenen komplexen Fragen der Betriebsführung umfassend darstellen lassen. Die übrigen Ansätze schränken die Fragen der Betriebsführung unseres Erachtens zu sehr ein, wie beispielsweise auf Spielsituationen im spieltheoretischen Ansatz oder auf das rationale Verhalten im entscheidungsorientierten Ansatz.

Aus diesem unseren Ansatz ergeben sich funktional die Aufgaben der Zielsetzung, der Entscheidung, der Realisation, der Koordination, der Kontrolle sowie der Information, die die Grundsystematik der Betriebsführung darstellen. Dabei besteht zwischen diesen Funktionen eine hierarchisch-rangmäßige Ordnung insofern, als die jeweils vorgenannten Funktionen den nachstehenden vorgeordnet sind.

Mit steigender Betriebsgröße wachsen, wie nachgewiesen wurde, die Anforderungen, die sich für die Betriebsführung nach Art und Umfang ergeben. Damit müssen auch die einzelnen Führungsfunktionen in den einzelnen Betriebsgrößen unterschiedlich wahrgenommen werden. Aus dem Tatbestand, daß die Anforderungen an die Betriebsführung, hier verstanden als personelle Institution, die die Führungsfunktionen wahrnimmt, stets in praxi mit den entsprechenden vorhandenen Eignungen auseinanderfallen, ergeben sich die Fragen der Anpassung der Eignung an die Anforderungen, die auch stets in Abhängigkeit von der Betriebsgröße unterschiedlich zu beantworten sind.

Im Rahmen der Führungsmodelle wurde im Hinblick auf die Komplexität dieser Modelle eine Zweiteilung vorgenommen. Führungsmodelle niederer Ordnung sind dadurch gekennzeichnet, daß sie die komplexe Wirklichkeit der Betriebsführung nur bedingt wiedergeben, insofern, als sie auf einzelne Führungfunktionen ein mehr oder weniger großes Schwergewicht legen. Zu dieser Gruppe gehören die Modelle des Management by Objectives, des Management by Exception, des Management by Result, des Management by Delegation, des Management by System, des Projekt Management und des Matrix Management. Sie alle stellen unter Berücksichtigung der von uns verwendeten Aufgaben die Betriebsführung jeweils nur auf einzelne Führungsfunktionen ab und geben damit nur bedingt die Realität der Führung wieder. Zur zweiten Gruppe, den Modellen höherer Ordnung, zählen alle Führungsmodelle, die sämtliche Führungsfunktionen mehr oder weniger ausgeprägt beinhalten und damit die komplexe Wirklichkeit wiedergeben. Unsere Untersuchung ergab, daß hierzu das Harzburger Modell und das ÖPZ Modell zählen.

Betrachten wir die Führungsmodelle niederer und höherer Ordnung im Hinblick auf ihre Anwendbarkeit bei unterschiedlicher Betriebsgröße, wurde nachgewiesen, daß sämtliche Modelle eine mehr oder weniger starke Eignung für den Mittel- und Großbetrieb aufweisen. Die bestehenden Modelle sind demnach im Kleinbetrieb kaum anwendbar. Unsere Untersuchung ergab für diese Betriebsgröße als Modelle die Unternehmensführung durch Kooperation (Management by Cooperation), die Unternehmensführung durch Beratung (Management by Consulting) und die Unternehmensführung durch Improvisation (Management by Improvisation).

Neben diesen vorstehend behandelten Determinanten des Betriebes, den Führungsfunktionen und der Betriebsgröße bestehen weitere Determinanten als Voraussetzungen für die Anwendung einzelner Führungsmodelle im Betrieb. Diese Determinanten bestehen in der Formalorganisation, der Managementeignung und dem Zielsystem des Unternehmens.

Aus dem Faktum der großbetrieblichen Orientierung der Führungsmodelle ergab sich die Notwendigkeit der Erarbeitung betriebsgrößenadäquater Führungsmodelle. Dabei wurde für den Klein- und Mittelbetrieb das Modell der Pionier-Unternehmensführung, das in seiner Organisation dem Modell der Betriebsführung durch Improvisation entspricht, herausgestellt.

Für das mittelgroße Unternehmen ergab sich die organisierte Betriebsführung, in deren Rahmen sämtliche von uns behandelten Führungsmodelle zum Tragen gelangen.

Für den Groß- und Größtbetrieb wurden zwei alternative Führungsmodelle unterschieden. Zum einen der weitere Ausbau des Modells der organisierten Betriebsführung, wobei hier die Probleme der Überorganisation auftreten können. Zum anderen als Alternative das sozialpädagogische Führungsmodell, wobei hier wiederum die Fragen der Eignung der Menschen von erhöhter Bedeutung sind.

Anhang

Führungsmodell	Dargestellte Modelle						
	Niederer Ordnung						
	M. b. Objectives	M. b. Exception	M. b. Result	M. b. Delegation	M. b. System	Project M.	Matrix M.
Determinante:							
Betriebsgröße I	− 2	− 2	− 2	− 2 − − 1	− 2	− 1	− 2
Betriebsgröße II	− 2	− 1	− 2	− 1	− 2	− 1	− 2
Betriebsgröße III	− 1	− 1	− 1	+ 1	− 1	− 1 − + 1	− 1
Betriebsgröße IV	+ 1	+ 1	+ 1	+ 2	+ 1	+ 1	+ 1
Betriebsgröße V	+ 1	+ 1	+ 1	+ 2	+ 1	+ 1	+ 1
Führungsfunktionen:							
Zielfunktion	+ 2	− 1	+ 2	− 1	− 1	− 1	− 1
Entscheidungs-funktion	− 1	− 1	− 1	− 1	− 1	− 1	− 1
Realisationsfunkt.	− 1	− 1	− 1	− 1	− 1	− 1	− 1
Koordinations-funktion	− 1	− 1	− 1	+ 1	− 1	− 1	− 1
Kontrollfunktion ..	− 1	+ 2	− 1	− 1	− 1	− 1	− 1
Informationsfunkt.	− 1	− 1	− 1	− 1	− 1	− 1	− 1
Formalorganisation .	+ 2 − + 1	+ 2 − + 1	+ 2 − + 1	+ 1	+ 2 − + 1	+ 1	+ 2
Managementeignung:							
Kognitiver Bereich							
Zielfunktion	+ 2	− 1	+ 2	− 1	− 1	− 1	− 1
Entscheidung-funktion	− 1	− 1	− 1	− 1	− 1	− 1	− 1
Realisationsfunkt.	− 1	− 1	− 1	− 1	− 1	− 1	− 1
Koordinations-funktion	− 1	− 1	− 1	+ 1	− 1	− 1	− 1
Kontrollfunktion ..	− 1	+ 2	− 1	− 1	− 1	− 1	− 1
Informationsfunkt.	− 1	− 1	− 1	− 1	− 1	− 1	− 1
Affektiver Bereich							
Kooperations-bereitschaft	+ 2 − + 1	− 1	+ 2 − + 1	+ 2 − + 1	− 1	+ 2	+ 2
Verantwortungs-bereitschaft	+ 2 − + 1	− 1	+ 2 − + 1	+ 2 − + 1	− 1	+ 2	+ 2
Zielsystem	+ 2	+ 2 − + 1	+ 2	0	0	+ 1 − + 2	+ 1

Höherer Ordnung		Entwickelte Modelle				
Harzburg	ÖPZ	M. b. Co-operation	M. b. Consulting	M. b. Improvisation	Funktionales Management	Team-Management
− 2	− 2	+ 1	+ 2	+ 1 — − 1		
− 2	− 2	+ 1	+ 2	− 1		
− 1	− 1	− 1	+ 2	− 2		
+ 1	+ 1	− 2	+ 2	− 2		
+ 1	+ 1	− 2	+ 2	− 2		
+ 1	+ 1				+ 2 — + 1	
+ 1	+ 1				+ 2 — + 1	
+ 1	+ 1				+ 2 — + 1	
+ 1	+ 1				+ 2 — + 1	
+ 1	+ 1				+ 2 — + 1	
+ 1	+ 1				+ 2 — + 1	
+ 1 — + 2	+ 1 — + 2					− 1 — − 2
+ 1	+ 1				+ 2 — + 1	
+ 1	+ 1				+ 2 — + 1	
+ 1	+ 1				+ 2 — + 1	
+ 1	+ 1				+ 2 — + 1	
+ 1	+ 1				+ 2 — + 1	
+ 1	+ 1				+ 2 — + 1	
+ 2	+ 2					
+ 2	+ 2					
+ 2	+ 2					

Literaturverzeichnis

Aengenendt-Papesch, R.: Die Funktionen der Klein- und Mittelbetriebe in der wettbewerblichen Marktwirtschaft, Köln und Opladen 1962.

Albach, H.: Unternehmensführung und Unternehmensforschung, in: Rationalisierung, 17. Jg. (1966), Heft 1.

Anderson, R. C.: Führungs-Strategien, Deutsche Bearbeitung von *Rüschenpöhler*, H. J., Stuttgart 1972.

Ansoff, I.: Management Strategie, München 1966.

— Business Strategy, Selected Readings, Penguin Books, Harmondsworth, Middlesex, England 1971.

Apel, G.: Mitbestimmung; Grundlagen, Wege, Ziele, München 1969.

Arbeitskreis Krähe: Leitungsorganisation, Die Organisation der Unternehmungsleitung, Köln und Opladen 1958.

— Organisation der Geschäftsführung, Leitungsorganisation, Opladen [2]1971.

Ashby, W. R.: An Introduction to Cybernetics, London 1957.

Atteslander, P.: Konflikt und Kooperation im Industriebetrieb, Probleme der betrieblichen Sozialforschung in internationaler Sicht, Köln und Opladen 1959.

Auras, V.: Systemforschung und Systemanalyse, in: Zeitschrift für Organisation, 37. Jg. (1968), Heft 8.

Barnard, C. I.: Die Führung großer Organisationen (The Functions of the Executive), übersetzt von *Boettcher*, K. W., Essen 1970.

Bartram, P.: Die innerbetriebliche Kommunikation, Ihre organisatorische Gestaltung und ihre ungeregelte Entwicklung im Betriebsgeschehen, Berlin 1969.

Bataillard, V.: Führungsmodelle als Herausforderung, in: Neue Zürcher Zeitung vom 23. und 24. 7. 1971.

Batschelet, H.: Führen, Studien einer begrifflichen Systematik, in: Die Unternehmung, Jg. 1971.

Baumberger, H. U.: Die Entwicklung der Organisationsstruktur in wachsenden Unternehmungen, Bern 1961.

Berger, K. H.: Unternehmensgröße und Leitungsaufbau, Berlin 1968.

Bertalanffy, L. von: General System Theory; A New Approach to Unity of Science, in: Human Biology, Vol. 23, Baltimore, Maryland 1951.

Beste, T.: Die optimale Betriebsgröße als betriebswirtschaftliches Problem, Leipzig 1939.

Bidlingmaier, J.: Unternehmerziele und Unternehmerstrategien, Wiesbaden 1964.

— Zur Zielbildung in Unternehmungsorganisationen, in: ZfbF, Jg. 1967.

— Möglichkeiten und Grenzen wissenschaftlicher Unternehmensführung, in: GFM-Mitteilungen zur Markt- und Absatzforschung, 15. Jg. (1969), Heft 4.

Biedenkopf, K. H.: Aspekte zukünftiger Führungsformen, in: Neuerungsorientierte Unternehmungsführung, Bern 1972.

Biermann, H.: Prognose- und Optimierungsmodelle, in: Schenk, K. E. (Hsg.), Systemanalyse in den Wirtschafts- und Sozialwissenschaften, Berlin 1971.

Bittel, L. R.: Management by Exception, New York-San Francisco-Toronto-London 1964.

Blake, R. und *Mouton*, J. S.: Verhaltenspsychologie im Betrieb, Das Verhaltensgitter, eine Methode zur optimalen Führung in Wirtschaft und Verwaltung, Düsseldorf-Wien 1968.

Blake, R., *Mouton*, J., *Grenier*, L. and *Barnes*, L.: Breakthrough in Organizational Development, in: Hutchinson, J. G. (Hsg.), Readings in Management Strategy and Tactics, New York 1971.

Bleicher, K.: Perspektiven für Organisation und Führung von Unternehmungen, Baden-Baden und Bad Homburg von der Höhe 1971.

Blohm, H.: Die Management-Methoden der 70er Jahre, in: Hohenstein, G. (Hsg.), Management-Perspektiven der 70er Jahre, München 1970.

Bouffier. W.: Betriebswirtschaftslehre als Funktionen- und Leistungslehre, in: Funktionen- und Leistungsdenken in der Betriebswirtschaft, Festschrift *Oberparleiter*, K., Wien 1956.

Bornemann, E.: Betriebspsychologie, Wiesbaden 1967.

Bos, A. H.: Entwicklungsgesetze von Organisationen, in: Management International Review, Jg. 1969, Nr. 1.

— Development Principles of Organizations, in: Management International Review, Jg. 1969, Nr. 1.

Boulding, K. E.: General Systems Theory, The Skeleton of Science, in: Management Systems, Schoderbeck-New York 1968.

Bratschitsch, R.: Das betriebswirtschaftliche Funktionen- und Leistungsdenken im Stufenbau der Wirtschaft, Wien 1965.

Brightford, E. G.: Vorgehen bei der Einführung von Management by Objectives, in: Industrielle Organisation, Jg. 1971.

— Warum Management by Objectives? Internationale Erfahrungen, in: Industrielle Organisation, Jg. 1971.

Britt, A.: Übersicht über marktgängige Führungsmodelle, in: Industrielle Organisation, Jg. 1971.

Bundeskammer der gewerblichen Wirtschaft, Wirtschaftsförderungsinstitut: Bericht über die Tätigkeit des Rationalisierungsreferates im Jahre 1969, Maschinmanuskript, Wien 1970.

Burns, T.: Neuerung und Veraltern — Unternehmungsführung als Lernsystem, in: Neuerungsorientierte Unternehmungsführung, Bern 1972.

Busse von Colbe, W.: Die Planung der Betriebsgröße, Wiesbaden 1964.

Buth, W.: Das Problem einer „anthropozentrischen" Betriebswirtschaftslehre, in: ZfB, 36. Jg. (1966), Heft 9.

Caplow, T.: Principles of Organization, New York-Chicago-San Francisco-Atlanta 1964.

Castan, E.: Typologie der Betriebe, Sammlung Poeschel, Reihe I, Grundlagen, Stuttgart 1963.

Chandler, A. D.: Strategy and Structure, Chapters in the History of the Industrial Enterprise, Massachusetts Institute of Technology, Cambridge-Massachusetts 1962.

Chini, L. W.: Ansätze zu einer Theorie der betriebswirtschaftlichen Wirkunken der Förderung von Unternehmungen durch die staatliche Aktivität, Dissertation Hochschule für Welthandel, Wien 1972.

Chmelik, G. und *Kappler*, E.: Konstitutive Entscheidungen, in: Heinen, E. (Hsg.), Industriebetriebslehre, Entscheidungen im Industriebetrieb, Wiesbaden 1972.

Coenenberg, A. G.: Die Kommunikation in der Unternehmung, Wiesbaden 1966.

Crousaz, V. von: Taylor, Frederick Winslow, in: Handwörterbuch der Sozialwissenschaften, 10. Band, Stuttgart-Tübingen-Göttingen 1959.

Cyert, R. M. and *Welsch*, L. A., (Ed): Management, Decision Making, Selected Readings, Penguin Books, Harmondsworth, Middlesex, England 1970.

Dahrendorf, R.: Sozialstruktur des Betriebes, Wiesbaden 1959.

Dale, E.: Die großen Organisationen — Eine Analyse des Erfolges amerikanischer Konzerne, Düsseldorf-Wien 1962.

— Readings in Management: Landmarks and New Frontiers, New York-St. Louis-San Francisco-Toronto-London-Sydney 1965.

— Organization, American Management Association 1967.

Degelmann, A.: Moderner Führungsstil im Unternehmen, Bad Wörishofen 1968.

Degiacomi, R.: Einführung einer Führungskonzeption in einer Großunternehmung, in: Industrielle Organisation, Jg. 1971.

Deyhle, A.: Die Konzeption des DIB/MAM-Management-Systems, in: Industrielle Organisation, Jg. 1971.

Drucker, P. F.: Praxis des Management, Ein Leitfaden für die Führungs-Aufgaben in der modernen Wirtschaft, Düsseldorf 1956.

— Managing for Results, London 1966.

Drumm, H. J.: Organisationsformen und Probleme der Zielbildung in mehrstufigen Vereinen, in: ZfB, Jg. 1971.

Dullien, M.: Flexible Organisation, Praxis, Theorie und Konsequenzen des Projekt- und Matrix-Management, Opladen 1972.

Dunkerley, D.: The Study of Organizations, London and Boston 1972.

Dutzler, H.: Betriebswirtschaftliche Planung und Operations Research mit besonderer Berücksichtigung des Klein- und Mittelbetriebes, Dissertation Hochschule für Welthandel in Wien, Band 11, Wien 1971.

Emerson, H.: Efficiency as a Basis for Operation and Wages, New York 1911.

Engel, P. und *Riedmann*, W.: Die neuen Management-Techniken in Fällen, München 1971.

Engriser, R.: Die Organisationsstruktur als Teil eines Managementmodells, in: Industrielle Organisation, Jg. 1971, Nr. 11.

Ermansky, J.: Wissenschaftliche Betriebsführung und Taylor-System, Berlin 1925

Fayol, H.: Allgemeine und industrielle Verwaltung, München-Berlin 1929.

Fischer, B.: Grundzüge des Bedaux-Systems, in: ZfB, 20. Jg. (1950), Heft 10.

Fischer, G.: Führungsstil und Führungskunst, in: Gegenwartsfragen der Unternehmensführung, Festschrift *Hasenack*, W., Berlin 1966.

— Entlastung der Chefarbeit durch neue Führungsorganisation, in: Personal, 20. Jg. (1969), Heft 3.

Fischer, G.: Führungsdelegation und Führungskontrolle, in: Personal, Jg. 1968, Heft 5.

Fischer-Winkelmann, W. F.: Methodologie der Betriebswirtschaftslehre, München 1971.

Follett, P. M.: The Essentials of Leadership in Classics in Management, New York 1960.

Forschungs- und Förderungsgesellschaft zur Deckung des Managementbedarfs in Österreich: Bericht und Voranalyse über die erste Teilstufe des Forschungsvorhabens zur Deckung des Managementbedarfs in Österreich, Wien, im Juni 1971.

Frese, E.: Kontrolle der Unternehmungsführung, Wiesbaden 1968.

— Management by Exception, in: Grochla, E. (Hsg.), Handwörterbuch der Organisation, Stuttgart 1969.

Fuchs, H.: Systemtheorie, in: Grochla, E. (Hsg.) Handwörterbuch der Organisation, Stuttgart 1969.

Fuchs, K. und *Haas*, R.: Industrielles Management-Development, Ideenskizze, Maschinmanuskript, Wien 1971.

Fuchs, R.: Stellenplan und Planstellen, in: ZfbF, Jg. 1972.

Fuchs, W., *Bataillard*, V. und *Stieger*, L.: ÖPZ Führungsmodell I, Regelkreis der Unternehmensführung, Österreichisches Produktivitäts-Zentrum, Seminarunterlage vom 23. und 24. 2. 1970.

Gäfgen, G.: Theorie der wirtschaftlichen Entscheidung, Untersuchungen zur Logik und ökonomischen Bedeutung des rationalen Handelns, Tübingen 1963.

Gaelweiler, A.: Entwicklungstrends in der Unternehmungsführung, in: Industrielle Organisation, Jg. 1972.

Galbraith, J. K.: Die moderne Industriegesellschaft, München-Zürich 1968.

Gantt, H. L.: Organisation der Arbeit, übersetzt von *Meyenberg*, Berlin 1922.

Gantzel, K. J.: Mittelstandsbegriff und Gewerbebegriff, in: Internationales Gewerbearchiv, Jg. 1963.

Gardner, B. B. und *Moore*, D. G.: Praktische Menschenführung im Betrieb, Köln-Opladen 1957.

Gasser, C.: Neuerungsorientierte Unternehmungsführung in der Industrie, in: Neuerungsorientierte Unternehmungsführung, Bern 1972.

Gilbreth, F. B.: Das ABC der wissenschaftlichen Betriebsführung, übersetzt von *Ross*, C., Berlin 1917.

— Ermüdungsstudium, übersetzt von *Witte*, J. M., Berlin 1921.

— Bewegungsstudien, Berlin 1927.

Gluth, H.: Management by Exception braucht keinen Computer, in: Organisation und Betrieb, 22. Jg. (1967), Heft 2.

Gregor, D. M.: Der Mensch im Unternehmen, The Human Side of Enterprise, aus dem Amerikanischen übertragen von *Wolter*, A., Düsseldorf und Wien [2]1971.

— Theory X and Theory Y, in: Hutchinson, J. G. (Hsg), Readings in Management Strategy and Tactics, New York 1971.

Grochla, E.: Die Gestaltung entscheidungsorientierter Informationssysteme als Aufgabe der Unternehmungsführung, in: Datascope, Jg. 1971, Heft 5.

— Betriebswirtschaftlich — organisatorische Forschung auf dem Gebiete der Informationssysteme, in: Wissenschaftsprogramm und Ausbildungsziele der Betriebswirtschaftslehre, Tagungsbericht des Verbandes der Hochschullehrer für Betriebswirtschaft e. V., Band I, Berlin 1971.

Gross, H.: Human Relations, in: Handwörterbuch der Betriebswirtschaft, 2. Band, Stuttgart 1957/58.

Gubser, F.: Inwieweit sind „Führungseigenschaften" graphologisch faßbar?, in: Industrielle Organisation, Jg. 1972, Nr. 4.

Gutenberg, E.: Unternehmensführung, Organisation und Entscheidung, Wiesbaden 1962.

— Grundlagen der Betriebswirtschaftslehre, II. Band: Der Absatz, Berlin-Heidelberg-New York [11]1968.

— Grundlagen der Betriebswirtschaftslehre, I. Band: Die Produktion, Berlin-Heidelberg-New York [16]1969.

— Grundlagen der Betriebswirtschaftslehre, III. Band: Die Finanzen, Berlin-Heidelberg-New York 1969.

— Unternehmensführung, in: Grochla, E. (Hsg.), Handwörterbuch der Organisation, Stuttgart 1969.

Gutersohn, A.: Das Gewerbe in der freien Marktwirtschaft, Band I, Das Wesen des Gewerbes und die Eigenart seiner Leistungen, Zürich und St. Gallen 1954.

— Das Gewerbe in der freien Marktwirtschaft, Band II, Die betriebswirtschaftlichen Eigentümlichkeiten, Die gewerblichen Verbände, Die Verflechtungen des Gewerbes mit dem Markt, Zürich und St. Gallen 1962.

— Handwerksbegriff und Personalität, in: Führungsprobleme personenbezogener Unternehmen, Festschrift Rössle, K. F., Stuttgart 1968.

— Das Handwerk noch zeitgemäß?, in: Kroniek van het Ambacht/Klein- en Middenbedrijf, Jubileumnummer 1971, Jg. 25, Nr. 5 - 6.

Gwalter, E.: Wissenschaftliche Betriebsführung im Dienste der wirtschaftlichen Leistungserstellung, Bern 1950.

— Wissenschaftliche Betriebsführung, in: Grochla, E. (Hsg.), Handwörterbuch der Organisation, Stuttgart 1969.

Hahn, D.: Entscheidungsprozeß und Entscheidungstraining bei der Anwendung der Fallmethode im betriebswirtschaftlichen Hochschulunterricht, in: ZfbF, Jg. 1971.

Haire, M.: Modern Organization Theorie, London-Sydney 1965.

Hare, van C.: System Analysis, in: Progress in Operations Research, Volume II, edited by Hetz, D. B. and Eddison, R. T., New York-London-Sydney 1964.

— System Analysis: A diagnostic Approach, New York, Chicago-San Francisco-Atlanta 1967.

Harlegård, S.: Zentralisieren oder Dezentralisieren? Eine Fallstudie am Beispiel der durchgeführten Reorganisation eines Industrieunternehmens, Bern und Stuttgart 1971.

Hartmann, B.: Elektronische Datenverarbeitung für Klein- und Mittelbetriebe, Freiburg im Breisgau [3]1966.

Hartmann, H.: Der deutsche Unternehmer: Autorität und Organisation, Frankfurt am Main 1968.

Hasenack, W.: Methoden und Entwicklungsprobleme der Betriebswirtschaftslehre, in: Aktuelle Betriebswirtschaft, Festschrift *Mellerowicz*, K., Berlin 1952.

Hasenack, W.: Funktionenlehre, betriebswirtschaftliche, in: Handwörterbuch der Betriebswirtschaft, Band II, Stuttgart ³1958.

Hauschildt, J.: Zur Artikulation von Unternehmenszielen, in: ZfbF, Jg. 1970.

Hausmann, J. P.: Der überlastete Manager, Ein aktueller Beitrag zur Lehre von der Unternehmungsführung, Bern und Stuttgart 1969.

Heinen, E.: Das Zielsystem der Unternehmung, Grundlagen betriebswirtschaftlicher Entscheidungen, Wiesbaden 1966.

— Betriebswirtschaftslehre heute, Die Bedeutung der Entscheidungstheorie für Forschung und Praxis, Wiesbaden (1966).

— Einführung in die Betriebswirtschaftslehre, Wiesbaden 1968.

— Zum Wissenschaftsprogramm der entscheidungsorientierten Betriebswirtschaftslehre, in: ZfB, Jg. 1969, Heft 4.

— Der entscheidungsorientierte Ansatz der Betriebswirtschaftslehre, in: ZfB, Jg. 1971.

— Der entscheidungsorientierte Ansatz der Betriebswirtschaftslehre, in: Wissenschaftsprogramm und Ausbildungsziele der Betriebswirtschaftslehre, Tagungsbericht des Verbandes der Hochschullehrer für Betriebswirtschaft e. V., Band I, Berlin 1971.

— Industriebetriebslehre als Entscheidungslehre, in: Heinen, E. (Hsg.), Industriebetriebslehre, Entscheidungen im Industriebetrieb, Wiesbaden 1972.

Heinrich, W.: Wirtschaft und Persönlichkeit, Die Führungsaufgaben des Unternehmers und seiner Mitarbeiter in der freien Welt, Salzburg 1957.

— Wirtschaftspolitik, 1. Band, Berlin ²1964.

— Wirtschaftspolitik, 2. Band, Erste Hälfte, Berlin ²1966.

— Wirtschaftspolitik, 2. Band, Zweite Hälfte, Berlin ²1967.

— Betrachtungen über die Größe sozialer Gebilde (Qualität und Quantität in sozialem Bereiche), in: Führungsprobleme personenbezogener Unternehmen, Festschrift *Rössle*, K. F., Stuttgart 1968.

— Das Gewerbe: eine unentbehrliche Wirtschaftsform, in: Kroniek van het Ambacht/Klein- en Middenbedrijf, Jubileumnummer 1971, Jg. 25, Nr. 5 - 6.

Hendrikson, K. H.: Rationelle Unternehmensführung in der Industrie, Wiesbaden 1966.

Henzel, F.: Die funktionale Betrachtungsweise im Rechnungswesen, in: Der österreichische Betriebswirt, Jg. 1956.

Hill, W.: Betriebswirtschaftslehre als Wissenschaft, Zürich-St. Gallen 1957.

Höhn, R.: Die Führung mit Stäben in der Wirtschaft, Bad Harzburg 1961.

— Die Stellvertretung im Betrieb, Ein Führungs- und Organisationsproblem im modernen Unternehmen, Bad Harzburg 1964.

— Führungsbrevier der Wirtschaft, Bad Harzburg 1969.

Höhn, R. und *Böhme, G.*: Stellenbeschreibung und Führungsanweisung, Die organisatorische Aufgabe moderner Unternehmensführung, Bad Harzburg ⁴1970.

Hoffmann, F.: Merkmale der Führungsorganisation amerikanischer Unternehmen, in: Neue Betriebswirtschaft, 25. Jg., 1972, Heft 1.

Hofmann, M.: Das unternehmerische Element in der Betriebswirtschaft, Berlin 1968.

Hofmann, M. und *Guserl, R.*: Harzburger Modell: Bürokratie statt Kooperation, in: Manager Magazin, Jg. 1972, Nr. 2.

Holliger, H.: Dynamische Management-Modelle, in: Industrielle Organisation, Jg. 1971, Heft 11.

Hruschka, E.: Betriebswirtschaftliche und allgemeine Gewerbeförderung, Wien 1958.

— Die Planung im Leistungsgefüge der Betriebswirtschaft, in: BFuP, Jg. 1958.

— Die Kooperation von Klein- und Mittelbetrieben mit Großbetrieben als Marktproblem, in: Der Markt, Jg. 1965.

— Aufdeckung und Beseitigung betrieblicher Verlustquellen, Grundlagen zur betriebswirtschaftlichen Beratung von Klein- und Mittelbetrieben, Stuttgart 1966.

— Betriebliche Kooperation — Ja oder Nein, in: Die Presse vom 19. 4. 1966.

— Betriebswirtschaftlicher Teil des Mittelstandsprogramms der österreichischen Bundesregierung, Maschinenmanuskript, Wien 1969.

— Aktuelle Möglichkeiten der Förderung der Klein- und Mittelbetriebe in Österreich, in: Kroniek van het Ambacht/Klein- en Middenbedrijf, Jubileumnummer, Jg. 25 (1971), Nr. 5 - 6.

Illetschko, L. L.: Management und Betriebswirtschaft, Veröffentlichungen des Instituts für Organisation und Revisionswesen, Band 6, Wien 1955.

— Unternehmenstheorie, Elemente rationaler Betriebslenkung, Wien 1964.

— Management, in Grochla, E., (Hsg.), Handwörterbuch der Organisation, Stuttgart 1969.

Institut für empirische Sozialforschung (IFES): Armut im Gewerbe, Maschinmanuskript, Wien 1972.

Janowsky, B.: Organisationslehre II (Entwicklung im englischsprachigen Raum), in: Grochla, E. (Hsg.), Handwörterbuch der Organisation, Stuttgart 1969.

Jegge, D.: Mitgliederdienst der Gesellschaft zur Förderung der Sozial- und Betriebspädagogik, Bericht Nr. 2: Darstellung und Vergleich des Harzburger Modells mit dem sozialpädagogischen Führungssystem, Diplomarbeit Universität Bern o. J.

Jonasch, F.: Theorie und Praxis der Betriebswirtschaftslehre, in: Analysen zur Unternehmenstheorie, Festgabe für *Illetschko*, L. L., Berlin 1972.

Junckerstorff, K. und *Gast*, W.: Grundzüge des Management, Wiesbaden 1960.

Kazmier, L.: Einführung in die Grundsätze des Management, programmiert, Deutsche Bearbeitung *Riedmann*, W., München ²1972.

Kirsch, W.: Die Unternehmungsziele in organisationstheoretischer Sicht, in: ZfbF, Jg. 1969.

— Entscheidungsprozesse, 1. Band, Verhaltenswissenschaftliche Ansätze der Entscheidungstheorie, Wiesbaden 1970.

— Entscheidungsprozesse, 2. Band, Informationstheorie des Entscheidungsverhaltens, Wiesbaden 1971.

— Entscheidungsprozesse, 3. Band, Entscheidungen in Organisationen, Wiesbaden 1971.

— Die entscheidungs- und systemorientierte Betriebswirtschaftslehre, in: Eberlein, G. L. und Kroeber-Riel, W. (Hsg.), Wissenschaftstheorie und Betriebswirtschaftslehre, Düsseldorf 1972.

Kneschaurek, F.: Gedanken über das wirtschaftliche Weltbild der Zukunft, in: Schürer, W. und Schneider, U. (Hsg.), Entwicklungstendenzen des Management in Europa, Bern und Stuttgart 1971.

Köhler, R.: Theoretische Systeme der Betriebswirtschaftslehre im Lichte der neueren Wissenschaftslogik, Stuttgart 1966.

— Informationssysteme für die Unternehmensführung, in: ZfB, Jg. 1971.

König, R.: Das Hersteller-Ring-System, ein Weg zur Stärkung von Klein- und Mittelbetrieben, Dissertation Hochschule für Welthandel, Wien 1969.

Kolbinger, J.: Soziale Betriebsführung (Idee und Systematik), in: Handwörterbuch der Betriebswirtschaft, Dritter Band, Stuttgart ³1960.

— Leistungs- und kostentheoretische Korrelationen, in: Bellinger, B. (Hsg), Gegenwartsfragen der Unternehmung, Offene Fragen der Betriebswirtschaftslehre, Festschrift *Henzel*, F., Wiesbaden 1961.

— Grundfragen einer ganzheitlichen Betriebswirtschaftslehre, in: Festschrift *Heinrich*, W., Graz 1963.

— Human Relations, in: Grochla, E. (Hsg.), Handwörterbuch der Organisation, Stuttgart 1969.

Koontz, H. J.: The Management Theory Jungle, in: *Hutchinson*, G., Readings in Management Strategy and Tactics, 1971.

Koreimann, D. S.: Methoden und Organisation von Management-Informations-Systemen, Berlin-New York 1971.

Kosiol, E.: Kollegien als Organisationsformen der Entscheidung, Beratung und Information, Untersuchungsbericht, in: Kosiol, E. (Hsg.), Organisation des Entscheidungsprozesses, Berlin 1959.

— Organisation der Unternehmung, Wiesbaden 1962.

Krasensky, H.: Betriebspädagogik, Die erzieherische Gestaltung der zwischenmenschlichen Beziehungen im Betrieb, Wien 1952.

— Elemente der wirtschaftlichen Dynamik, Wien 1955.

— Zur Lage der Betriebswirtschaftslehre in Österreich, Inaugurationsrede gehalten am 19. November 1965 an der Hochschule für Welthandel, Wien (1965).

— Wirtschaftskunde, Wien 1966.

— Die Auswirkungen der verschiedenen Führungsstile auf das soziale Betriebsklima, in: Röhrs, H. (Hsg.), Die Bildungsfrage in der modernen Arbeitswelt, Frankfurt am Main 1967.

Krauss, H.: Wissenschaftliche Betriebsführung, in: Handwörterbuch der Betriebswirtschaft, 5. Band, Stuttgart o. J.

Krelle, W.: Produktionstheorie, Tübingen 1969.

Krieg, W.: Kybernetische Grundlagen der Unternehmungsgestaltung, Dissertation der Hochschule St. Gallen, Bern und Stuttgart 1971.

Kuhnke, H. H.: Inhalt und Grenzen einer wirtschaftswissenschaftlichen Fundierung der Unternehmensführung, Baden-Baden 1960.

Kupsch, P. U. und *Marr*, R.: Personalwirtschaft, in: Heinen, E. (Hsg.), Industriebetriebslehre, Entscheidungen im Industriebetrieb, Wiesbaden 1972.

Leavitt, H. J.: Managerial Psychologie, An Introduction to Individuals, Pairs, and Groups in Organizations, Chicago and London ²1968.

Leinfellner, W.: Einführung in die Erkenntnis- und Wissenschaftstheorie, Mannheim ²1967.

Liertz, R.: Die neuen Management-Techniken zur Systematisierung und Vereinfachung der Aufgaben des Managers, in: Die neuen Management-Techniken, München 1967.

Likert, R.: Neue Ansätze der Unternehmungsführung, Bern und Stuttgart 1972.

Linde, Ø.: Neue Grundsätze im Mitarbeiter-Management-Verhältnis, in: Schürer, W. und Schneider, U. (Hsg.), Entwicklungstendenzen des Management in Europa, Bern und Stuttgart 1971.

Linhardt, H.: Grundlagen der Betriebsorganisation, Essen 1954.

— Die historische Komponente der funktionalen Betriebswirtschaftslehre, Berlin 1964.

Löffelholz, J.: Repetitorium der Betriebswirtschaftslehre, Wiesbaden ²1966.

Loitlsberger, E.: Faktor oder Prozeß als Grundbegriff der Betriebswirtschaftslehre, in: Beiträge zur Begriffsbildung und Methode der Betriebswirtschaftslehre, Festschrift *Bouffier*, W., Wien 1965.

— Die Buchprüfung als spieltheoretisches Problem, in: Der österreichische Betriebswirt, Jg. 1968.

— Metaökonomische Wertvorstellungen und Rechtsordnungen als Determinanten betriebswirtschaftlicher Theorie, in: Wissenschaftsprogramm und Ausbildungsziele der Betriebswirtschaftslehre, Tagungsbericht des Verbandes der Hochschullehrer für Betriebswirtschaft e. V., Band I, Berlin 1971.

L'Orange, R.: Der Hersteller-Ring, Ein Weg, den Klein- und Mittelbetrieben die Vorteile des Großbetriebes zu sichern, jedoch dessen Nachteile zu vermeiden, Stuttgart 1942.

Luhmann, N.: Kommunikation, soziale, in: Grochla, E. (Hsg.), Handwörterbuch der Organisation, Stuttgart 1969.

— Funktionen und Folgen formaler Organisation, Berlin ²1972.

Markwitz, F.: Führungsmodell — bessere Führungspraxis durch Stellenplanung, München 1969.

Martinek, H.: Wissenschaftliche Betriebsführungsmethoden, Dissertation Hochschule für Welthandel, Wien 1945.

Martino, R. L.: Project Management and Control, New York 1964/65, Vol. I, Finding the Critical Path.

Mayntz, R.: Die soziale Organisation des Industriebetriebes, Stuttgart 1958.

— Soziologie der Organisation, Reinbeck bei Hamburg 1963.

Mayo, E.: Probleme industrieller Arbeitsbedingungen, Frankfurt am Main 1954.

Meffert, H.: Systemtheorie aus betriebswirtschaftlicher Sicht, in: Schenk, K. E. (Hsg.), Systemanalyse in den Wirtschafts- und Sozialwissenschaften, Berlin 1971.

Meier, A.: Organisation der Unternehmungsführung. Mit einer Anleitung zur Darstellung und Beurteilung der Organisationsstruktur, Stuttgart ²1965.

Meltzer, M. F.: The Information Imperative, American Management Association, Inc., USA 1971.

Metzner, L.: Bericht über ‚Geist und Leib im menschlichen Organismus' von Othmar Spann, in: Zeitschrift für Ganzheitsforschung, Jg. 1972, Heft I.

Morgenstern, O.: Spieltheorie, in: Handwörterbuch der Sozialwissenschaften, 9. Band, Stuttgart-Tübingen-Göttingen 1956.

Murdick, R. G. und *Ross*, J. E.: Information Systems for Modern Management, Englewood Cliffs, New Jersey 1971.

Nederlands Paedagogisch Instituut, NPI, Institut für Organisationsentwicklung: Mensch und Organisation, Den Haag 1968.

Nederlands Paedagogisch Instituut, NPI, International Institute for Organization Development: A summary of some basic concepts used in management seminars, Zeist, Holland 1969.

Neumann, J. von und *Morgenstern,* O.: Spieltheorie und wirtschaftliches Verhalten, Würzburg 1961.

Neuschel, R. F.: Management by System, New York-Toronto-London 1960.

Nicklisch, H.: Die Betriebswirtschaft, Stuttgart [7]1932.

N. N.: Rendezvous mit dem Chef, in: Die Industrie, Jg. 1972, Heft 13.

Nordsieck, F.: Rationalisierung der Betriebsorganisation, Stuttgart [2]1955.

— Die schaubildliche Erfassung und Untersuchung der Betriebsorganisation, Stuttgart [3]1955.

Oberparleiter, K.: Der Leistungsgedanke in der Betriebswirtschaftslehre, in: Die Ganzheit in Philosophie und Wissenschaft, Festschrift *Spann,* O., Wien 1950.

— Funktionen und Risiken des Warenhandels, Wien [2]1955.

Odiorne, G. S.: Management by Objectives — Führung durch Vorgabe von Zielen, München 1967.

Ortner, G. E.: Managementausbildung in Österreich, Eine empirische Untersuchung als Grundlage für ein österreichisches Managementausbildungskonzept, Wien-Freiburg-Basel 1971.

Pausenberger, E.: Autoritäre Unternehmensführung und betriebliche Finanzpolitik, in: Führungsprobleme personenbezogener Unternehmen, Festschrift *Rössle,* K. F., Stuttgart 1968.

Pentzlin, H.: Der Mann an der Spitze, Unternehmer im Zeitalter der Elektronik, Oldenburg 1964.

Pollak, P.: Das Zu- und Unterlieferungssystem, Eine Form zwischenbetrieblicher Arbeitsteilung, Wien 1970.

Potthoff, E.: Theorie und Praxis der sozialen Betriebspolitik, Stuttgart-Düsseldorf 1953.

Renner, H.: Führungstechniken nach dem Harzburger Modell, in: Deutsches Malerblatt, Jg. 1971.

Rieber, A.: Vom Positivismus zum Universalismus, Untersuchungen zur Entwicklung und Kritik des Ganzheitsbegriffs von Othmar Spann, Berlin 1971.

Rochau, E.: Das Bedaux-System, praktische Anwendung und kritischer Vergleich mit dem REFA-System, Würzburg [3]1952.

Roethlisberger, F. J.: Betriebsführung und Arbeitsmoral, Köln 1954.

Roethlisberger, F. J. and *Dickson,* W. J.: Management and the Worker, Cambridge/Mass. 1950.

Rühle von Lilienstern, H.: Führungsmodelle, heute und morgen, Eine kritische Analyse der Elemente eines Führungsmodells und seiner Position in der Lehre der Unternehmensführung, in: Industrielle Organisation, Jg. 1971.

Sandig, C.: Die Führung des Betriebes, Betriebswirtschaftspolitik, Stuttgart 1953.

Scheuplein, H.: Die Aufgaben unternehmerischer Führungskräfte und ihre Förderung, Köln und Opladen 1967.

Schinnerer, K.: Grundsätze der Führung industrieller Unternehmen, deren Entwicklung und Darstellung in Management-Techniken und Führungsmodellen, Dissertation Hochschule für Welthandel, Wien 1970.

Schmalenbach, E.: Pretiale Wirtschaftslenkung, Band 2, Pretiale Lenkung des Betriebes, Bremen-Horn 1948.

Schmid, F. W.: Psychodiagnostische Beurteilung von Führungskräften, in: Industrielle Organisation, Jg. 1972, Nr. 4

Schmidt, E. A.: Organisation des mittelständischen Betriebes, Wiesbaden 1970.

Schmidt-Sudhoff, U.: Unternehmensziele und unternehmerisches Zielsystem, Wiesbaden 1967.

Schröder, H. J.: Projekt-Management, Eine Führungskonzeption für außergewöhnliche Vorhaben, Wiesbaden 1970.

Schwarz, A.: Die Anpassung der Organisation an die Unternehmensentwicklung, Dissertation Hochschule für Welthandel, Wien 1970.

Schwarz, H.: Arbeitsplatzbeschreibungen, Freiburg im Breisgau [3]1970.

— Betriebsorganisation als Führungsaufgabe, München [2]1970.

Schweder, U. G.: Innerbetriebliche Dezentralisation, Dargestellt am Beispiel Batas, in: Der östereichische Betriebswirt, Jg. 1952.

Sertl, W.: Analyse des Erfolges von Handwerksbetrieben, Habilitationsschrift, Hochschule für Welthandel, Wien 1968.

Sertl, W., *Gattringer,* W., *Kemmetmüller,* W. und *Lindner,* U.: Möglichkeiten der Kooperation für Erzeugungsbetriebe, in: Wissenschaftliche Abteilung der Bundeskammer der gewerblichen Wirtschaft (Hsg.), Grundlagen der Unternehmenskooperation, Teil 1: Betriebswirtschaftliche Fragen, Wien 1968.

Seyffert, R.: Geschichte der Betriebswirtschaftslehre, in: Handwörterbuch der Betriebswirtschaft, Erster Band, Stuttgart [3]1956.

— Über Begriff, Aufgaben und Entwicklung der Betriebswirtschaftslehre, Stuttgart [4]1957.

Siebert, W.: Zur Typologie betrieblicher Entscheidungen, in: ZfB, Jg. 1968.

Siegwart, H. und *Menzl,* A.: Aufbau eines Projektmanagement in der Forschung und Entwicklung — ein Erfahrungsbericht, in: Betriebswirtschaftliche Mitteilungen, Heft 50, Bern 1970.

Spann, O.: Tote und lebendige Wissenschaft, Graz [5]1955.

— Gesamtausgabe, Band 3: Fundament der Volkswirtschaftslehre, Graz 1967.

— Gesamtausgabe, Band 9: Kategorienlehre, Graz 1969.

Steinbuch, K.: Die Verantwortung des Managers für die Zukunft, in: Die Industrie, Jg. 1972, Heft 13.

Steinmetz, L. L., *Kline,* J. B. and *Stegall,* R. P.: Managing the Small Business, Homewood, Illinois, USA 1968.

Stiefel, T.: Die angloamerikanische Managementlehre, Entwicklungsphasen der Managementlehre und Einfluß auf die Struktur der Betriebswirtschaftslehre, in: BFuP, Jg. 1969.

Szyperski, N.: Das Setzen von Zielen — primäre Aufgabe der Unternehmensleitung, in: ZfB, Jg. 1971.

Taylor, F. W.: Grundsätze wissenschaftlicher Betriebsführung, München-Berlin 1913.

Theuer, G.: Führungstil 70 — Akzente und Profile, in: Die Industrie, Jg. 1970, Heft 1/2.

— „Geplanter Wandel", Zur Tagung des Verbandes der Hochschullehrer für Betriebswirtschaft, in: Die Industrie, Jg. 1972, Heft 25.

Timmermann, M.: Matrix-Management, Diskussionsbeitrag zum Versuch einer effizienten Strukturorganisation, in: Industrielle Organisation, Jg. 1971.

Tlach, P.: Führungsstile in der Unternehmung, in: Die Unternehmung, Jg. 1966, Heft 3.

Ulrich, H.: Delegation, in: Grochla, E. (Hsg.), Handwörterbuch der Organisation, Stuttgart 1969.

— Die Unternehmung als produktives soziales System, Grundlagen der allgemeinen Unternehmungslehre, Bern und Stuttgart ²1970.

— Der systemorientierte Ansatz in der Betriebswirtschaftslehre, in: Wissenschaftsprogramm und Ausbildungsziele der Betriebswirtschaftslehre, Tagungsbericht des Verbandes der Hochschullehrer für Betriebswirtschaft e. V., Band I, Berlin 1971.

— Entwicklungstendenzen der Managementlehre, in: Schürer, W. und Schneider, U. (Hsg.), Entwicklungstendenzen des Management in Europa, Bern und Stuttgart 1971.

— Neuerungsorientierte Unternehmungsführung — Versuch einer Zusammenfassung, in: Neuerungsorientierte Unternehmensführung, Bern 1972.

Urwick, L. F.: Ausbildung der Führungskräfte in der amerikanischen Wirtschaft, Darmstadt 1955.

Vaterrodt, K. F.: Management by Exception, in: Plus, ZfUf, Jg. 1967.

Vieweg, R.: Der Einfluß der Organisationsformen auf den Entscheidungsprozeß, in: Neue Betriebswirtschaft, Jg. 1972.

— Der Einfluß der Organisationsformen auf den Entscheidungsprozeß, in: Zeitschrift für Organisation, Jg. 1972.

Vlcek, J.: Das Bata-Führungssystem, in: Industrielle Organisation, Jg. 1971, Heft 11.

Vodrazka, K.: Zum Funktionsbegriff in der Betriebswirtschaftslehre, in: Beiträge zur Begriffsbildung und Methode der Betriebswirtschaftslehre, Festschrift *Bouffier*, W., Wien 1965.

Volk, H.: Führung im Mitarbeiterverhältnis nach dem Harzburger Modell, in: Fortschrittliche Betriebsführung, Jg. 1968.

Vroom, V. H. and *Deci*, E. L. (Ed.): Management and Motivation, Selected Readings, Penguin Books, Harmondsworth, Middlesex, England 1970.

Weber, M.: Wirtschaft und Persönlichkeit, 2. Band, ⁴1956.

Wernet, W.: Gegenstand und Aufgaben der Handwerksforschung, Beiträge zur Handwerksforschung, Band 1, Handwerkswissenschaftliches Institut Münster, Westfalen (Hsg.), Münster, Westfalen 1959.

— Grundzüge der Handwerkswirtschaft, in: Deutsches Handwerksinstitut e. V. (Hsg.), Das Handwerk in der modernen Wirtschaft und Gesellschaft, Bad Wörishofen 1966.

Wiener, N.: Kybernetik, Düsseldorf-Wien ²1963.

Wild, J.: Spieltheorie und Organisation, in: ZfbF, Jg. 1967.

Witte, E.: Führungsstile, in: Grochla, E. (Hsg.), Handwörterbuch der Organisation, Stuttgart 1969.

Wittmann, W.: Unternehmung und unvollkommene Information, Unternehmerische Voraussicht — Ungewißheit und Planung, Köln und Opladen 1959.

— Information, in: Grochla, E. (Hsg.), Handwörterbuch der Organisation, Stuttgart 1969.

Wittstock, J.: Elemente eines allgemeinen Zielsystems der Unternehmung, in: ZfB, Jg. 1971.

Wössner, J.: Soziologie, Einführung und Grundlegung, Wien-Köln-Graz 1971.

Zander, E.: Führungssysteme in der betrieblichen Praxis, in: Industrielle Organisation, Jg. 1971, Heft 12.

Zander, E., *Grabner*, G., *Knebel*, H. und *Pillat*, R.: Führungssysteme in der Praxis, Heidelberg 1972.

Zerbs, K.: Der Begriff „Management Science", Dissertation Hochschule für Welthandel, Wien 1963.

Ziegler, R.: Organisation, informale, in: Grochla, E. (Hsg.), Handwörterbuch der Organisation, Stuttgart 1969.

Kolibri 360 GmbH
Ferdinand-Jühlke-Straße 7
99095 Erfurt, Deutschland
produktsicherheit@kolibri360.de

Druck:
CPI Druckdienstleistungen GmbH
im Auftrag der
Kolibri 360 GmbH
Ferdinand-Jühlke-Str. 7
99095 Erfurt